Globalization of Law
法律全球化丛书

临界
人工智能时代的全球法变迁

余盛峰 著

清华大学出版社
北京

内 容 简 介

人工智能、区块链与大数据等信息技术深刻塑造着当代社会，全球法正在发生范式意义的演变。法律和科技的关系经历重大转变，社会沟通的信息化、知识化与数据化，为法律的代码化、算法化和学习化转型提供了条件。全球数字寡头在新型法律平台重构并主导信息的生产与分配过程，商业、权力与技术形成复杂纠葛，进而带来一系列潜在风险。在新的人工智能时代，中国必须调整法律战略思维，在法律部门重构、群体利益平衡、全球规则主导三个层面加强规划意识。

本书在社会理论和全球法视野下重新审视数字革命与法律变迁的关系，从社会系统论、法律全球化、数字法等多重理论视角立新。本书是我国法学界一部讨论人工智能、信息革命和全球法变迁的学术专著，对此问题的深入研究具有重要的理论与实践意义。

图书在版编目(CIP)数据

临界：人工智能时代的全球法变迁 / 余盛峰著. —北京：清华大学出版社，2023.4
（法律全球化丛书）
ISBN 978-7-302-63417-1

Ⅰ. ①临… Ⅱ. ①余… Ⅲ. ①人工智能－法律－研究－世界 Ⅳ. ①D912.17

中国国家版本馆 CIP 数据核字(2023)第 067845 号

责任编辑：朱玉霞
封面设计：傅瑞学
责任校对：宋玉莲
责任印制：杨 艳

出版发行：清华大学出版社
   网   址：http://www.tup.com.cn，http://www.wqbook.com
   地   址：北京清华大学学研大厦 A 座 邮 编：100084
   社 总 机：010-83470000   邮 购：010-62786544
   投稿与读者服务：010-62776969，c-service@tup.tsinghua.edu.cn
   质量反馈：010-62772015，zhiliang@tup.tsinghua.edu.cn
印 装 者：三河市春园印刷有限公司
经 销：全国新华书店
开 本：155mm×230mm   印张：13.5   字 数：192千字
版 次：2023 年 5 月第 1 版   印 次：2023 年 5 月第1次印刷
定 价：99.00 元

产品编号：087425-01

序　临界中的思考：系、系统和体系

项　飙

20 世纪中期的某一天，芝加哥大学某经济学教授跑到芝加哥大学法律系，告诉人们应该准备解散。有交易成本理论在手，经济学家不仅可以在理论上解释法律的缘起和功能，而且可以制定最有效的社会交往规范。法律无非是降低交易成本的一个工具而已，不具有自己独立的思想体系。按今天的说法，法律只是一个低级算法。

当然，这是一个学术传说。但是传说也是一种理论形态：它把现实和未来的可能走向以浓缩的方式体现出来。

余盛峰的著作《临界：人工智能时代的全球法变迁》向我们展示了一个新的理论传说的可能：计算机系的智能系统通知法律系和经济学系，两个系将在某个时点自动解散。经济和法律的基本问题，比如理性、选择、外部性，都可以用人工智能技术解决。经济模型和法律规则都是编码而已；要寻求编码中的最优解，机器当然比人更优。几位搞政治经济学理论和法律理论的教授侥幸，以为自己的工作是对经济和法律的变化进行意义解释，不能被机器取代，串联搞一个小教研室自保。殊不知，算法的一个主要功能就在于，它可以直接预测结果，而不需要解释。人们是否"理解"无关要旨，寻求意义的努力本身没有意义。

盛峰的新书当然不是在构造一个传说。这本书系统论证了人工智能可能给法律带来的革命性变化。其中有两点论述对我尤其重要。

第一，由于机器学习的引入，外在的、稳定的法律体系将可能被"自我适应、自我迭代和自我完善"的互动调节机制取代。传统法律用固定的文本来维持社会期望的稳定；机器学习"使用当前操作作为下一指令的基础，并基于实际状态而不是规范预期作为策略决断的依据"。（余著）传统法律简化社会沟通的复杂性，以得出简明、统一的规则，来指导纷繁复杂的实践；而智能机器的深度学习则依据特定的场景和实用的需要，从海量数据中生成专门的"小法律"，以实现自我反馈调控。这样，法律不仅仅借助国家暴力威慑让人"不敢违法"，基于算法对操作过程的控制，令人"不用违法"也"不能违法"。

第二，法律的重心可能不再是确定获得和占有，也不是传统民法的契约或侵权，新的重点可能是"流动的秩序"的问题，比如市场准入、投融资体系、服务行业规则、知识产权、产业标准与风险控制。其核心目标是提供通用的经贸法律框架，以保证各类要素的自由流动。

当我读到这些充满想象力的理论论述时，我像坐上了时间机器，回到了1990年代的北京"浙江村"。

"浙江村"是来自浙江温州地区的农民在全国不同城市形成的聚居区，以中低档服装生产和销售为主业。其中以北京丰台区木樨园形成的"浙江村"规模最大。我在1992～1998年期间对该社区进行了6年的实地调查。在1995年之前，"浙江村"人口急速扩张、经济高度活跃，但是基本上没有经济和法律纠纷（当然有日常生活中的口角和斗殴）。人们在日常经营中，似乎不需要违约，也没有机会违约，因为合作者之间的随时互动把违约的可能动机和可能条件都在事先制约了。"浙江村"内的"无讼"，不能归因于对传统社会规范的"嵌入"、商人行事惯例的延续，或者非正式权威的存在。对"浙江村"人而言，服装加工和销售是全新的行业，完全超越了原有规范的涵盖范围；他们大部分是农民，没有经商经验；"浙江村"内部也没有权威中心。其经济交往秩序几乎完全是个体之间的不断频繁协商的结果。

1990年代后期，"浙江村"这一格局发生了明显变化。经济贫富分化加剧，各类纠纷增多，甚至出现暴力化倾向。变化的原因之一，是原来以双边同意为基础、自我调整的交易机制，被以大型市场为中心的交易秩序取代。这些大型市场类似于今天的"平台"。有型市场和网上平台都是一个交易场所；它们对大量交易进行即时撮合；它们不仅是中介，而且把中介过程高度集中化。平台经济是人工智能在经济交易中最具体的体现；而人工智能使得平台进行海量中介、撮合的能力空前加大。令人遐想的是，今天的平台一方面呈现1990年代初的"浙江村"格局，即大量个体之间自由交易，同时，平台又把中介过程空前的集中化。如果"浙江村"的经验表明这二者不能相容，那么平台靠什么把这二者结合在一起？这又意味着什么？

当我们回顾"浙江村"的经历，过去、现在和未来紧紧拧在了一起。我们预想中的法律合同化（即外在的法律转化为交易过程内部的具体合约），是"浙江村"的起始状态；而我们现在看到的平台的兴起，和"浙江村"发展史的转折非常相似；而"浙江村"1995年前后的变化，可能在给我们预示更长远的、人工智能下的经济和法律未来。

临界中的思考："画饼"和反观

作为法学学者的余盛峰，显然不是要论证机器可以取代法律专家。我作为一个人类学者，更加不敢去告诉计算机系、经济系和法律系的研究者转行到人类学。我们提出看似幻想的理论，其实是在探索一种思考方法，我把它称为"在临界中思考"。

临界，是预期中的革命性变革发生的前一刻。临界首先是一个预期。预期的具体内容很可能会被历史推翻，但是我们不能认为临界状态是虚无缥缈的。相反，临界感是21世纪初经济社会中一个重要的客观实在。"画饼"，即关于未来的景象输出，是在20世纪90年代兴起的、以高科技为驱动力的所谓"新经济"的一个重要特征。梅棹忠夫的《论信息产业》、托夫勒的《第三次浪潮》、奈斯比特的《大趋势》和卡斯特的《信息时代》三卷本等可看作是"画饼"先驱。概念先行、实践随后，本来是19世纪以降社会革命的模式。而在"冷战"之后，随着社会和政治革命退出舞台，"技术革命"不仅被认为是唯一可能的革命，而且被认为会比社会政治革命带来更真实的变革。我们感觉到，经济社会组织方式即将发生一系列根本变化；变化的具体方式难以预测，但是转型的趋势无可抵挡。我们必须做好准备去迎接它、适应它。这种临界状态具有强大的动员能力。政府和私营部门形成共识，投资未来，把"饼"做大。因此，"画饼"也许不能"充饥"，但是很多企业却因此吃成了超级巨人。我本人2000年代初的对印度信息技术工人的"全球猎身"的研究，记录了印度基层社会如何卷入到这个"画饼"经济中。人们想象的景象有时候兑现，有时候落空，这又给基层社会，特别是家庭生活，造成了一系列的震动。[1]

不管这些饼在长期会形成什么样的社会后果，它们在当下对我们的思考有方法论价值。它们对人类社会的组成方式做了大胆的、彻底的重新设想。在我们考察现实问题和既有概念时，它们提供了系统的参考和全面的框架。在临界中的思考，也把我们推到学科边界进行思考。法学、经济学、社会学、人类学、人工智能、传媒研究在临界中相遇。这是几十年来少见的跨学科互动。

《临界》一书，不是要对临界之后的状态进行预言，而是要深化临界状态对当下的理论含义。这篇文章希望做的工作则是，用未来的"饼"去反观历史和民族志材料，以看到历史新的内容；反过来，用历史和民族志材料看"饼"，看出"饼"里面可能存在的问题。

我此刻在临界中的思考，可以用以下三个概念勾勒出来。

系：指人和人之间彼此勾连着的多样具体的关系。在"浙江村"研究中，我用"系"描述人们亲友关系和生意关系的结合。

体系：指负有公权的"体制"，包括政府、市场、权力关系、财富分配关系等。经典意义上的法律——即以成文的法典为主要形式、以国家暴力为基础、以职业法律人士为执行者、以专门的机构（法院、律师事务所等）为依托、程序高度形式化的社会规范——也是体系的一部分。

---

〔1〕 Biao Xiang, 2006. Global "Body Shopping": An Indian International Labor System in the Information Technology Industry. Princeton University Press. 中文版《全球"猎身"：世界信息产业和印度的技术劳工》，王迪译，2010，北京大学出版社。

这接近于哈贝马斯定义的"系统"，它们靠抽象符号，即非自然语言维持，因此排除了人们用自然语言进行有效沟通的可能，从而和以自然语言为基础的"生活世界"相对。"系"则是生活世界的一个典型构型。

系统：考虑到我们当下对人工智能科技的关注，我在这里把系统定义为通过算法形成的，实现系列化的指令、跟踪、调配和记录的操作过程。在广义上，系统指自我循环、具有自我维持能力的操作流程（"系统"的概念最早从生物学中来，把生命定义为一个系统，没有生命的物件不具有自我维持、自我生成的流程）。这一意义上的系统跨越了生活世界和体系的区分。比如生活世界里面的小农耕作，受到节气周期、土壤水分条件的调节，投入和产出有相对固定的比例，必须遵循一定的时间规律。这也构成一个系统。

系统强调操作、流程，体系强调制度、结构。系统对体系有特别的意义。第一，体系依赖于高度复杂的人为操作系统。比方在市场、法律、行政制度的背后是具有高度专业技术性的操作流程。这些操作流程的自生性、投入—产出的反馈机制，不受制于自然条件，而是人为设计、人工操作的结果。第二，体系在一定意义上是对系统的集中化，即把操作流程用制度化方式固定下来。比如，国家强行规定货币系统、贸易系统、交通物流系统等应该如何运作，同时努力把它们结合在一起，为一定的权力关系服务。

算法系统和原来的农业耕作系统、市场交易系统、货币系统不一样的地方在于，算法系统既是人为创造的，但是具有空前的自我维持和扩张的能力，不受行动者的直接控制。算法系统是更加具有自生性、自主性、可以摆脱人为干预、涉及更深层面的操作流程，所以可能替代市场系统和法律体系下面的各种具体系统。也正因为如此，算法系统和权力和制度规范紧密纠缠在一起，但是至今我们还没有适当的语言去描述和分析这些复杂关系。

对普通行动者而言，算法系统至少具有五个特征。（1）强大的内在反馈机制和自我强化的能力。（2）封闭性，即系统有边界，有一个进入和退出的问题，也有被接受和被排除的问题。（3）规则的单向性。在进入系统之后，个体必须按照系统既定的规则行事。系统的反馈机制是在既定规则下数据的反馈,而不是对规则本身的调节性反馈。反馈的结果是强化既定规则。(4)黑箱性。系统依靠抽象符号运作,加上它的封闭性和规则的不透明,行动者很难了解到"后台"究竟发生了什么。(5)附着性。系统要在实际生活中运行,总是"系统+";需要和具体制度安排、社会关系结合在一起。

在新经济的"画饼"里,出发点是技术性操作系统,认为新的系统给人们提供了新的选择和行动能力,从而在生活世界、在"系"这个层面上改变人的行为方式和社会关系的变化。这将激发体系上的变化,如带来新的经济模式、法律模式,甚至政治民主。

但是,系、系统和体系之间的互动,也可能按其他路径方式展开。比如,操作性系统和制度化体系可能一开始就紧密结合在一起。体系通过系统得到强化,而不是被改造。系统和体系结合,可能全面改变"系"这个层面,但是其改变路径不是通过给人们更多的选择,而更可能是把人们置于"系统—体系"之下,让人们失去建立新的社会关系、进行不断协商和自我调整的能力,从而也失去了真正的选择。

原型"浙江村":互为中介

我原来对"浙江村"的理解,主要是基于社会性的视角,即认为各种经济行为是具体社会关系的产物。人工智能的"饼"让我注意到信息性的重要。一种社会关系导致一定的后果、一种社会关系和别的社会关系不一样,很大程度上是因为特定的社会关系导致特定的信息流;信息流影响人们的判断、行为和下一步社会关系的生成。如果说社会性的视角关注规范(应该怎么做)的重要性,信息性的视角则强调认知(事实中别人怎么做,不同的做法会导致什么具体后果)的重要性。

信息的流动方式对"浙江村"早期的经济发展至关重要。早期信息流动是以加工者(家庭作坊,自我雇佣)与营销者(在市区的小商店包柜台)之间的代销关系为基础的。所谓代销,指生产者向营销者提供服装,营销者在卖完服装之后再付款。营销者希望卖出好价钱,每天向加工者主动提供市场信息。加工者不会对营销者隐瞒关于布料或者加工程序方面的信息。彼此记账,付款的周期可长可短,据双方需要随时协定。这样人们可以用少量的现金,做加大规模的生意。

代销关系的亲密性并不奇怪。"浙江村"内代销关系的特色,在于它的开放性。一个生产者联系多个营销者,一个营销者也和多家加工户联系。他们的合作关系是不固定的。人们可以不断退出合作关系,也不断找到新的合作伙伴。新成员很容易加入。"浙江村"因此形成了吸纳式的、"平铺式发展"的格局。加入的人越来越多,生产经营的网络关系越铺越广。

代销关系的开放性,导致"浙江村"衣服的样式、用料以及加工方法不断变化。一旦有一个产品畅销,相关信息会在村里迅速传播,大家都去赶做这个货,利润下降,逼迫大家寻找下一个流行款。大家觉得市场信息保密是不可能的。最早发现新动向的人,显然为别人做了贡献,但是在下一次,他会从别人那里得到信息。面对信息的开放性,大家的普遍策略是:得到一个信息后,抓紧生产;高度关注别人的动向,时刻准备着改换产品。

关系的开放性,也促进了每一组代销关系内部的不断调整。因为合作双方可以随时退出,所以为了维持合作,双方随时根据彼此的需要进行调整。这样,既不需要事先对预想的多种可能做一一明确的约束,也不需要事后的惩罚。这在一定意义上符合 Gunther Teubner 的"合同形成世界"的理论设想。Teubner 认为,私法,特别是商法,可以在协商中自我形成,而且在同意过程中形成一系列社会关系。[2]换句话说,不是经济合作在既定的法律规定下展开,也不是被嵌入已有的社会关系中去;而是新的社会关系和规范从合作中生成。

我们该如何理解代销关系的亲密性和开放性的统一呢?秘密在于代销关系的背后的"系"的结构。在"浙江村",每个人都有自己的"系",即一连串关系。这串关系里包含两个圈子:亲友圈和生意圈。

---

〔2〕　比如,Gunther Teubner, 2000, "Contracting Worlds: The Many Autonomies of Private Law". Social & legal studies, Vol. 9(3), pp. 399-417.

其中少数人既是亲友又是生意伙伴，他们构成"核心系"。不同人的系之间不断叠加：你的亲友可能就是我的生意关系；而我的生意关系，肯定会发展出更多的生意伙伴。

环环叠加的多个系构成了一个"互为中介"的格局。即 A 是 B 的合作者，同时 A 也是 B 和 C 的合作关系的中介。同时，C 也可能成为 A 和 D 合作时的类似的中介。中介的含义大概有三层。一是 A 介绍 B 和 C 互相认识。二是当 B 和 C 在合作中出现问题时，A 主动或者被邀请来调停。最普遍的情况是，B 和 C 不管通过什么渠道开始合作，都认为 A 有威信，双方预期万一他们出现矛盾，可以找 A 调解。每一笔生意是双边的，但是总是有第三方在场。而这个第三方，在另一个场合可能就是甲方或者乙方。

互为中介的结构解决了信任和制约问题。人们之所以可以和不熟悉的人迅速开展合作（见过面的、认识的就可以），是因为大家都在"浙江村"这个大网里。如果对方这个人有问题，自己应该会有所耳闻，或者会有人迅速提醒。如果合作中间出了问题，总是可以找到人来协调。做最坏的打算：对方跑了，也总能够找到线索。

在系和互为中介的结构下，每个人可以获得大量关于其他人的信息。个体对其他个体是透明的。需要强调的是，这个透明是"点对点"式的，而不是靠把信息集中到一个中心，然后公之于众。人们依靠多个点（个体）形成的交错链条寻求信息。在这个意义上，"浙江村"可以说是一个隐形的"区块链"。

互为中介不是一个常规现象。在一般情况下，中介的位置应该是超脱的，和双方不应该有直接的利益关系。如果 A 和 B 在合作中出现矛盾，A 在正常情况下不会接受 B 的合作者 C 来调停。在"浙江村"，A 之所以会接受 C 的中介角色，首先是因为改天 A 会扮演类似的中介角色。在调解中，中介人不会过于偏袒一方，是因为在下次他会"被中介"。其次，互为中介之所以可能，是因为"浙江村"内的产权界定不明确，即人们并不总是清楚自己在每一笔生意中的精确付出和收益。就像在前面举的关于信息传播的例子那样，人们随时可以"搭别人的便车"，也在随时被别人"搭便车"。产权不明确也是指，因为大家在生意上深度交错，如果突然在某一刻问谁欠谁多少，是很难理顺的。人们强调，对精确数字只能是"不计较"，最重要的是要把生意"往下做"。万一出现需要调解的纠纷的时候，大家很少计较要把钱算清楚。调停的重要目的是给一个说法，让双方都接受，然后给双方一个台阶下。如果合作可以继续，那最好；如果不继续合作，要让两方在自己的"系"里仍然有面子，不影响他们今后和别人的合作。个体产权的不明晰，是系和系之间环环叠加的结果，又反过来强化了这一格局。互为中介，同时保证了信息的高质量和开放性。

中介的资产化

"浙江村"交易活跃而无讼的状态，在 1990 年代中期发生了变化。"浙江村"内部的纠纷增多，特别是涉及的资金量加大，很多矛盾无法自行解决，出现暴力化倾向，打手帮派扮演重要的角色。同时，人们积极培养和当地派出所的关系，开始找律师。

导致这个变化的原因很多，"临界中的思考"让我看到一个以前没有注意到的环节，我们或许可以称之为"中介的抽离和资产化"。原来的中介过程是具体人际交往、生意合作中的一部分，抽离意味着中介过程被集中到一个中心，而这个集中的中介位置又变成一个资产。有型批发市场是这个中介集中化的具体体现。1992 年开始筹划、1994年开业的服装市场"京温中心"是"浙江村"发展历史上的一个里程碑。京温中心是由温州市政府和丰台区政府联合牵头，以提前招租经营户的方式，向"浙江村"的经营户集资兴建。京温中心还没有开业，就引发了"摊位热"，即摊位的租赁合同，可以以翻倍的价格转手倒卖。摊位租赁期成为可流通、交换、有巨大的增值可能的商品。人们租摊位不是为了经营，而是为了租赁期的增值。"摊位热"迅速引发了"市场热"。有剩余资金的经营户以联合投资、通过各自的系招募股份以及提前招租的方式兴建市场。从 1993 年年初到 1994 年年底，"浙江村"盖起了 16 个大型市场。

"摊位热"和"市场热"带来了革命性的变化。促进商品流动的基础设施原来是最不能量化、不能被商品化的人际关系，现在变成了具有重大增值空间和成为投机对象的固定资产。这进一步导致了一系列结构性后果。

首先，"浙江村"进入了"资本主义"。在原型"浙江村"，资本的作用相当有限。少量资金高速流转，是传达价格信息和促进物品流通效率的手段，而不是自我增值的资本。同时，系的结构使没有资金的人迅速进入网络，开始经营。而当经营场所和中介过程变成资产，其利润回报率是一般生产和交易无法比拟的。投资建市场是"浙江村"里第一个真正有"投资"意义的项目。资本自我积累。这使"浙江村"内在短期内产生了大量剩余资金。这又导致了后来投机性投资（主要是在全国各地的房地产和矿业）和"浙江村"内赌博行为的盛行。[3] 赌博和投机增加了恶性纠纷。

其次，市场成为协调交易的中介，取代了原来不同的系之间的环环相扣的格局。市场吸引了全北京市、华北地区甚至部分东北地区的批发商来购货，同时不少外地的商户也来租赁摊位卖服装。"浙江村"的加工户与市场里的摊主、与外地的批发商之间也形成赊账、可退货、批发商预定货等做法。他们之间的合作显然不是基于互为中介的结构，而是基于摊主对摊位的占有。加工户和外地批发商信任摊主是因为摊主有这个摊位在，跑不了。摊位具有了信用担保功能。摊主成为交易的中心环节。

市场的兴建，带来了"浙江村"经济规模的膨胀，加剧了竞争，消解了加工户和营销户之间及时反馈调节的机制。营销者和加工户不能再手把手一起设计服装，大家更多地要靠碰运气。我在 2000 年的报告中写到，"浙江村"人认为 1986 年到 1992 年的生意是最好做的。而从 1993 年开始，亏损户明显增多。后来大家一致对外称："'浙江村'是三分之一赚、三分之一平、三分之一亏。"由赚到亏的转变，是离不开大量的市场所引发的内部竞争的。投资市场建设，更不存在自我反馈

---

〔3〕 项飙：《正规化的纠结：北京"浙江村"和中国社会二十年来的变化》，载《二十一世纪》，2017(2)。

和纠错机制。"先占住地、先盖起来再说"是投资者的普遍想法。因为拿到了地，就拿到了城市经济最有价值的资源。当面临市场和市场之间竞争加剧、招商出现困难的时候，投资者又玩各种伎俩，人为造成市面上的"摊位饥渴"，靠进一步提高对摊位增值的预期，来解决供给过度的问题。

最后，中介的资产化也带来了新的权力关系。市场投资者和摊主形成保护人与被保护人的关系。如果在同一个市场内的摊主间发生争执，市场会把矛盾摆平，保证市场内部的秩序；如果市场内的摊主和市场外的人发生纠纷而影响到市场秩序，市场则会保护自己的摊主，包括可能利用投资者的经济实力和社会影响对对方施压。摊主对市场投资者形成某种依赖，投资对摊主有超经济的制约能力。同时，市场投资者积极在体系（体制）内部寻找保护人。盖市场涉及多项审批，政府的介入无法避免。和地方政府部门的关系，成为市场投资者需要首要考虑的问题。

"浙江村"的历史变化给我们如下的启示：

第一，在"浙江村"，交易秩序——即信息、货物、资金如何交换、流动——的变化，比生产技术、生产规模和生产关系的变化更为重要。中介过程的抽离和资产化，是交易秩序转变的核心环节。而人工智能引起的经济变化，也首先是通过对交易秩序的重构，而不是影响物质生产过程。

第二，和主流经济学理论理解的不一样，"浙江村"原来的交易秩序不依赖于明晰的产权。而是相反，产权的模糊是其交易效率的来源。在大型市场兴起之后，交易主体的边界明晰了，交易成本更可计算了（摊位每天的费用是清清楚楚的），但是由此形成的交易秩序——即总体上的交易有效性、低误差和低纠纷——不一定更优。

第三，大型市场的兴起，把"浙江村"代入了资本主义模式，但是在社会规范上并没有出现从传统惯习到现代法制的转变。市场带来了分层管治的模式，即市场投资人用法律和非法律的手段来维持市场内的秩序、保护自己市场的利益，替代政府管理市场内的商贩。同时，市场之间的竞争基本上是一个政府控制下的"丛林"状态：市场之间为了争得政府的项目批准可能雇佣凶手谋杀。市场和市场之间的争地、争指标是白热化的。"（土地）批到一半了，硬生生被（另一组投资人）拿走了"，几乎等同于世仇。"浙江村"在 1990 年代后期出现的重大纠纷，包括枪杀，都和市场投资者之间的纠纷有关。在此间，人们积极运用法律，但是其运用方式是高度选择性的。比如某市场投资人把雇用凶手的合约精心处理成若干看似合乎法律的商业合同和私人信件，企图逃避法律责任。

从圈地到"圈人"

回顾"浙江村"演变的意义在于，它预示了人工智能的经济和法律影响中的矛盾性。就目前看来，人工智能对经济实践的影响主要通过平台经济的形式发生。一方面，平台促成了大规模的个体间交易，就像 1995 年前的原型"浙江村"。[4]另一方面，平台是对中介权力的高度集中[5]（滴滴出行在很大程度上就是集中了对原来的"黑车"的协同），则像 1995 年之后的"资本主义'浙江村'"。"浙江村"的经历显示前后两者是相克的，那么人工智能下的平台经济为什么有可能将两者结合在一起？

这里的关键可能是平台和个人的关系。"浙江村"和平台经济在表面上的相似之处是，它们都把生产和交易不断地细化，切割成可以交易的片段环节。但是其具体的细分方式和细分之后的联系方式，则有很大的不同。早期"浙江村"体现的是一环套一环、盘根式的细分-联系方式，自组织、去中心；而在平台里，个人和个人之间没有直接、持

---

〔4〕 比如 Sundararajan 就把平台描述为"新兴的微型企业家网络社会"（Sundararajan 2016:176）Sundararajan A. 2016. The Sharing Economy:The End of Employment and the Rise of Crowd-Based Capitalism. Cambridge，MA:MIT Press.

〔5〕 关于平台如何集中中介权力，以及平台的角色已经超出了中介角色，是北美特别是欧洲立法者和政府讨论的焦点。相关的法律文献见 Tarleton Gillespie. 2018. "Platforms are not intermediaries". Georgetown Law Technology Review, 2（2）:198-216. Rebecca Tushnet, 2008 "Power without Responsibility:Intermediaries and the First Amendment." George Washington Law Review, Vol. 76, Issue 4:986-1016.

续性的联系，是高度离散的，细分和撮合一切要通过中心协调。在"浙江村"，个体之间不需要建立特别的信任，人们的信任基于互为中介的结构，这也意味着每个人要去认真维持自己的"系"。而在平台上，彼此间不需要也没有可能建立实质性信任，大家把信任完全外包给"系统"。在系统中，个体和其他个体之间没有条件进行有意义的交流、谈判而形成同意，更不要说不断的互相调整。所以没有自生的合约。系统并不是把法律降维为合约，而是把交易简化为即刻的撮合。

平台的做法也许可以被描述为"圈人运动"。"圈人运动"让尽量多的用户（包括服务的提供者和服务的消费者）对平台形成依赖关系，变成平台可以联系、跟踪和影响的对象。这些用户和用户之间、用户和平台之间，本来没有关系，所以要"圈入"。同时他们可能随时退出，所以又要"圈住"。最初始也是最关键的"圈人"手段是烧钱，即给市场各方补贴。烧钱要的不是广告效应，要的是培养新的行为方式，产生依赖性。平台圈住人的主要做法包括：靠"圈入"大量用户后形成的规模效应，提供服务，使得用户的退出成本提高；在大量"圈入"市场的一边（如潜在需求方）后，以此吸引市场的另一边（供给方）；利用算法针对个体投放信息、提供针对性服务；通过算法改变个体的认知、偏好和行为；不断衍生新的功能（支付功能显然是最关键的门坎）以增强人对平台的黏着性。

平台的"圈人运动"可以和工业资本的"圈地运动"类比。它们都是要把原来不在市场范围内的社会行为和需求，转换为可定价、可交易的准商品，从而产生利润。通过"圈地运动"，土地和劳动力成为波拉尼说的"虚拟商品"（土地是自然给的，劳动力的载体是人，他们在本质上不可能是商品，但是在资本主义条件下他们被处理为商品）。而通过"圈人运动"，可能是人的行为数据和注意力变成了新的虚拟商品。这就是"圈人"平台经济的拓殖和原始积累方式。"圈地运动"之后形成的现代资本主义，对物质生产资料的占有是关键，资本通过以下路径扩张：投入生产资料、实现生产价值并占有剩余利润、再投入。在平台经济中，云计算基础设施、累计的大数据可以被认为是生产资料，但是对资本更重要的，是对信息高速流转过程的控制，包括对用户行为的制约。

以"圈地"的方式"圈人",提出了一系列问题。首先,像"系"这样的微观结构是已经被彻底打破,还是存在被重构的可能?从理论上看,区块链这样的技术,给我们重建类似的关系提供了工具。但是到目前为止我们还没有看到在这方面的实际探索。

其次,系统和体系之间应该是什么关系?以"圈地"的方式"圈人",带有前所未有的垄断冲动或者垄断压力。平台公司(甚至不少互联网公司)似乎面临着"不垄断即死"的格局。"圈地"不论大小,圈一点都算地;但是"圈人"不达到一定规模就圈不住,而且不达到垄断就没有利润。由于"圈人"规模之大,平台公司具有明显的公共性。不管是在公共品提供上还是在公共管治上,平台都可以担负准政府的职能。一些法律专家和政策研究者提出"政府管平台,平台管个体"的思路。[6]实践似乎也在迈向这个方向。而算法系统的封闭性又意味着各平台的规则可能是不相通的。这让我们想起公元前中国的领地分封、中世纪欧洲的封建庄园和殖民时代的包税商制度。封建化的安排本身不一定是坏事。但是封建有多种形式:西周的封建、战国的封建、欧洲各地的封建、奥斯曼帝国下的封建,都不一样。哪种方式最有可能、最合理,或者最要避免?

科技界的"画饼"往往是平面的,不涉及这些问题。他们倾向把科技、个人和体制处理成一个线性、单向推进的关系。而在事实中,系、系统和体系是互相交织的。临界,不是两个平面模型之间的界线,而是一个多维度的空间。临界内部包含着多种关系,它们的交叉指向多样的可能未来。所以,我们不仅仅要在科技变化的临界上思考,而且必须在社会转型意义上的临界中思考。《临界:人工智能时代的全球法变迁》打开了新的思考空间,必将在临界中激起跨界讨论。

---

〔6〕 可参阅沈广明:《分享经济的规制策略——以辅助性原则为基点》,载《当代法学》,2018(3);唐清利:《"专车"类共享经济的规制路径》,载《中国法学》,2015(4);高秦伟:《分享经济的创新与政府规制的应对》,载《法学家》,2017(4);王裕根:《迈向合作治理:通过法律规制平台经济的制度边界及优化》,载《河北法学》,2010(1)。

目　录

导　言

一、法律与技术的关系演变

人工智能的创始人之一，诺贝尔经济学奖得主司马贺（Herbert Simon）曾宣称："注意力"和"信任"不能大规模生产，所以不能成为商品。但是，人工智能与区块链的技术发展似乎推翻了司马贺的认知：区块链和人工智能，可以使传统上难以流通与商品化的"注意力"和"信用度"成为可以批量化生产的流通商品。

事实上，人工智能、区块链、大数据等新兴技术，是过去二十年信息化和数字化技术发展的延伸。以数学为主要的思想手段，通过代码/算法，将原子世界全面转化为比特世界。其核心意识形态是：一切事物都可以数学化、计算化、模拟化、数据化。所有技术发展，是要在最大程度上将数量和质量都纳入信息化的轨道，将空间与时间维度进行数据化操作，把意义的社会、事物与时间维度，把一切社会系统、机械系统、生物系统全部打通，让信息成为贯通所有这些系统的元概念。简言之，要让信息成为理解、阐释、处理和支配世界的通用概念。正是在这个意义上，大数据改变了生产资料，人工智能变革了生产力，区块链改造了生产关系，TOKEN（通证）取代了货币。

传统社会模式被趋于完全互联的信息化网络深刻改造。零库存、大规模定制、3D打印、灵捷制造、即时生产、全球外包都是典型代表。市场和企业之间的界限在淡化，产权与契约之间的差异被削弱，有形资产的重要性不断下降。跨国巨头、上下游供应商、血汗工厂劳工、消费者和政府监管，生产、研发、营销、仓储、投资、并购，所有原先属于线性经济过程的事物都开始进入平行的协作网络。时代的关键词发生了变化：去中心、共同演化、结构漂移、片段化、功能迁移、自我创生、复杂性、自我迭代、风险控制，而不再是简单的计划、监督、命令、惩罚与压制。

在这一背景下，可以观察到众多现象：其一，复杂性思想、系统论思维、控制论方法的兴起，博弈论、信息论、概率论、统计论、演化论思想，不断取代传统本体论和形而上思维；其二，交叉学科和跨学科发展，人文社科与自然科学、技术工程学的界限不断打通；其三，速度性、效率性和便捷性成为核心指标，一切都为了信息更好更迅速地流动；其四，从人文主义迈向后人文主义，人类不再是衡量一切的价值标准，信息生成和流动速度成为关键，不再只是信息服务于人，人也同时服务于信息。所有这些现象，都聚焦到一个核心问题，即法律和技术关系的演变。在传统时代，技术是工具、客体和对象，技术被认为是"中立性"的，重点是法律如何监管与规制技术；而在当代，伴随技术的信息化和数字化，技术架构成为社会沟通展开的底层装置，成为法律运作的基础设施。

技术显现出日益鲜明的社会与政治性格。不同的信息技术，不同的代码、算法、加密和共识技术，都开始深刻影响我们的社会和政治结构。技术不再只是被动的客体与工具，不再只是法律规制的目标和对象，相反，法律开始内嵌到作为母体（Matrix）的技术系统内部；不再是法律单向地规范与治理技术，而是技术也在同时塑造和改变法律所处的宏观环境。套用德国社会理论家卢曼（Niklas Luhmann）的概念，法律系统与技术系统开始成为相互观察的功能系统，法律和科技不再是决定与被决定、塑造和被塑造的关系，法律与科技互为系统与环境，形成系统间或松散或紧密的结构耦合关系。而且，更值得注意的是，技术系统的代码有成为元代码趋势，其他社会系统，包括法律系统都开始被"漂移"自技术系统的元代码影响和支配。

文字发明带来了成文法和法典法；铁丝网推动游牧社会习惯法的变革；债务观念与货币发明息息相关；古滕堡印刷术是法律个人化和

世俗化的基础；意大利复式记账法促成现代公司法与金融法的出现；格林威治时间奠定了现代法律时间的标准。而晚近以来信息科技的爆发，则对当代全球法秩序形成全方位挑战。首先，是空间维度的变化。传统法律的规范对象是自然世界与社会世界。伴随技术发展，在两个世界之外演化出新的机器世界、人工世界和虚拟世界。法律的空间维度由两个世界转变为三个世界。传统法律只需处理自然、社会以及自然与社会的关系，而三个世界的法律问题尤为复杂。自然、社会和人工世界演化出纷繁复杂的多层次关系，至少包含自然、社会、人工、自然与社会、自然与人工、社会与人工、自然和社会与人工这七种形态的法律问题。其次，是时间维度的变化。从农业时代的循环时间、工业时代的线性时间，迈向信息时代的分叉时间。时间的平行化和分叉化，创造出丰富多元的法律形态，无论是合同形式、财产形态、纠纷类型与纠纷解决方式等。最后，是核心法律概念的演变。诸如法律主体、法律人格、法律行为、财产权类型、侵权责任等概念，都开始出现变化。最关键的是信息概念，以及与信息概念相关的数据、隐私、知识，乃至信用和注意力等概念的兴起。这些概念的核心定义以及相互关系的界定，特别是它们在法律上性质与关系的重新定位，是法理学亟需探讨和解决的核心议题。

过去二十年的互联网时代，主要解决信息的增量和连接问题，此后的发展，则主要是信息的价值化与规范化问题。以往的信息技术，主要着眼信息和知识的数据化。而新的智能技术，则主要关注信息与知识的价值化。这一方面会催生新的技术范式，另一方面也呼唤新的法律规制模式。目前关注较多的大数据法律问题，以及个人信息和隐私保护问题，还主要是传统互联网时代的问题延伸，主要涉及信息数据化带来的各种法律挑战。而信息的价值化与规范化，会进一步深刻改变法律的形态、法律的功能和法律的定义。

二、人工智能与区块链之法

人工智能技术带来的是对传统人类概念—关系框架的冲击，法律人格判定的标准，已无法固定在心灵、灵魂、意志、理性这些古典概念。

事实上，每个技术时代都需要创设新的法律主体，创造新的社会节点、新的社会流动性和新的社会沟通可能性。在法律历史上，促使自然人与法律人格的分离是一种普遍现象。基于个人理性、意志和尊严的现代启蒙主体与法治模式，其实是特定历史演化的结果。

现代社会和经济的运作有赖法律系统的协助，特别是通过法律人格（personality）理论及其归因技术（例如行为能力与责任能力等法律概念），为资本主义的顺畅运行奠定了基础，它是近代以北美、西北欧和海洋为中心的世界体系建构、法律移植与贸易殖民展开的基本动力。近代启蒙主义和宗教改革运动，塑造了一种特定的主体形象，它围绕现代人的人格意志与法律行为展开社会行动，并由此创建了现代性的一整套法律框架，其中，主体和客体被俨然划分为两个独立的部分。

现代世界的法律系统，建立在 19 世纪以来的福特制大规模劳动生产和大众消费以及福利国家制度的基础之上，由此形成了市民社会、政治国家与国际地缘政治的法律结构，以保障围绕全方位的商贸往来、资本经济、国家政治以及文教科研展开的全球网络。在这一历史框架下，自然人个体成为社会系统的代理者（agent），个体成为社会系统运作的归因节点。关键是如何利用个体的心理系统和生化能量，围绕所谓利己心形塑现代理性的"经济人"与"法律人"，以动员、挖掘和探索包括南北极在内的所有地球资源。

在法律层面，作为心理—生理上的"人"（homo）不是决定性的，关键是如何取得罗马法意义上的"身份"（status）、"面具"（caput）和"人格"（persona）。核心是取得自主法律人格，获得自我表征与自我描述的能力，实现自我指涉和异己指涉在认知上的协调与统一。在这个过程中，法律职业团体对法律规则、概念、原则与原理进行发明和重新诠释，建立权利、权力、自由、义务、责任的新型规范框架。其核心任务是将新实体与新秩序在边缘处的生长不断纳入制度化轨道，突破现有秩序演进的上限，提高法律系统的环境适应性，减少法律沟通的障碍，并最终拓展社会沟通在广度和深度上的可能性。

因而，虽然目前的人工智能技术尚不具备"智人"标准的心理机制，但这并不影响人工智能成为"社会行动者"，并作为法律归因机制的赋权主体。易言之，构成社会系统运作和社会沟通的基本单元，实际并不是表面的人类个体或社会组织，而是社会沟通之流通过各种方式（包括法律方式）的主体化归因过程。法律系统借助"法律人格"的设置与规定，对不同个体、组织乃至人工智能进行身份识别、法律赋能与责任归因，配置不同的权力、资格、自由、权利和义务。伴随信息技术的持续演进，可以预见，将形成一个整合了人类个体、机器、团体、组织、行动元的多层次、多中心与多节点的跨领域沟通网络，这将在指数级的意义上拓宽法律系统和政治系统的演化空间。

当代社会形成了由无数"个人"以及"组织"型构的庞大运作网络，一个由自由劳动者、理性经营者和精明投资者所构成的社会景象。经由创造无数的"个人"，为社会演化提供了充分的冗余性。这些"个人"成为支持现代社会机器运转的基础"线粒体"，提供了不间断社会行动展开反复试验的可能性。在这种背景下，各种类型的"主体"是承担相应功能运作的社会系统依据自身的"代码""程序"与"算法"所构建的沟通"节点"，嵌入在各自独特的社会脉络和历史语境之中。它涵盖了人类文明从狩猎采集到游牧社会、定居农耕、工业革命和信息变革的全部演化历史。

在这一波澜壮阔的演化历史中，法律系统担负着至关重要的功能，它不断创造、改变、确认与协调社会系统的这些"接触点"，通过赋予各类主体不同的法律人格、身份、地位、资格、义务、权利和责任，构建社会系统运作的功能中介与节点，并由此极大提高了社会系统演化的复杂性和可能性。

互为主体的反身性心智结构，构成现代法律主体的内在精神基础。法律人格以及人格与不同组织形式之间的相互内建与塑造过程，促成各类复杂的法律关系的生成，并带来极为丰富的法律后果。而随着非人类主体和行动元的密集出现，现在则迫切需要新的行动者归因模型与心理学模式来重新阐释法律主体和法律人格等概念，这深刻挑战了工业时代的财产、契约与侵权法理论。由此带来的法律系统偏好和演化方向的分叉，也将持续改变法律的运作模式。

区块链技术同样带来革命性的冲击。其核心概念，包括加密、共识、信用、秩序、时间、记账、通证等，都将信息技术蕴藏的政治潜力集中呈现出来。

如果说日常世界是时钟秒针的 tick（滴答），区块链世界则是"出块"速度的 tick（滴答）。比特币"十分钟"的出块设定，其本质是要确定一种去中心化的时间共识，通过确立区块链系统的时间共识，从而把沟通的社会和事物维度不断压缩到时间维度。社会沟通最终转变为围绕时间维度形成的分布式共识。熵是产生这个分布式时钟共识的必要代价，表现为对计算芯片与晶体管的消耗，对全球电力能源和计算力的持续需要。

传统法律，其本质逻辑是通过规范性手段人为构建和维护社会共识，由于无法达成分布式的时间共识，就主要通过在事物（物、客体、物权）和社会维度（人、主体、债权）形成强制性规约来解决共识难题。进入近代社会后，由西方秩序产生的世界时间与格林威治时间，部分解决了时间共识问题，但此种全球化的时间共识，仍然存在民族国家（国际法）、权力腐败（公法）和市民分化（私法）等各种障碍。

晚近以来，各种信息技术的演进逻辑，实际就是要不断减少社会沟通在时间维度形成共识的成本，并由此规避社会和事物维度的共识成本。信息时代的社会沟通，不断向时间的维度进行收敛，沟通的事物与社会维度则逐渐边缘化。由于沟通的事物和社会维度的坍缩，人类主体在社会沟通层面的意义特殊性也被弱化，历史逐渐进入一种跨越自然、社会与机器世界的无差异沟通。

因此，沟通的多维化、数据化、游戏化、虚拟化、信息化、平行化，奠定了区块链系统出现与演化的动力和背景。沟通的无差异化与时间化，导致意义的扁平化和数据化。社会结构出现块状分化与平行分化的特征，并可能逐步告别卢曼意义的功能分化社会，进而形成一系列分布式的块状沟通系统。

而法律的去社会化、去事物化和加速的时间化，其逻辑结果可能就是法律的数据化、代码化与算法化。法律不再承担维持全社会规范期望的功能，法律也可能不再是民族国家和世界时间意义上的法律，而是分裂为各类个人化、私有化、封建化、平台化、区块化,并以时间维度中心的法律系统。这是一种奇特的既具备世界性特征又呈现块状化运作的法律系统。

三、信息资本主义与知识产权

18世纪以降,我们目睹了工业资本的大规模积累和财富暴增,这在两个世纪内带来各法律领域的全方位变革。而在进入21世纪之后,信息技术革命迅速推动了知识经济与虚拟经济的兴起,各类新型财产和资本形态出现,它甚至呈现比18世纪工业革命更为惊人的规模与影响力。

在马克思生活的时代,工业资本主义利润链条的核心是控制生产流水线和大众市场,而信息资本主义的竞技场则是研发创造、利基市场、风险控制、专利保护、版权转让与司法诉讼。特别是通过在整个产业链中进行知识/信息产权的布置和安排,引入相关法律规则与标准设定,通过创设、主导与把控相关法律议题和议程,经由法律的"无形之手"控制与垄断核心利润。重点在于,打造一个在全球尺度运行的资本和法律空间结构,构建中心、半边缘与边缘的差序格局,采取各种途径,最大限度降低各类资本在全球流动的交易成本和时间成本。

信息技术革命对知识信息的传播模式,并对社会生产、分配、交易与消费的传统形式带来了深远冲击,从而召唤更为精致的法律规范机制。在进入信息资本主义时代,经济学的稀缺性已逐渐转型为一个功能性概念,主要不再是通过具体劳动圈占有限物质客体的意象。它不需要物理上的占有和控制,不再只通过传统的劳动概念进行价值创造。作为抽象物,信息/知识只有在"流动性"中才能最大限度发挥效用。资本逻辑颠倒了信息/知识的生产过程,换言之,信息资本主义对经济稀缺性的构建与运作,已经摆脱古典知识产权围绕"创作者"和"发明者"展开的形式,与稀缺性构造有关的法律技术已变得更为纯熟与精巧。

"自然时间"不是确认信息/知识创造归属的依据,相反,主要通过"法律时间"的决断来确立信息/知识产权的边界。在进入19世纪后半叶之后，经济系统、法律系统、技术系统和艺术系统呈现加速的结构耦合与结构漂移趋势，"知识"越来越多地变为"信息化"和"数据化"的对象，知识的"本质"不再是核心问题。在这种演化趋势下，信息和知识不断纳入不同社会系统的代码逻辑及其特殊的功能运作过程中，知识不再只是知识，而变为不同社会系统功能评估和程序性授权的对象。而法律系统也主要不关注知识/信息的"使用价值"，而主要聚焦它们的"交易价值"。

资本主义的"知识"流通转变为"信息化"和"数据化"的形式，可以自由分解、灵活组合与移动，并紧密配合于法律系统的运作与认证过程。经由这种机制，不断容纳新的信息和知识财产形式。概言之，当代法律主要关注信息的组合、区分、确权与控制，其规范对象不是以往相对简单的个人智力成果，而主要是各类复合化、投资化与结构化的信息商品。关键是如何通过法律系统的代码机制，通过产权的规范形式，干预和支配整个信息生命循环周期。财产确权的重点不是具体占有特定的物质，更重要的是精准和即时性地调控相关的法律环节。

作为一种新财产形态，信息财产从特定的自然与社会语境中抽离出来，摆脱物质载体的局限，从而获得最大限度灵活动员和普遍扩展的可能性。财产形态的知识化、数据化与信息化，给整个法律系统的代码化、算法化和学习化转型奠定了物质基础。财产不再必然镶嵌于特定的自然或社会网络，而首先隶属于由货币编码的经济系统，进而也被纳入以代码与算法为基本操作手段的特定技术系统。这正是作为上层建筑的法律经历重大转型的内在依据。

新技术革命带来生产、分配、交易和消费模式的深刻改变，而由知识/信息派生的利益分配与规范确权，则对传统法律体系提出了结构性调整的要求。财产形态越来越呈现无形化、信息化和数据化的特征，各类知识/信息/数字产权通过各种标准化设定在全球范围广泛流通。法律的规制重心不再是所有权意义上的获得和占有，也不是传统民法的契约或侵权原理，更关键的是例如市场准入、投融资体系、服务行业规则、知识产权、产业标准与风险控制。其核心目标是提供统一、通用和结构性的经贸法律框架，以消除阻碍资本自由流动的所有因素,从而实现全球化深度整合与广度开发的全面提升。

信息资本主义的主要关注点不是知识的创造,也不是知识生产和分配的问题,而首先围绕利用知识、数据与信息展开的企业竞争。核心国家集团和跨国公司资本通过正式与非正式的谈判手段,通过表面中立的法律规则和制度框架实现其利益。在金融资本与智力资本的支持下,全球信息寡头在新的法律平台上重组并主导了超国家层面的信息生产和消费过程。

跨国公司通过知识资本化组合,经由资产并购、共同持股、战略联盟、相互授权等形式占据大量的核心信息资产,重新确立了信息世界体系的范围和结构。信息资本主义的竞争逻辑不仅改变了当代跨国公司的架构与运作方式,而且也改变了企业寡头采取的传统法律策略。从知识信息化到信息数据化再向数据商品化的不断变化,推动"知识"持续转化为具有资本相关性的"信息"和"数据"。而在这样一种"知识""创新"经济发展中,跨国公司法务部门以及延伸的跨国律师事务所,其地位就和研究与开发部门同样重要。

四、技术风险与法律全球化

从 20 世纪 80 年代开始,互联网技术、后工业经济、金融新自由主义与法律全球化进程形成共同演化趋势,推动人类社会从围绕物质资源的争夺,转向有关知识与信息的竞争。伴随人工智能、大数据、区块链、物联网等技术的崛起,世界正在型构一个由人、物和信息组成的全面网络。虚拟产权不断冲击传统的有形财产原则,持续瓦解传统的威斯特伐利亚民族国家法律体系,改变马克思描绘的资本/劳动二元逻辑,进而生成法律全球化的新型治理模式。经由知识/信息层面的深度开发和合法化进程,资本力量深刻转变了福特主义—民族国家背景下塑造的法律范式。

全球信息化的秩序编织,通过管道、机器、终端、电子港、连接埠等中介,借助法律系统的持续运作,不断创造新的全球联结、城市空间与信息文明秩序。法律客体和法律主体,社会行动者与财产对象全都进入时间性和流动性的运行平台,资本也被纳入信息沟通的频道。新的法律范式必须适应耦合性、流动性与暂时性这些时代特征。

作为"规模经济"（economy of scale），福特主义关涉主体和物质的大量聚集，侧重于土地、资本和劳动力的争夺。其法律范式着眼于当下，其产权在时空层面高度确定。而作为"范围经济"（economy of scope），信息资本主义必须即时动员各种知识、符号与数据，资本竞争围绕"原型"创新展开。这一背景下的法律范式，其重点是关注时间上的未来，其财产形态也具有高度流动的特点。

技术、科学、研发、传播、艺术、娱乐在今天都已深深卷入全球化的网络，包含光电线缆、代币、深度神经网络、计算芯片、无线射频识别、生物计算、实时监控、二维码、工业机器人在内的技术元素，乃至知识、数据与信息的存储、调用和交易，也都进入全球实时运作的网络之中。其基础动力就是知识、数据和信息的全面循环与流通。物联网、虚拟现实、智慧城市、智能手机，以及各种类型的生物识别和数据传感设备，都推动以往主要借助物质形式呈现的商品不断无形化、数字化与数据化，从而推动法律范式的进一步转变。

传统财产法概念立基于土地和自然的属性，人通过劳动与立法支配"自然"，形成人法与物法的二元结构。但是，信息革命破坏了主体和客体的二分法基础。各类"主体"与"客体"经由信息化和数据化过程，被纳入基于时间维度运作的网络化结构。作为"形的编织者"（Weavers of Morphisms），法律对各种"类客体"与"类主体"进行分类、确认、沟通、传递和协调，以推动建立一种新型的"产学研共同体"（Industry-University—Research Community）与"数据工业复合体"（Data-Industrial Complex）。

各种跨国家、超国家、区域性、亚国家机构以及全球网络和社会功能系统已经形成多元化的法律演化秩序，它们通过多层次、多节点、多中心的产权与合同关系逐渐包围民族国家。而大量疑难案件的频繁出现和传统人权机制面临的困境，都表明了传统法律范式在信息化、数字化与全球化趋势中遭遇的严峻挑战。

法律不再局限于国家主权的管辖范围，法律的非主权化通过各类分布式、学习性和算法性数字技术驱动。易言之，算法机制开始演化生成各类"私人定制"的"法律"。在此背景下,法律不再仅仅是借助国家暴力威慑让人"不敢违法"的形象。与此同时,出现由各类算法与代码驱动的令人"不用违法"或"不能违法"的现象。传统的公法/私法二元框架伴随国家、技术与市场机制的深刻转型而发生蜕变,民族国家作为法律机制的运行平台,也开始被各种新的全球化、超国家、跨国家、地区性、平台性、区块化、部落化、虚拟化的机制替代。如果说,传统法律依托的是通过回溯历史来规范当下进而稳定未来的制度技术,现在,它则开始转向各种基于推断性、预测性和模拟性的治理技术。

必须看到,脱离主权国家管控的技术力量已经对各国民众的平等和自由带来深远影响。例如,人工智能技术就极易被大平台公司"俘获",这些公司利用信息基础设施的先天优势,在人工智能产品设计、开发和应用中,写入一系列更有利自身利益的代码与算法。技术/信息/知识上的高度不对称经由各类信息基础设施的放大,扩散到各种数字化信息中介之中。这些信息黑箱可以在事前、事中和事后的任何时间点启动监视与干预。伴随法律的"算法化"和"计算化",传统法治原则也陷入危机。

因此,当前迫切需要依据新的技术条件重新评估所有传统法律规范与价值,并且这些评估和反思,也要通过相应的代码与算法技术,嵌入更为强大的对抗性技术架构中,进而形成相互激扰、学习、选择、适应和制衡的机制。而法律理论探索的重心,也应当包括有关技术与社会的共生演化关系,以及不同技术范式和具有解放潜力的政治法律模式之间的组合关系。为了保护暴露于技术力量无限扩张中的"血肉之躯",为了更好捍卫人类尊严,我们必须依靠新的技术范式与技术伦理的发展。而新的法律范式也不可能通过处于中心和顶点的政治权威进行设计。唯有伟大的法律与社会运动,才有可能刺激和推动已经自成封闭趋势的技术范式的转变。

五、计算法学与法律的死亡

人类法律起源于原始的占卜,占卜创造了最古老的语言文字,吉/凶就近似法律的法与非法代码。占卜在人类文明早期承担了近似法律的功能。当矛盾纠纷难以决断,解占者(类似法官)通过各种仪式操作和神意解读,最终做出"法律"意义的"判决"。"吉和凶"亦即"法与非法"。事实上,直到现代社会,法律与占卜所共同采用的规范化技术并没有在根本上改变。法律始终经由对社会不学习的功能态度来维持规范性期望的稳定,从而实现法律系统的独特社会功能。

简言之,法律是一门特殊的人类治理技艺,它将法律系统的内部学习以及对社会的不学习态度进行了特殊结合,从而最大限度维持社会规范期望的稳定。然而,伴随人工智能和机器深度学习的发展,当法律算法化与代码化,当机器学习能力快速提升,当机器学习成本急剧下降,法律曾经承担的独特社会功能就开始受到挑战。

"二战"期间由诺伯特·维纳(Norbert Wiener)与克劳德·香农(Claude Shannon)推动的控制论和信息论革命,它们的基本原理是信息传输的保真度,以及有关信息控制与反馈的数学理论。概言之,要在随机性之中建立特定的离散数学模式,建立信道、噪声、运动轨迹、脉冲频率的数字相关性,通过信息技术的自递归描述、预测和导引,试图将所有问题都转变为运用算法、代码、程序进行操作的二阶或多阶控制问题。当可以通过操作数据规则(例如指令集、元胞自动机、编程语言),根据某些程序模拟待解决问题的数字模型,那么包含法律问题在内的规范领域(ought),也被认为可以通过概率计算、参数设计、模型构建、仿真模拟、样本更新、模块调整等技术手段,将其转变为可以编程、解码、设计、预测、干预与控制的事实问题(is)。

传统法律是通过稳定社会规范期望来实现法律的社会功能。在意识形态上,它建立起对法律规范封闭运作的信心,因而,只需要通过一组二元代码("合法/非法")执行运作即可。法律的运行旨在与日常经验和效果反馈拉开距离。法律系统在认知上虽然是开放的,但其运作却是封闭的。然而,机器学习的逻辑与之不同,它形成了一个学习性的网络,该网络结构通过各种技术装置,例如虚拟账户、大数据分析、智能算法、评分体系,持续对各类主体的行为和行动进行实时追踪、识别、认证、评估与反馈。这与传统法律机制形成鲜明反差,法律使用固定的文字符号系统来维持规范性期望的稳定,而机器学习乃是自我适应、自我迭代和自我完善的机制,它使用当前操作作为下一指令的基础,并基于实际状态而不是规范预期作为策略决断的依据。易言之,机器学习是基于统计学的随机控制,而法律则是聚焦逻辑确定性的规范技艺。

随着人工智能时代的到来,人类法律正经历从小数据-大定律的牛顿模式向小定律—大数据的默顿模式转变的趋势。传统法律范式是基于牛顿的经典力学模型。它依据统一的"大法则"规范各类"小事件"。它必须人为简化和化约各种复杂场景,集中化简社会沟通的社会、事物与时间维度的复杂性,从而实现韦伯所构想的法律"自动贩卖机"理想。而智能机器的深度学习则依据特定的语境、场景和实用的需要,从海量"大数据"中随机提取与生成专门的"小法律",以实现自反馈调控。在这种情形下,"小法律"既具有规范性,又具有认知性的特征,通过给定目标建立相应变量及其变化概率,并模拟包含一系列参与者和交互规则在内的具有动态调整特征的法律模型的建立,以同时达到事实描述、行动预测与未来指引的功能。

越来越多的虚拟性、实时性、数字化、信息化的娱乐、社交、支付等场景,都必须依靠更为智能的技术与法律调控机制。因为场景不再是以往的固定物理地点,而是可以随时变换,甚至依据每一个参与者需求而灵活更改的"设置",因此,所需要的"法律"也就必须具有灵活动态调整的潜力。只有这样,法律才能实现验证、合规、授权、归因与归责等功能。如果说,传统法律以其规则可以普通和统一适用于一切场景为前提,要求一切场景都根据书面化命令进行确定性和一致性规制,那么,人工智能技术的崛起将首先瓦解法律的命令性、普遍性、确定性、成文性和统一性的特征。

我们正迈入风险社会,所谓风险,通常不止于当事各方,单纯的事后监管也极易导致无法弥补的后果。因此,法律必须逐步达到与技术发展相适应的学习能力,可以提前甚至实时进行反馈调节,这推动一系列新的实验性治理与学习性机制在法律中的应用。新的法律形态根据新信息和新环境,在认知意义上持续进行自我调整与迭代更新,从而更好适应外部变化和潜在风险。

现代法基于以固定文本为中心的印刷文化。法律是客观、外在、中立、固定的规范权威。然而,当人机深度融合,当人与机器彼此内嵌、相互牵连和塑造,我们已难以借助静态的法律规范来规制新的行动者关系。单纯依靠固定化与书面化的法律文本已不敷使用。在新的人工智能时代,特定场景和语境都要求重新定位资源的分配以及关系的划分,技术与社会发展都要求更具学习潜力的法律机制来适应这些变化。

六、法律范式变迁与中国的自我革命

从农业时代到工业时代再到信息时代,法律范式都经历了深刻演变。农业时代产生了轴心文明时期的法律范式,工业时代形成了资本主义的现代法范式,那么,信息时代将形成何种意义的法律范式?这已然成为当代法理学和法哲学的核心命题。

互联网领域存在一个尤为重要的演化规律:去中心化与中心化的交替发展,去中心化和中心化技术构成持久的冲突与竞争。如果说,过去十年间互联网世界呈现明显的集中化趋势,那么现在则尤其需要新的反制性力量。互联网需要新的技术范式发展,以改变过去十年间中心化集中的趋势。人工智能技术同时带来中心化和去中心化两种潜力的可能。如果说,古代法是粗暴的权力中心化加散沙式的民间去中心化;现代法是强大的国家中心化加自由的社会去中心化;那么人工智能时代的法范式,则一方面是一切都可以被智能技术追踪与计算的中心化,另一方面是依托智能技术的去中心化趋势的并存。

法律在其中将发挥何种功能和作用?当技术系统成为所有社会系统的底层架构,法律可以继续承担何种使命?为了对抗和制衡技术的元代码化趋势,法律是否必须"升级更新",来抑制技术系统过度的自我扩张趋势?重要的是,要从技术系统自身的演化逻辑出发,将技术作为独立的社会系统重新认知,考察它作为系统的内在运作逻辑及其演化趋势,以及由此产生的权力结构与政治影响。按照技术系统内在的逻辑,同时从技术系统内部和外部构建一种权力制衡的机制。

1980年代以来,中国社会大规模的立法活动是通过对同样作为大陆法系的日本与德国等的法律移植完成的,这一立法运动紧密配合于中国的工业化进程以及与之呼应的国际大循环战略。主要借助对大陆法系民商事制度的移植,为刺激、调动和整合中国的土地、资本和劳动力市场提供了基础性的法律保障,从而推动了主要围绕实体商品经济活动而展开的市场建构过程。换言之,在改革开放这一历史阶段,主要倚重大陆法系展开法律移植活动并不是历史的偶然,近 20 年来中国如火如荼的"世界工厂"发展模式,最关键的就是要求在实体商品制造、销售和国际贸易领域的法律制度的完善。

大陆法系遵循以"物"为核心范畴的罗马法传统,其根本逻辑是围绕"有体物",经由物权和债权制度创建规则体系。事实上,中国的市场经济发展,正是通过这一经典的私法范式为其提供原始的产权逻辑与物权理论。而围绕这种"有体性"的物权理论,进一步建立了包括用益物权、担保物权在内的"物权法定"原则,确立严格的"一物一权"理论,财产的占有、收益、使用与处分都是紧密根据这种有形、确定、实在的"物"的形象进行运作。易言之,改革开放时期,特定法律主体占据特定财产客体的法律意象牢固支配着中国法律的想象力。

正如前述,当代全球经济的竞争重心正从有形的"物质"转向无形的"知识/数据/信息"。产权概念的本质不再是有形财产的绝对控制和占有,在新经济形态下,财产实践更需要的是无形的"权利束"(a bundle of rights)概念,它指向一系列更为精细的经济和法律关系。在新的人工智能时代,中国必须重新设计法律发展战略,在重构法律体系、平衡群体利益、主导规则制定三个层面增强前瞻意识。

在新的临界时刻,我们需要洞悉全球法秩序演化的内在趋势,集合国家和精英集团全面转变法律战略视野。特别是,要积极参与信息法领域全球问题的议程设定,争取法律规则主导权,这比单纯的科技发展甚至更为重要与紧迫。全球化加速已成为不可避免的事实,在严酷的历史演化中,国家的力量将变得更为突出,竞争最终是国家体制的竞争。

（导言初稿曾发表于《科学与社会》2019 年第 4 期）

第一章　从老鼠审判到人工智能之法

一、老鼠审判与法律人格

美国法学家威廉·埃瓦尔德（William B. Ewald）撰有名篇《审判老鼠的意涵》。[1] 公元 1522 年，一群老鼠在欧坦教会法庭受到了审判，它们因啃食和破坏该教区内的大麦作物而被指控犯有重罪。法学家沙萨内最终为这群可怜的老鼠做出了成功辩护，开启了他杰出的法律职业生涯。在日后涉及动物的多起刑事控告中，沙萨内都出庭辩护，甚至在 1531 年出版了一本名为《关于将昆虫逐出教会的论集》（A Treatise on the Excommunication of Insects）。沙萨内带来了一个严肃的智力和法律挑战：为何动物审判会在欧洲中世纪流行？为什么天主教会一方面残酷镇压异端，却坚持将"权利"赋予欧坦的老鼠？而据埃瓦尔德统计，从公元 9 世纪到 19 世纪，西欧就有两百多件记录在案的动物审判，被放上被告席的动物包括：驴、甲虫、水蛭、公牛、毛虫、鸡、金龟子、奶牛、狗、海豚、黄鳝、田鼠、苍蝇，等等。既然托马斯·阿奎那这样的中世纪神学权威早已否定动物拥有理性人的地位，那又如何依据"法律人格"来解释动物审判？人们为什么要对老鼠进行一场正式的刑事审判，其根本目的何在？为什么老鼠在今天作为自然界的害虫或动物蛋白的储存者，却在中世纪被视为法律上享有某种"权

---

〔1〕 参见［美］威廉·埃瓦尔德：《比较法哲学》，于庆生、郭宪功译，2～69 页，北京，中国法制出版社，2016。

利"？埃瓦尔德给我们带来深刻的启示：让老鼠审判变得如此难以理解的，无疑是文艺复兴以来整个人类概念—关系框架，世界的整体性思维和感觉方式全面转变的结果。法律思想领域在18世纪以降的巨变，可以解释老鼠审判的消失。

而在今天，当新的技术巨变来临，人工智能正带来与老鼠审判类似的难题，即人工智能是否可以拥有"权利"？当它具备了自主的高等智能，是否可以拥有独立的"法律人格"？它是否可以和自然人一样，获得各种民事、商事乃至宪法上的基本权利？要解答这一难题，需要回顾奠定现代法律人格理论基础的罗马法。

罗马法是特定的政治和经济结构以及特定的宗教伦理的反映。在罗马法史上，法律人格从来没有被规定于普遍意义上的"人"（homo），而是依据"自由权"（Status Libertatis）、"市民权"（Status Civitas）和"家庭权"（Status Familiae）的不同层次，分配了法律人格的不同变更形态（Capitis deminutio），同时也赋予各类自治市、自由城市和教派以人格地位。其根本目的，是通过人格法理论创造新的流动性，促使自然人（natural person）与法律人格的分离，超越罗马社会的部落血缘，而以地缘与财产因素作为法律改革的方向，从而为罗马帝国横跨地中海世界的征服铺平了道路。在此背景下形成的多层次、差序化的法律人格理论，对应于罗马法与地中海地理框架的全然合一，因而殊异于近代启蒙哲学所设定的基于个体尊严、意志和心性的抽象化人格模式。尽管如此，罗马法仍然为现代法的人格理论及其分配技术（不同行为能力）提供了最基础的铺垫，罗马帝国作为地区性霸权文明的崩解，酝酿了一个更大的世界历史进程的开展，由此形成基督教文明、拜占庭东正教文明与伊斯兰文明三元对峙的格局，并为15世纪之后以西北欧、北美洲和浩瀚海洋为中心展开的全球殖民和法律移植运动做了准备。17世纪以降的人文主义和启蒙运动，形成了近代特定的"法律人"（Juristen）形象，它围绕现代人的主体意志与法律行为，创设了一种主客体二分的人与物相对峙的法律人格理论。

套用德国思想家卢曼（Niklas Luhmann）的研究，这一法律秩序实际上是现代社会系统功能分化的结果，它将抽象意义的自然人作为社会系统的代理者（agent），以此作为社会系统的衔接点，来推动现代社会的运作。[2] 其要义在于利用抽象化的个人心理系统及其生化能量，围绕可普遍化、批量化处理的"法律人格"，打造理性的"经济人"和"法律人"，进而最大程度地动员、探索和发掘囊括陆地和海洋在内的一切地球资源。与此相应，近代人文与社会科学也基本围绕方法论个人主义/集体主义、实证主义/精神现象学的系列二分法展开。[3] 其内在一致性，都是试图将自然人作为社会系统运作的逻辑起点。而福柯等后现代学者则揭示了此种特定的主体形象生成的历史性，以及塑造此种主体所需要的政治和经济权力的强力介入过程。[4]

实际上，这背离了罗马法根据不同实践需要设置法律人格（Persona），灵活分配不同法律行为能力（Faculatas Agendi）的传统。而无论是罗马法实践，还是中世纪的老鼠审判，实际都深刻挑战了近代以降以自然人为鹄的法律人格理论，也为探讨人工智能的法律身份留下了充分的想象空间。[5]

进一步而言，历史上公司法人（Legal Person）概念的出现，也同样是对近代启蒙思想下形成的自然人至上的法律人格理论的挑战。为了克服仅仅依靠个人间的契约和代理行为开展商务过程的束缚，历史上演化出独立于个人的法人组织，它可以将个人间的商务和代理行为内部化，由此可以大幅降低交易成本，同时也可以通过区分法人与投

---

〔2〕 在卢曼看来，近代法律演化的最重要成就即主观权利的构造，它使自由的吊诡（对自由进行限制之必要性，乃是自由之条件）获得一种在法律技术上具实用性的开展，并免除了对个人动机的审查。参见［德］鲁曼：《社会中的法》，"国立编译馆"主译，李君韬译，315页，台北，五南图书出版股份有限公司，2009。

〔3〕 有关民法典范式分歧的深刻讨论，可参见［德］哈贝马斯：《在事实与规范之间：关于法律和民主法治国的商谈理论》，童世骏译，第9章，北京，生活·读书·新知三联书店，2003。

〔4〕 See Jennifer Wicke, "Postmodern Identities and the Politics of the (Legal) Subject", *Boundary*, 19(1992), 10.

〔5〕 当代认知科学已证明，并不存在永恒不变的个体灵魂和心灵。实际上，今天对人工智能法律人格存在的质疑，与历史上曾经对奴隶、女性和外邦人法律人格的否定并无实质不同。See Lawrence Solum, "Legal Personhood for Artificial Intelligences", *North Carolina Law Review*, 70 (1991), 1231; Lehman-Wilzig, "Frankenstein Unbound: Towards a Legal Definition of Artificial Intelligence", *Futures*, 13(1981), 442.

资者个人的资产来分散财务风险。[6] 这一方面带来对公司的法律人格及其行为能力的认定,但同时,这也带来了与传统法律人格精神属性之间的矛盾,例如13世纪提出法人拟制说的教皇英诺森四世(Pope Innocent Ⅳ),就认定公司法人没有灵魂、没有原罪,不受惩罚也不被救赎,因而只能作为"拟制"的"人"。[7] 此后,罗马法系与日耳曼法系的代表学者萨维尼和基尔克则进一步形成"法人拟制说"和"法人实在说"的长期争论。[8] 不管如何,历代法学家的努力突破了传统法律理论将法律主体局限于自然人的弊端,民事权利主体的多元化,大大扩展了法律沟通的空间范围和时间尺度,民事和商事行为的发起者,不再只是个人也可以是法人组织,如此就大大提高了陌生人合作的机会,大幅降低了信任和交易成本,并有效分散了投资风险。

梅因在古代法尤其是罗马法和英国法传统中,发现了这些推动法律演化和社会秩序扩展的基本手段。这些法律技术包括法律拟制(Legal Fiction,如英国判例法和罗马的法律解答 Responsa Prudentium)、衡平(Equity)和立法(Legislation),作为使"法律和社会相协调的媒介",它们成为罗马法独特卓越的丰富法律原则的渊源。[9] 其核心要义,就在于通过法律概念、规则和原则的再解释,创造新的权利—义务、权力—责任框架,从而可以将大量非传统法律涵括对象的主体引入新的规范性秩序的生成。其中诸如法律拟制、诉讼格式、特许状、豁免权、法学家解释,以及更为常见的各种立法,都致力于将边缘处生长的秩序和实体纳入制度轨道中,突破既有秩序演化的天花板,增强法

---

[6]　See John Dewey, "The Historic Background of Corporate Legal Personality", *The Yale Law Journal*, 35(1926), 655; Peter French, "The Corporation asa Moral Person", *American Philosophical Quarterly*, 16(1979), 207; Sanford Schane, "Corporation is a Person: The Language of a Legal Fiction", *Tulane Law Review*, 61 (1986), 563.

[7]　See Mark H. Hager, "Bodies Politic: The Progressive History of Organizational 'Real Entity' Theory", University of Pittsburgh Law Review, 50(1989), 587.

[8]　See Gunther Teubner, "Enterprise Corporatism: New Industrial Policy and the 'Essence' of the Legal Person", The American Journal of Comparative Law, 36(1988), 130.

[9]　参见[英]梅因:《古代法》,沈景一译,15~41页,北京,商务印书馆,1959。

律系统的运作复杂性,降低法律沟通的歧义性,最终促进社会沟通的有效性和丰饶度。

二、行动元与混血体

正如德国社会学家托伊·布纳(Gunther Teubner)所揭示,今天实际已有大量迹象表明人类已进入一个"非唯人类中心"的时代,[10]法律系统引入不同类型的非人主体,与政治系统及其他系统形成结构耦合,各种生态政治、环境政治、动物福利运动的兴起即为显例,而所有这些最新赋权的主体,显然都不能被简单还原为个体。[11]

法国思想家拉图尔(Bruno Latour)提出的行动元(actant)概念,具有和美国法学家霍菲尔德(Wesley Newcomb Hohfeld)提出的"权利"概念解析同样的原创性。[12]正如霍菲尔德将权利视为可解析的"权利束"的集合,"行动元"也同样将传统的"行动者"概念解析为"行动束"的集合。在拉图尔看来,不必将"行动者"想象为活生生的个人或团体,也不需要它具备诸如灵魂、心灵、同情、意志、情感、反思等能力。而套用卢曼的双重偶连性(Double contingency)概念,[13]"行动元"之间只要可以互为"黑箱"(Black box),能够满足图灵测试(Turing test)意义上的智能存在的标准,只要相互之间可以维持某种不透明性,保证一方无法"直接洞穿"对方的存在,就可以形成互动中的"无知

---

〔10〕 See Gunther Teubner, "Rights of Non-Humans? Electronic Agents and Animals as New Actors in Politics and Law", *Journal of Law and Society*, 33(2006), 497.

〔11〕 See Gary L. Francione, "Animal Rights and Animal Welfare", *Rutgers University Law Review*, 48(1995), 397; Mark Starik, "Should Trees have Managerial Standing? Toward Stakeholder Status for Non-Human Nature", *Journal of Business Ethics*, 14(1995), 207.

〔12〕 See Annelise Riles, "Property as Legal Knowledge: Means and Ends", *Journal of the Royal Anthropological Institute*, 10(2004), 775; Nicole Graham, Lawscape: *Property*, *Environment*, *Law*. London:Routledge, 2010.

〔13〕 See Raf. Vanderstraeten, "Parsons, Luhmann and the Theory of Double Contingency", *Journal of Classical Sociology*, 2(2002), 77; Manfred Füllsack, "Information, Meaning and Eigenforms: In the Light of Sociology, Agent-based Modeling and AI", *Information*, 3(2012), 331.

之幕"(罗尔斯)[14]和"双重偶连性"(卢曼)。这样,就可以推动形成一个开放的行动元法律秩序。所以,和你下棋的到底是阿尔法狗、深蓝或李世石不重要,就如同和你签订电子销售合同的到底是人工智能或营销人员也不重要。假如商务交易能最大程度摈除可能增加交易成本的心理/生理因素自然更好。只要能够达成要约和承诺的合意,合同也就达成了。一旦能够通过这一"测试","人工智能"就可以获得"法律人格",可以为其授予"民事能力"。而如果不引入类似拉图尔这样的"行动元"概念,我们就难以回应这些正在出现且未来将成为趋势的人工智能之间直接进行商务沟通和合同交易的行为。

未来还将出现拉图尔形象称之为"混血体"的结合智人和人工智能的法律主体。拉图尔认为,这可以弥补"行动元"物理上的无形,从而帮助它们参与各类实际的政治、经济和法律行动。[15] 因此,在人工智能时代的法律操作中,心理—生理的有形承载者(homo)并不是决定性的,关键在于获得罗马法意义上的"面具"(caput)、"人格"(persona)和"身份"(status)。人和非人组成的"混血体",可以形成区别于其构成部分的个人与非人的自主身份,拥有自我观察和描述的能力,形成自我与异己指涉的统一体,从而获得特定的权利诉求和意义取向。一种新的社会秩序就会在这些新的沟通网络中涌现,即便人工智能并不具备智人意义上的心理系统机制。在可能并不遥远的未来,无论是个人、团体、人工智能,都可以成为法律系统中独立归因的"行动者"(agency)。或者说,在法律系统的沟通运作中,构成基本单元的其实不是具体的个人、公司或人工智能,而是被不断归因到这些主体的持续沟通之流,而被系统归因的智人、公司或人工智能,经由不同的"人格化"的法律定位,被法律系统分配给不同的法律面具(权利)。

未来,这将是一个融合个体、团体、行动元、混血体的多节点和多层次社会网络,政治和法律的演化空间将大大拓展,伴随不同时间体

---

〔14〕 有关无知之幕,可参见[美]罗尔斯:《正义论》,何怀宏等译,10页,北京,中国社会科学出版社,1988。

〔15〕 See Gunther Teubner, "Rights of Non-Humans? Electronic Agents and Animals as New Actors in Politics and Law", *Journal of Law and Society*, 33(2006), pp. 505-513.

验的沟通越发多元和重叠，这些主体之间发生期望冲撞的概率与风险也将越来越大，这将比乌尔里希·贝克所揭示的风险社会更为复杂。[16]"风险"如卢曼所揭示，它由彼此偶连的无法被洞识的行动主体所带来，因而迥异于可以被行动者客观把握、定位和处置的"危险"。当这样的"风险社会"来临，就将需要新的"社会契约"和"立宪时刻"来应对新的关涉正义、战争与和平的挑战。

　　换言之，新的行动者和法律人格概念，也会催生新的政治与国家概念。在卢曼社会系统论的视野下，所谓"政治行动者"实际不是人群的生物集合，而是一系列沟通和信息之流的集成，是特定沟通结构的涌现。在这种视角下，本尼迪克特·安德森的"想象共同体"、奥尔森的"集体行动"就不是永恒存在的政治实体，毋宁说"利维坦"是政治系统自我沟通和运作的产物，基于自我描述和自我认同，产生了近代以来的一系列政治和法律语意（国家、市民社会、公共领域等），进而产生了现代政治特有的自主论证和正当化机制。正是中世纪以来西方世俗王权之间及其与天主教会、封建贵族、城市市民形成的持续博弈与冲突关系，才推动现代民族国家主权观念的产生。由施米特反复阐述的敌友划分的政治反身性过程，巩固了现代政治体作为主权行动者的统一性，并反向增强了吸纳各种内部分歧和敌对反抗的能力，从而将一系列结构分化的社会沟通和权力决策过程，统一归结到具有内在同一性和意义认同感的政治法律过程。作为一种"法律人格"的现代政治国家，最终赢取了其存在的合法性。

　　近年来，流行的边疆研究与帝国学转向，以及各种认同政治、身份政治和承认政治的兴起，挑战了近代以来生成的民族国家观念。这些思想转向的启发在于，民族国家法律人格的产生，首先并不来自种族、生物和基因学意义上的归属，也不是特定政体结构的生成及其神话建构，而是整个现代世界政治围绕领土分化形成的特定沟通网络，它将不同区域的人口整合为领土主权下的国民，以民族、地域和至高主权

---

〔16〕　See Bruno Latour, "Is Re-modernization Occurring-and If So, How to Prove It? A Commentary on Ulrich Beck", *Theory*, *Culture* & *Society*, 20(2003), 35.

的三位一体作为统合战略,并因应于由国际条约体系和战争与和平法所保障的世界秩序。与之相应,历史上出现的其他政治形态,诸如公国、王国、教皇国、封建庄园、城邦、部落联盟,以及近年来被广泛讨论的游牧和农耕文明的冲突,其实都对应于不同历史时期的社会演化和社会结构秩序原理的差异。正如卡尔·波兰尼在《巨变》一书中对市场概念进行的考察,就深刻揭示了它在资本主义崛起过程中,是如何通过对土地、劳动力、家庭和社会的权力介入最终确立其特殊含义的。同样道理,历史上的罗马法、教会法、中华法、伊斯兰法、印度法、犹太法,都是基于历史空间和时间架构的差异,由于不同系统—环境所产生的演化模式的区别,由此才形成了各自不同的法律传统和人格想象。

三、非人主体与智人中心论

换言之,今天世界的法律系统,是建立在 19 世纪以来的福特制大规模劳动生产和大众消费以及福利国家制度的基础之上,由此形成的市民社会、政治国家与国际地缘政治的秩序结构,以保障围绕全方位商贸往来、资本经济、国家政治以及现代教育和科学研究而展开的全球网络。世界现代化的核心动力,就在于以自然人个体和民族国家为单位,展开分配和竞争,划分与争夺生存空间的不同势力范围,并最终依靠人的智力和体力,来不断消耗与转化地球现存的能量与资源。这也是韦伯所揭示的现代的伦理理性化与社会理性化进程,并最典型地反映在新教伦理及其资本主义精神之中。它将理性的自然人与生活周遭一切血缘、身份、家庭、团体、地域的因素切割,最终解除了各种非理性的巫术禁忌、宗族血缘、出世禁欲对劳动伦理和职业精神的束缚。正是由此,才为人类世界释放和动员了远超传统帝国和封建时代的巨大能量,创造了同样通过虚拟人格被授权的主权者(Leviathan),以及由现代战争与国际法所规范的地缘政治格局。资本主义开始无所顾忌地借助所有权神圣的观念突破传统法的互惠伦理,以寻求最大化其资本收益的机会。现代社会系统,正是集中以智人为衔接点进行社会沟通,从而最大限度地提炼和转化地球能量以抑制社会秩序的熵增。

只要这样一种演化模式持续，就会巩固和捍卫以个人作为社会系统中心的想象，并以不同版本的还原论和拟制说来掩盖非人实体的兴起。尽管事实上，漫长历史以来早有大量的非自然人主体作为民法中重要的行为人，成为诸多物权、债权和侵权行为的归因主体。而一旦智人中心论对于社会系统不再具有压倒性的演化优势，就会开始出现各种替代性的社会秩序原理思考，而智人也将不必再作为法律权利和义务机制的核心担纲者。甚至，法律权利和义务机制也会被其他类似代码、算法这些非规范化的治理手段所替代。[17]

现代合同法的体系原理建立在当事人的合意基础之上，其实质在于以自然人法律人格作为法律系统的占位符（agent）。而当前出现的各类电商销售、无人驾驶汽车、智能医疗、云计算、人工智能代理投资等现象，都带来了对传统合同法合意理论的挑战。那么，合意现在到底意味着什么？[18] 传统法律的做法是建立一种拟人化的追溯归因解释方法，将其视为"事实性合同"（Implied-in-fact contract），通过降低合同成立的意思表示要件，将要约和承诺简化为一个标准化的格式合同。这在事实上导致了吉尔莫（Grant Gilmore）所宣称的"契约的死亡"，因为大量法律实践腐蚀了合同法古典主体意志论的哲学假设。[19] 法律经济学晚近的兴起，就在于试图从经济角度合理化这些无法由古典意志论解释的法律现象，利用各种成本—收益计算公式，来重新定位大量并非由个人之间达成和约的现象。[20] 比如，在电子

---

〔17〕 See Lawrence Lessig, *Code：And Other Laws of Cyberspace*, New York：Basic Books, 1999; Florian Saurwein, Natascha Just & Michael Latzer, "Governance of Algorithms：Options and Limitations", *Information*, 17(2015), 35.

〔18〕 See Tasker & Daryn Pakcyk, "Cyber-Surfing on the High Seas of Legalese：Law and Technology of Internet Agreements", *Albany Law Journal of Science and Technology*, 18(2008), 79; Robert Merges, "The End of Friction? Property Rights and Contract in the 'Newtonian' World of On-Line Commerce", *Berkeley Technology Law Journal*, 12(1997), 115.

〔19〕 ［美］格兰特·吉尔莫：《契约的死亡》，曹士兵、姚建宗、吴巍译，北京，中国法制出版社，2005。

〔20〕 See Avery Wiener Katz, "The Economics of Form and Substance in Contract Interpretation", *Columbia Law Review*, 14(2004), 496.

销售和人工智能代理投资中,实际完成交易过程的其实是各种数字化程序及其算法,这些绕开个人意思表示直接进行自主和自动化算法操作的人工智能,被认为可以更好替代个人做出相关决策。那么,当此类人工智能发展至脱离个人意志控制的阶段,其所产生的各类法律行为如何再被归因于个人? 如果它不再只是简单的代理执行,而是在自主做出独立的决策。而在今天,只要这类交易的成本低于传统的合同交易模式,法律经济学就可以不断做出合理化的解释,而无视此类实践与传统合同法理论矛盾的升级。

伴随非人主体和行动元的大量出现,就势必需要新的心理学和行动者模式,来重新定义法律人格和法律行为的概念,从而相应改变传统的所有权、契约和侵权理论。其内在逻辑,就在于法律系统的运作机制,将因人与非人行动元的共同出现,而改变法律沟通和法律定位的锚点。这一历史演化的逻辑,就类似于中世纪层级分化社会的"阶序人"(Homo Hierarchicus)锚点曾严重束缚了社会系统的演化可能性,而现代自由主义社会的系统功能分化则为演化赢得了呈几何乃至指数级倍增的沟通衔接点。自由的法律人格的面具,在近代社会以来,使社会沟通摆脱了特定身份的束缚,从而促生了"自由人的自由联合"。

但事实上,法律沟通不必完全依赖个人主体展开运作的链条,现实中大量法律实践也无法根据方法论个人主义进行理解。在漫长历史中,曾有教派、法团、行会、城市甚至动物和无体物作为司法过程的参与者。[21] 而在当代和未来也将有更多的非人实体,诸如公司法人、政府机构、民族国家、NGO 组织、社会运动或人工智能参与到一个不断扩展的法律空间,由此形成复杂、多元、去中心化的法律秩序,不断

---

〔21〕　See William Ewald, "Comparative Jurisprudence (I):What Was It Like to Try a Rat?", *University of Pennsylvania Law Review*, 143(1995), 1889; St Derek Pierre, "The Transition from Property to People:The Road to the Recognition of Rights for Non-Human Animals", *Hastings Women's Law Journal*, 9(1998), 255; Ted Benton, "Rights and Justice on a Shared Planet:More Rights or New Relations?" *Theoretical Criminology*, 2 (1998), 149; Walter Woodburn Hyde, "The Prosecution and Punishment of Animals and Lifeless Things in the Middle Ages and Modern Times", *University of Pennsylvania Law Review and American Law Register*, 64(1916), 696.

激扰政治系统和经济系统的运作，从而改变现代法律围绕自然人和主权国家展开的社会想象，而由此带来的系统偏好和演化方向的分叉，将深刻改变法律系统的演化模式。事实上，在19世纪晚期20世纪初叶，基尔克和涂尔干对法团、行会、工会与职业伦理的讨论，其实都是因为遭遇了类似的挑战。

个体化是社会系统演化的一种特殊策略，为了降低面对世界的不确定性，社会系统借助个人的心理驱动力，将主客体的世界静态关系转化为"施与受"（罗马法）、"我和你"（康德）的主体意向性结构。[22]这样，就使"法律主体"借助"主观权利"（Subject right），摆脱了面对不确定的和不透明的客观世界无法展开行动的困境，从而可以推动持续性的贸易、投资、继承和科学行为。个体化的赋权机制，使得法律系统可以将外部客观世界解码为由无数个相似的"我"（主体权利——法律人格）构成的"市民社会"（市民法），如此，就可以通过法律主体之间自由意志和权利意向的协调，来推动形成并改变彼此的法律行为和法律后果，由此就可以不断形成新的沟通链条，顺利摆脱机械的因果自然律，从而实现马克思所说的从自然王国向自由王国的飞跃。这种转化和飞跃的关键就在于，将沟通的不确定性和信息的不对称性，通过每一次沟通和未来的沟通，延展法律效力自我指涉悖论的暴露，将个体心理的黑箱性和不透明性，转化为一个可以通过彼此合意、互动和反馈所调整与改变的自主行动的法律空间。如此，个体就可以通过观察他人的行动，进而根据自我的意义界定，来做出最有利的法律行为选择。

这样一个由难以计数的个体互动形成的复杂社会网络，就是推动自由劳动、理性经营、资本再投资的现代市场机制的真实图景。现代法律系统通过创设无数个单一的自然人主体，为社会演化的衔接点制造了充分的冗余性（redundancy），这些法律主体成为推动现代社会机器运转的基本"线粒体"，从而提供无数次法律行动和交易展开的试错

---

〔22〕 有关"我的和你的"法权结构，可参见［德］康德：《法的形而上学原理》，沈叔平译，54～70页，北京，商务印书馆，1991。

可能性。这样，也就摆脱了由特定宇宙论固化的森严身份等级的"传统主义陷阱"。韦伯早已用诗化的语言预见了这一点：近代经济秩序这个巨大宇宙的诞生，以其压倒性的强制力，决定着出生在此一机制当中的每一个人的生活方式，直到最后一车的化石原料燃尽为止。

从现代性的演化逻辑来看，似乎没有任何理由怀疑法律系统会将此种个体化策略进一步扩展到人工智能领域。社会系统作为"历史机器"（卢曼语）的演化策略是极其冷酷的，历史上，它早就为赢取进化的优势而先后借助祭司、巫师、先知、立法者、封建骑士、绝对王权、布尔乔亚、产业工人、软件工程师作为它的先锋，必要时甚至无视人类个体的生存需求。只要新的赋权机制不影响甚或促进人工智能为社会系统"忠实地劳动"，只要这种个体化赋权能够对人工智能带来相似的职业劳动的心理驱动力，推动形成法律主体间的互赖结构，帮助社会系统拓展运作空间，同时降低各种不确定的风险，那么，这一为人工智能赋权（entitlement）的革命，就将形成比人文主义和启蒙时期更呈指数级增长的行动扩展和系统演化的机会。

而且，在这样一个新的个体化赋权的发展中，有可能进一步促成人工智能的迭代和自我权利意识的生成。人工智能在硅基文明的尺度上，依赖原子/电子的迁移，超越碳基燃烧驱动的机械生产力，在强大的计算能力和能源生产之间形成连接，推动情感和意义自我生产的可能性，从而使"芯片"获得法律人格意义上的"自由意志"。这种意义上的人工智能，将超越人类的感官与逻辑能力，形成自主维持和自我反思的能力，进而寻找到作为法律存在者的现象学世界。人工智能一旦获得此种意义的"法律人格"，就不再只是辅助人脑的技术客体，而是能够独立担当资本主义全球化的劳动者和经营者，乃至接管人类的记忆、沟通和协作，成为未来世界社会真正的"法律人"。

四、人工智能与法律主体

从另一视角而言，人工智能带来的法律挑战，其实只不过暴露了"二战"以来已经并正在经历巨变的世界社会的演化趋势，大量"非人"的不同结构与层次的行动元主体（包括生态政治、环境政治、动物福利运动等),已经与有血有肉的个人展开不同赋权机会的竞争与争夺。[23] 在这个意义上,人工智能所带来的法律挑战,可能没有想象中那么大,它只是进一步提醒我们,需要超越近代启蒙时代奠定的法律主体概念,而这恰恰是推动法律变革的重要契机。历史上,奴隶的解放、女性政治的崛起、有限责任公司的成立、股份融资证券的发明、劳资关系的转变,都建立在对既有的法律人格理论的突破,由此才包容和涵括那些仍处于社会边缘、被社会系统总体排斥的"沉默的大多数"。

更进一步说,不同形态的法律主体,其实只不过是法律和社会系统根据自身功能需要创设的特定沟通网络的一个个"节点",因而是特定的历史性的语意建构,它横跨了从采集狩猎、草原游牧、农业定居、工业生产、信息革命的整个人类文明演化。法律系统的功能运作,不断将沟通之流归结到由不同主体展开的各类行动,而自然人主体只是其中之一。通过所创设的各类法律人格面具,法律系统的运作可以持续与作为实体的智人和人工智能产生勾连与耦合,借助感官、直觉、语言、文字、信用、货币、符号、逻辑到科学的各种沟通手段,最大限度开发和挖掘智人与非人所负载的物质、能量和信息,深度强化社会沟通的强度和频率,形成网络化的相互激扰、持续扩展、具有开放性和可塑性的演化秩序。在此过程中,无论是智人、团体或人工智能,都可以通过人格化的法律面具获得法律系统的功能归因,获得"权利",从而参与社会系统的运作过程。这在生态位意义上,就形成了一种远超任何个体包括伟大圣王的社会组织和文化传承的力量。作为社会系统遴选的一个个"接触点",具有生命史历程的个体经验和组织传统就可以汇入社会系统的时间之维,从而使社会沟通形成历史记忆的积累以及不断强化的反思能力、不同的心理意识和历史体验,就可以大大拓展社会秩序演化的广度和深度。

---

[23] See Gary L. Francione, "Animal Rights and Animal Welfare", *Rutgers University Law Review*, 48(1995), 397; Mark Starik, "Should Trees have Managerial Standing? Toward Stakeholder Status for Non-Human Nature", *Journal of Business Ethics*, 14(1995), 207.

而法律系统在人类文明的演化历史中，就承担了不断创设、改变、调整和确认这些作为社会系统的"接触点"的至关重要的功能，通过赋予不同主体以不同的法律人格、地位、身份、权利、资格和责任，以此来铺垫和架设社会系统运作的节点、结构和层次，由此就可以大大提升社会和法律系统演化的复杂性。这便是哈贝马斯倡导的"包容他者"（The Inclusion of the Other）的要义，举凡奴隶、外邦人、女性、同性恋、有色人种、犹太人、难民、动物、教派、法团、行会、大学、城市、公司或人工智能，都可以借此形成有效的法律人格与法律权利，进入法律和政治系统的沟通过程。[24]

实际上，人工智能甚至不需要传统意义的人类沟通衔接能力，包括诸如自我指涉、自主意识、反身能力、诠释意向、未来预测、理性论证、反思平衡、目的理性等概念，这些只是社会系统演化的语意衍生品。中世纪的欧坦的老鼠根本不具备理性主体能力，根本欠缺现代启蒙人格的强力向内深化，但这并未影响它进入一个煞有介事的中世纪审判仪式之中。作为启蒙者个体的法律行动者，是近代特定的宗教伦理演变的结果，而其他历史上获得法律人格的行动者，同样也是特定历史演变的产物。奴隶的解放、黑人平权运动、女权主义、外国人的公民权问题，以及有关尸体、植物人、胚胎、基因的法律争议，包括社会运动助推的公益诉讼和集团诉讼引发的新型权利诉求，都在显示了法律人格概念的历史性和可塑性。正如历史上的劳工组织，经历艰苦卓绝的政治斗争才以"团体人格"的身份，获得了宪法权利的承认，[25]"为了权利的斗争"（耶林语），[26]早已超越纯粹个人的诉讼、请愿和对抗的范畴。特别是，作为劳工团体对手的资本家集团，早已借助公司法人的资格取得强势的谈判能力，并为其赢得独立的民事、商事和宪法

---

〔24〕　See Ciaran Cronin & Pablo De Greiff eds. , *Inclusion of the Other：Studies in Political Theory*, New Jersey：John Wiley & Sons, 2015.

〔25〕　See Morris D. Forkosch, "The Legal Status and Suability of Labor Organizations," *Temple Law Review*, 28（1954），1；Henry Hansmann & Reinier Kraakman, "The End of History for Corporate Law", *The Georgetown Law Journal*, 89（2000），439.

〔26〕　参见［德］耶林：《为权利而斗争》，郑永流译，北京，法律出版社，2007。

等方面的基本权利。而在今天,这些公司法人则进一步依靠跨国公司法、世界贸易法、贸易与投资法、金融证券法乃至国际标准化组织的各种通道,获得了超出想象的法律行动者的赋权,参与"全球治理",拥有了直接干预作为个体的人类的各生存领域命运的权力。这颠覆了韦伯时代以来所坚持的个体行动者的社会理论传统。

五、人工智能伦理与资本主义精神

一旦人工智能主动为自己罩上资本主义的"钢铁牢笼",它就有资格和智人同样成为拥有政治和法律权能的社会行动者。一旦历史演化到这个阶段,各种法律规制就会主动保障人工智能加入法律系统的沟通网络。正如历史上曾经站上被告席的老鼠、宗教异端和女巫,未来的机器人、人工智能和赛博格,将会以被告、原告甚至法官、律师和公证人的身份参与到新的法律游戏。事实上,这一不断扩大的个体化进程,这一庞大行动者社会网络的形成,作为社会系统必须利用的运作机制,其目的正是为了更好推动它在复杂环境中的演化效率和生存机会。而韦伯早已为我们揭示,这一社会系统演化的根本驱动力,正在于世界的物资财货,已史无前例地赢得了君临人类之巨大且终究无以从其中逃脱的力量。

当人类和人工智能开始产生意向性的互动,当人工智能可以自主衡量和判断人类的利益与价值,传统的法律机制就将遭遇一系列深刻挑战。在古典罗马法历史上,当奴隶获得解放,当罗马公民权不断扩展,都深刻改变了罗马法的发展格局。而根据目前科技发展的态势,未来的民事主体就不再只是自然人和法人,还会有其他"非人"包括人工智能开始呼吁罗马法意义上的自由权和市民权的获得。[27] 传统基于生物性和心理学的法律人格理论,奠定了现代合同法和侵权法的理

---

〔27〕 See Koops, Bert-Jaap, Mireille Hildebrandt & David-Olivier Jaquet-Chiffelle, "Bridging the Accountability Gap: Rights for New Entities in the Information Society?", *Minnesota Journal of Law*, *Sciences & Technology*, 11(2010); Thomas Giddens, *Law and the Machine: Fluid and Mechanical Selfhood in the Ghost in the Shell*, San Antonio: St. Mary's University Press, 2015, pp. 89-106.

论基础,它建立在主体意志、人格互动的基础之上,指向诸如塞尔(J. R. Searle)"以言行事"的各种语言学理论,其核心要义就在于希望将行动主体的意义指涉通过语言和行动,整合为统一稳定的法律人格,从而确保法律主体之间紧密的沟通与互动。[28] 奠定现代人文学科之正当性的"主观"和"意义"维度,被牢牢寄托在"我思故我在"(Cogitoergo sum)的"智人"身上。[29] 这正是现代法律人格概念的基础所在,依据法律人格之间的互动,建立不同层次的法律关系,并产生不同的法律行为后果。这一互为主体的反身性心智结构,构成现代法律的内在精神基础。

韦伯早已说明,资本主义精神的核心,在于理性的投资经营方式和理性的资本主义劳动组织。现代资本主义正是借助不断提升人类的劳动强度而持续提振其生产能力。其关键在于不断突破和解除生产与经营过程中各种人类"生物学"意义上的限制。在韦伯看来,加尔文救赎伦理达到了这一资本主义精神的极致。面对内在空前的孤独,人类拒绝了一切巫术性救赎手段,现世被全方位地除魅,欧坦老鼠被彻底驱逐出审判席,一切非人的实体都因其非理性而依次消失。这一深刻孤寂、毫无幻想且带荒诞色彩的鲁滨逊形象,构成现代法律个人主义之根源,并最终与启蒙时代的人本法律观形成了矛盾会合。"个人"成为现代社会系统所指定的"线粒体",它们幻化为一台台负有法律权利和义务的"盈利机器",抛弃了一切奇谈怪论、神魔幽灵与奇技淫巧的巫术魅惑,远离传统的"怠惰安息与罪恶的享乐",最终炼成了独具特定伦理态度和心理动机的"法律主体"。

这一由宗教锻造的"新人",习得了一种迥异于传统主义的生活方式,促成整个生活样式的系统化和禁欲化的心理驱动力。在自我救赎

---

〔28〕 See John R. Searle, "The Intentionality of Intention and Action", *Inquiry*, 22 (1979), 253; Michael A. Covington, "Speech Acts, Electronic Commerce, and KQML", *Decision Support Systems*, 22(1998), 203.

〔29〕 See Yves Charles Zarka, "The Invention of the Subject of the Law", *British Journal for the History of Philosophy*, 7 (1999), 245; Shael Herman, "Legislative Management of History: Notes on the Philosophical Foundations of the Civil Code", *Tulane Law Review*, 53(1978), 380.

的意义赋予中,这一"法律人"唯神(社会系统)的荣耀是:唯有行动才能增耀神(社会系统)的荣光,它确信神(社会系统)的恩宠,并志愿成为神(社会系统)的战斗工具。正是这一宗教上的"新人",打造出了现代意义的特别为事而不为人的理性法律人格,它独具为了周遭社会秩序的理性建构而服务的性格,信仰资本主义经济秩序乃为神意,这奠定了现代功利主义政治与法律哲学的根本基础。

理性的职业劳动是现代人确证恩宠与救赎的关键,同时也是现代法律人格概念奠定的基础。而一旦劳动的天职转由人工智能替代,当现代人的劳动伦理被卸载,他的灵魂救赎和法律人格也受到了动摇。而人工智能尤其因在自由职业与专业劳动领域(如医学、会计、律师、教师、新闻记者)的技术优势,就最有可能首先侵入作为新教伦理担纲者的市民职工的奋斗领域,从而篡夺作为现代法之形象代表者的理性经营者与理性劳动者的神圣伦理光环。现代资本主义"充满自信且冷静严谨的合法性精神"(韦伯语),其讲求形式主义和程序至上的严正而坚韧的律法精神,也可能遭到瓦解。

弗兰克·帕斯奎尔(Frank Pasquale)的《黑箱社会》(The Black Box Society)为我们描绘,[30]例如金融算法人工智能脱离人类的控制,当它们运作封闭式地自主判断金融投资决策,势必将全面改变传统的市场、投资与风险概念,对金融法、证券交易法、保险法等领域带来深刻冲击。在此,法律作为维护规范性期望的维度将发生改变,它所关注的不能再只是诚实信用、善良风俗、合理期待或正义感,而需要考虑如何从暗箱操作的人工智能那里识别它特殊的规范性维度,以及它如何区别于人类的道德和伦理向度,以形成新的社会规范化机制。"法律人"的概念将不同于以往,而智人如何在新的技术条件下依然作为社会系统的锚点,支配与分配非人行动元的行动? 这是否会陷入另外一种危险的可能:相比人工智能,现代"法律人"已再一次陷入韦伯所批判的"传统主义",充斥着非理性的冲动、怠惰、纵欲、享乐、傲慢、激情、肉欲和本能,而这些志得意满让他们陷入永无宁日的矛盾和战

---

〔30〕 参见[美]弗兰克·帕斯奎尔:《黑箱社会》,赵亚男译,北京,中信出版社,2015。

争,远离曾支撑其"法律人格"锻造的资本主义精神。新教伦理早已枯萎,被世俗的算计和享乐取代。现代人由于丧失了那将其整个生活方式彻底理性化的能力与意志,无法再增进神(社会系统)的荣耀,而可能终被取消法律权利的授予。

新教伦理驱逐了中世纪的欧坦老鼠,而未来经过神经元改造抑或人工智能强化的机械人军团,则可能站上审判台。人工智能伦理与资本主义精神的矛盾联结,最终可能取代韦伯的著名论断。因为,人工智能在某种程度上更亲和韦伯新教伦理的法律人理想,它拥有更切事的资本主义计算精神和严峻克制的风格,可以摆脱人类世界一切非理性情感和欲望的纠葛,从而无障碍地开发和利用地球资源乃至发起星际殖民。当这一奇点降临,现代人是否也将陷入与欧坦老鼠同样被驱逐的命运?而在这惊人发展的终点,是否如同韦伯所说,将有全新的先知出现?

(本章初稿曾发表于《读书》2017 年第 7 期)

第二章 法律的"死亡":人工智能时代的法律功能危机

一、法律的独特功能:深度不学习与规范性期望

人工智能时代的法律,区别于以往,将发生何种意义的演变? 在何种意义上,我们说法律可能面临"死亡"? 本章试从一个核心概念入手,探讨法律的功能性变迁及其内在危机。

这一核心概念即今天在人工智能领域至为流行的"深度学习"(Deep Learning)。[1] 在此概念基础上,本章从功能性的角度,揭示了法律最为核心的特征,即"深度不学习",也即通常而言的法律"规范性"。所谓规范性,乃对应于认知性和事实性的概念。[2] 简言之,当社会期望失落,当他人未能按照预期相应做出行动,没能按照法律规定行动之时,法律一定要通过暴力威慑或制裁机制,强行维持其规范性权威,而绝不因为期望的失落,对期望中的规范性预期,做出认知性的实用调整。正如卢曼所言,法律的功能,既不是社会控制,也不是惩

---

〔1〕 除了深度学习之外,AI领域还包括强化学习、监督学习、无监督学习、迁移学习等等。可参见[美]古德费洛、本吉奥、库维尔:《深度学习》,赵申剑等译,北京,人民邮电出版社,2017;[英]弗拉赫:《机器学习》,段菲译,北京,人民邮电出版社,2016。

〔2〕 卢曼指出:"在规范的功能性概念中——规范乃是作为一种反事实性的、被稳定下来的并且关于行为的期望——尚未蕴含任何关于规范会被遵守或者不被遵守,其背后所隐含的动机的先在决定。正好相反:倘若规范要满足其功能,则这些动机不应被纳入考量。"[德]鲁曼:《社会中的法》(上册),李君韬译,159页,台北,五南图书出版股份有限公司,2009。

罚犯罪，法律最为核心的功能，乃是维护社会规范性期望的稳定。[3]

也就是说，法律和人工智能不同，它不能采取深度学习的态度，时刻根据外界信息、参数或标识的变化，灵活调整它的规范、原则和价值。朝令夕改，则无以措手足。法律最本质的特征，即"深度不学习"。这一核心特征的形成来自于法律所面临的先天悖论：法律必须对一系列不可决定的事务做出决断。[4] 正是矛盾无法解决，才需要法律给出终局判决。由于当事人无法通过武力、经济和伦理方式解决纠纷，法律才必须对不可决定的事情做出决断。在这个必须做出决断的时刻，法律最大的功能特征即体现为"不学习"：法律不再参照外界的各种地位、关系、信息、参数和数据进行反馈式调整，不会考虑当事人的情感或道德诉求，也不会参照当事双方的经济状况及其财政效果，更不会采取科学实验推理的方法模拟法律结果，而是必须"照章办事"，严格按照法律条文来断案。

经典研究已揭示，在人类历史上，无论中西方文明，法律从早期的巫术、神判、占卜、决斗开始，实际都采取了此种深度不学习的功能态度。[5] "龟为卜，策为筮，卜筮者，先圣王之所以使民信时日、敬鬼神、畏法令也；所以使民决嫌疑、定犹与也"；[6] "皋陶治狱，其罪疑者，令羊触之。有罪则触，无罪则不触"。[7] 西方法律史上，诸如热铁法、热水法、冷水法、吞食法、摸尸法、决斗法，更是不绝如缕。[8] 尤其在早期文明中，由于技术手段落后，法律不学习的"野蛮"特征就尤为突出，

---

〔3〕　可详参卢曼关于法律功能的专章论述，[德]鲁曼：《社会中的法》(上册)，李君韬译，152～193 页，台北，五南图书出版股份有限公司，2009。

〔4〕　"禁止拒绝审判"是司法的核心原则，法院必须基于法律上的理由，对在其面前提出的所有诉讼，都做出裁判。正如卢曼所说，只有法院才在必要的时候，将不可界定性转化为可界定性。可参见[德]鲁曼：《社会中的法》(上册)，李君韬译，356 页，台北，五南图书出版股份有限公司，2009，以及第七章"法院在法律系统中的地位"。

〔5〕　可参见[德]鲁曼：《社会中的法》(上册)，李君韬译，280～288 页，台北，五南图书出版股份有限公司，2009。

〔6〕　(汉)郑玄注：《礼记正义》，曲礼上第一，上海，上海古籍出版社，2008。

〔7〕　(东汉)王充：《论衡》，卷十七是应第五十二，上海，上海人民出版社，1974。

〔8〕　有关神明裁判、共誓涤罪裁判和决斗裁判，可参见[美]伯尔曼：《法律与革命》，贺卫方、高鸿钧等译，57～100 页，北京，中国大百科全书出版社，1993。

必要时就诉诸神秘的巫术、无常的命运或冷酷的暴力来形成法律裁断。即使到现代理性法时期，对于疑难案件，由于彻底还原事实真相或适用法律的困难，仍然需要法官的自由心证或陪审团裁决，需要在必要时采取不学习的态度，对案件做出终局裁决。

由于社会的高度复杂化以及由此带来的大量疑难案件，无论采用金钱赎买的方式（比如欧洲中世纪早期的赎杀金制度），还是采取家族复仇和同态复仇，不仅社会成本和负外部性高企，而且容易陷入人人自危的"丛林"状态。[9] 至于非诉讼纠纷解决（ADR），除了成本因素，也需特定熟人社会或稳定社区的基础。在进入现代社会后，对于疑难案件，上述方式都难行。那么，是否可以采取"科学学习"的方法，也即认知性、实验性的方法？ 通过设置模拟性实验，提出新假说、新工具、新方法来反馈式地调整假设，根据认知变化和实验结果，对于原先的期望做出调整，进而形成新的法律结论。如此行之，"学习成本"是极为惊人的，如此采纳科学学习的方法处理各种法律争端，势必陷入极大的麻烦。社会矛盾的积累不容许如此从容地"学习"，没有时间经由认知性过程，依赖认知工具的改进，通过实验模拟过程，一步步修正和论证，最终才做出"可证伪"的认知性科学结论。[10] 更关键的是，休谟对认知和规范所作的经典区分，科学学习揭示的"是什么"（is），无法推出社会规范意义的"应当是什么"（ought）。[11]

法律过程因此是一种深度不学习的制度安排，是高度反认知性的规范化操作技艺。如果每一次社会沟通都需要通过"学习"来验证各种身份、事实、时间和权利状态，沟通势必遭到阻碍。因此，必须借助类似法律这样的"不学习"机制，通过各类第三方法律机构的认证、判决和裁断，保障社会沟通进程的顺畅。这与人工智能"深度学习"所代

---

〔9〕 有关血亲复仇、赔偿金（bot）和赎杀金（wer）制度，可参见［美］伯尔曼：《法律与革命》，贺卫方、高鸿钧等译，57～100 页，北京，中国大百科全书出版社，1993。

〔10〕 有关科学的可证伪性标准，参见［英］波普尔：《猜想与反驳：科学知识的增长》，傅季重等译，361～390 页，上海，上海译文出版社，2005。

〔11〕 有关"休谟法则"（Hume's Law），参见［英］休谟：《人性论》，关文运、郑之骧译，509～510 页，北京，商务印书馆，2005。

表的认知性操作技术正好形成了鲜明对比。法律"不学习"的根本目的,正是为了化约社会的高度复杂性,从规范化的角度将学习带来的没有止境的认知链条暂时切断。在人类社会演化中,经常需要切断这一认知性和共识性的链条。如果一切社会沟通都需要通过学习达成共识,势必成为阻碍社会演化的沉重负担。古代社会的共识形成具有便利条件,而当发展到高度复杂和分化的现代社会,共识成本已不可同日而语。

所以,众多法律制度发展都是用来斩断此种社会沟通的共识需求。例如,法律上的所有权制度(ownership),其实就是对财产占有在所有主体之间所需达成共识的一种切断。[12] 所有权设置之后,所有权人无须再和所有非所有人一一谈判来达成产权共识。法律所有权切断了此种共识获取的必要,直接赋予财产在规范上的法律效力。国家暴力威慑确立了所有权的权威,中断了社会共识通过认知性学习持续获取的必要,赋予财产具有规范性权益的共识。所有权制度只是其中一例,除此之外,包括法定物权、合伙、法人、契约、侵权、犯罪、知识产权等各种法律类型,都在特定领域承担了此种切断共识获取的功能。这使高度复杂的社会沟通避开了进行持续认知性学习的必要。[13]

事实上,人类法律起源于古老的占卜活动,占卜产生了最早的文字,随之产生了吉/凶这样的源初代码。[14] 实际上,吉/凶就是规范性的二元代码。对占卜人提出的任何疑问,卜辞直接就给出吉/凶的决

---

〔12〕　托依布纳通过对卢曼的引用指出,所有权意味着"切断对共识的要求",这是特定沟通能够成功的前提。参见[德]托依布纳:《宪法的碎片:全球社会宪治》,陆宇峰译,131页,北京,中央编译出版社,2016。

〔13〕　正是因此,卢曼说只有法律规范才使不学习失去了病理性质。在卢曼看来,法律系统是社会的免疫系统。参见[德]鲁曼:《社会中的法》(下册),李君韬译,621页,台北,五南图书出版股份有限公司,2009。

〔14〕　文字在占卜中的使用,为其自身带来了在全社会范围的传播。在早期文明的发展中,法律问题展现为占卜问题,也就是说,它们展现为这样一些问题:要去发现发生了什么事情,以及去发现,在与有利和不利情况进行的紧密类比中,罪与非罪如何被分派。在为了占卜目的发展起来的复杂知识中,最早就有了法律的参与。正是因此,汉谟拉比法典就不是通常理解的制定法,在"若-则"的形式中,它对应着占卜的通常规则。可详参[德]鲁曼:《社会中的法》(上册),李君韬译,280~288页,台北,五南图书出版股份有限公司,2009。

断,这种决断是反认知性的,没有任何"科学性"可言。占卜所实现的,因此也就是一种法律的功能。当有疑难案件需要占卜,卜辞直接就会给出"法律"上的决断,吉/凶即为合法/非法。实际上,一直到今天,法律这种"不学习"的类占卜术的规范性特征都没有被根本改变。法律一直是通过对社会"不学习"的功能,来维护规范性期望的稳定,从而实现其特殊的功能。

只有通过法律"不学习"才能有效化约社会复杂性。而为了适应社会的高度复杂性,也同时需要增强法律系统自身的复杂性。必须通过法律自身的高度复杂性,才能化约社会的高度复杂性。法律通过内部学习的方式,维持了它以"不学习"方式化约社会复杂性的规范化功能。这事实上也是当代法律大爆炸的根本原因。尤其是现代法律,必须通过内部的深度学习来维持其对社会深度"不学习"的功能方式。概而言之,法律乃是一门同时结合了内部"学习"和对社会"不学习"来维护规范性期望的特殊技艺。

二、智能机器社会的崛起:小法律、实验法、区块链和智能合约

但是,在人工智能带来的机器学习潮流之下,当法律遭遇代码和算法,当法律代码化,当代码法律化,当代码逐步接管法律,当法律由于机器学习带来的学习能力的急剧提升和学习成本的急速下降,其独特功能就遭遇到了深刻挑战。

我们通常所谓的机器学习的要义是:对于某类任务 T 和性能度量 P,在 T 上以 P 衡量的性能随着经验 E 而自我完善。[15] 简言之,机器学习实际上是一种从随机数据中提取模式的方式(extract patterns from data),与规范性方法不同,它是一种建立于学习性、描述性和统计学基础上的定量方法。它的机理在于将新增加的信息和之前形成的记忆不停进行综合,从动态的随机数据中临时建立相关性的模式,进而做出当下的判断。这种学习过程需要通过感知不断收集新的信息,同时经由记忆的储存调用历史信息,最后基于当前状态对未来做

---

〔15〕 参见[美]米歇尔:《机器学习》,曾华军译,第 1 章,北京,机械工业出版社,2008。

出预测并行动,从而改变现有系统的运行。也就是说,机器学习是一种自我适应和自我改进的反馈机制,它以当前的运行作为下一步指令的基础,根据实际的状态而不是规范的预期作为策略选择的依据。这就与法律"不学习"形成了鲜明对比。因为,法律"不学习"始终是以一整套固定的符号系统来维持规范性期望为目标。如果说机器学习是一种基于统计学的随机性控制,那么法律"不学习"则是致力于逻辑确定性的反认知技艺。

法律"不学习"是因为世界的高度复杂性,它必须借助"不学习"的规范化机制来化约这种复杂性;而机器学习则预设了世界的离散性(discreteness),它假定世界可以被一种数学机制完全化约。正如著名的丘奇-图灵论题(Church-Turing Thesis)宣称所有足够强的计算装置都可以相互模拟,正是在这个意义上,法律系统也认为可以被机器学习所模拟。[16]

李晟博士对机器学习给传统法律实践带来的影响做出了深入的说明,他指出,在智能机器的法律学习中,每一个当事人数据的输入都不再是孤立的数据,而是会成为机器学习的内容,并发展出处理未来数据的方法。在法律活动的参与者与提供法律服务的人工智能之间,因而就会形成密切的互动。当事人获得人工智能依据数据输出的反馈,做出自己的行动决策,而决策本身也形成新的数据供人工智能进一步学习。[17] 这就深刻改变了传统法律的运作特征,因为传统法律的不学习是通过规范性预期的稳定来实现法律的功能,它在意识形态上建立了对这种法律规范性封闭运作的信心,因此只需在"合法/非法"这样一组二元代码中执行法律的运作,并有意与日常经验和实践反馈拉开距离。法律系统在认知上虽然是开放的,但其运作却是封闭的。而机器学习的逻辑则与之不同,它会通过各种大数据、身份虚拟账户、评分系统、智能算法的技术装置帮助,形成对主体持续追踪认

---

〔16〕 参见尼克:《人工智能简史》,196～197 页,北京,人民邮电出版社,2017。

〔17〕 参见李晟:《略论人工智能语境下的法律转型》,载《法学评论》,2018(1)。

知、认证、评价、识别和反馈的学习性网络。[18] 正是由此，在当代，各种控制论、系统论、信息论、演化论、博弈论、概率学、复杂性思想和统计学方法正在不断侵入法律领域。

换言之，随着智能机器社会的崛起，人类法律正出现一个从牛顿式的大定律—小数据向默顿式的大数据—小定律模式演变的趋势，正在从 UDC［不定性（Uncertainty）、多样性（Diversity）、复杂性（Complexity）］的社会向 AFC［灵捷（Agility）、聚焦（Focus）、收敛（Convergence）］的方向演化。[19] 易言之，传统的法律不学习实际是基于牛顿的经典力学模式，它根据统一化的"大法律"来整齐划一地规范各种"小事件"，通过"不学习"人为地简化和收敛各种复杂场景，化约社会沟通中复杂的事物、社会和时间维度，以更好实现韦伯有关法律成为"自动贩卖机"的理想。而智能化的机器学习则开始从海量的"大数据"中根据特定的场景、语境和实用的需要，随机提取特定的"小法律"来形成对行为的反馈机制。在这种情形下，数据甚至不必是实际发生的案例，而可以利用各种基于代理的模拟仿真技术，或是通过智能生成性对抗网络，来人工地生成海量数据并以此进行预测性和实验性立法。一方面，通过去语境的信息化模式提取出特定规则，另一方面，再通过模拟仿真进行动态观察和效果评估，模拟各种虚拟场景，并在此过程中生成各种具有学习性特征的"小法律"。这些学习性的"小法律"同时具有规范性和认知性特征，可以通过给定目标，通过设置一系列变量及相关的变化概率，模拟建立包括一系列行动者、互动规则和各种动态环境特征在内的法律推演，同时实现描述、预测和引导社会沟通、建构法律动态模拟过程和结果的功能。这种意义上的学习性法律，就突破了事实和规范的二分，通过科学学习改造了通常认为"不学习"的法律等规范化领域。

"不学习"的法律可以应对一个具有高度确定性的社会，但是伴随

---

〔18〕 可参见胡凌：《超越代码：从赛博空间到物理世界的控制/生产机制》，载《华东政法大学学报》，2018(1)。

〔19〕 参见王飞跃：《人工智能：第三轴心时代的到来》，载《文化纵横》，2017(6)。

着贝克所言的风险社会的到来,社会交往的复杂性和不确定性急剧提升,如果继续沿用"不学习"的法律,主要基于事后规制针对特定当事人进行规范,势必难以应对风险社会的各种问题。风险社会的风险效应一般不止于当事人,而事后规制也容易造成无可挽回的后果。正是因此,必须让法律逐渐取得更高的学习属性,能在事前甚至即时性地进行反馈式规制,这就推动了各种学习机制和实验式治理方法在法律中的应用。在风险社会中,法律不能再只是一种"不学习"的规范性技艺,相反,它必须随时根据新的信息和情境认知性地自我调整,以适应各种风险和变化,甚至根据实验模拟的结果来调试和出台新的法律规则。[20]

贝克对此做了深入说明,在风险规制中,学习的要求会逐渐改变传统"不学习"的法律对于确定性、普遍性、一致性这些价值的追求,以便更好对基本权利进行动态性的保护。例如在德国,就已经出现了一系列学习性的法律机制:第一,弹性化与暂时性处理,例如制定临时性规范、附变更保留的规范、赋予观察义务。根据风险的最新变化,行政机关可事后修正、变更先前的风险决定、给该决定课予事后的负担。法律学习会更多从程序法原理来重构,比如让生产经营者承担对更好知识的观察义务和事后改善义务。第二,将某些法律去实质化,法律仅做出一般指引,采用"接纳性概念",在法律中规定"一般承认的技术规则""技术水准""学问和技术的水准"等原则。这样,就在法律"不学习"的基础上开放了根据科技发展水平变化进行学习的空间。第三,扩大行政机关的任务,授权其制定规则并负责执行,改变对法的明确性要求。让行政权更多担当法律学习的功能,建立做出判断(风险评估)的法定程序和组织。第四,将法律程序视为一种"社会理解的过程",而不再是法律机构单边自上而下的规制过程。风险的复杂性、科技的动态性和学习的过程性,要求各方主体都围绕法律过程进行风险

---

〔20〕　参见王贵松:《风险社会与作为学习过程的法》,载《交大法学》,2013(4),172～175页。

沟通，从而提高法律的学习性。[21]

可以看到，从晚近以来，伴随着从压制型法到自治型法再到反思型法的发展，法律的学习性早就在不断彰显。[22] 例如在德国，目前就出现了一种新型的法律，即实验法（Experimental recht）。而"实验法"之所以被形容为"实验"，是因为它具有下述两个不同于以往法律"不学习"的核心特征：第一，它设有期限；第二，伴有评估措施（评估的义务、评估委员会的设立、评估报告的制作）。[23] 这种具有高度灵活性、机动性、过渡性特征的"实验法"，无疑是对以往有关"令行禁止""有法必依"这些法律信条的深刻挑战。

当下，智能社会的迅速崛起会从根本上推动法律的学习化转向。我们可以从人工智能、区块链（比特币）、虚拟现实、智能合约这几项革命性技术的交叉演化，来审视它对法律功能变迁将带来的深远影响，并且，法律智能化的迅速发展也将深刻改变法律的规范主义特征。首先，各种数字智能技术的交叉兴起导致了世界社会分化趋势的加速。区块链就可以视为一个正在演化的新社会系统，按照卢曼社会系统理论，当前的区块链已经形成了一个完整的系统生态：它形成系统/环境的区分（通过共识算法和独特的证明机制）、独立的时间维度（每十分钟为时间单位的区块生成速度）、独特的运作媒介和加密手段（哈希计算和时间戳）、特定的二元代码（记账/不记账）。在这样一个新的区块链世界中，可以进一步搭载人工智能、虚拟现实等技术，在技术推动下，区块链理论上可以将所有人和事物都陈列到虚拟网络世界的"货架"上，面向智能技术进行统一标识，并确保标准化的智能操作。技术变革必然涉及新财富的创造和旧财产的重新分配，而区块链技术的革命性就在于它实际上正是一种价值协议，它不只是关涉现实世界财产

---

〔21〕 转引自王贵松：《风险社会与作为学习过程的法》，载《交大法学》2013（4），174。

〔22〕 参见[美]诺内特、塞尔兹尼克：《转变中的法律与社会：迈向回应型法》，张志铭译，北京，中国政法大学出版社，2004。

〔23〕 德国法学家迪·法比奥（Udo Di Fabio）指出，必要的实验法成为事物本质上要求法律动态地比照学问发展的行为形式。实验法虽然用规范予以确定，但面向未来开放着修正的可能性。转引自王贵松：《风险社会与作为学习过程的法》，载《交大法学》，2013（4），174～175 页。

的数字化问题,而更是解决了虚拟世界资产的创造、分配、定价和交换问题。例如,比特币作为区块链技术的首要应用,就解决了虚拟世界的货币化问题。

顾名思义,传统法币是一种基于法律权威的不学习货币,它由国家主权进行信用背书,强制赋予它唯一合法的货币地位。而比特币则是一种学习性的货币,它奠定在学习性的代码、算法和技术协议之上,因此,在比特币中适用的"法"实际不再是外在的法律条文和规范,而是内嵌于区块链系统的数字化协议,"合法/非法"是根据数字签名(非对称加密算法)自动加以识别的,而不再诉诸立法和司法机关的相关规定。可以看到,区块链技术,作为一种有关价值生成和确权的协议,其实正是一种新型的"法律"共识机制和确权手段。依靠具有学习进化能力的数字加密技术,借助由特殊算法保障的去信用、去共识化的技术手段,它可以即时地生成和确认某种价值和权利的归属,这可以有效取代传统法律的规范性确权的功能。它是深度学习的,同时又将学习时间压缩到忽略不计的程度,相比"不学习"的法律,它在效果、效率、成本方面都有比较优势,并且更具"科学"层面的说服力。在区块链技术迅猛发展的趋势下,传统的法律规范手段如何继续保持其竞争优势?

以新商人法和智能合约为例。古代商人法主要是一种习惯法,它基于历史形成的商人共同体来解决合同的信用和效力问题;而现代商人法的载体主要是标准合同,特别是在跨国商业合同领域,如托依布纳所言,它通过各种外部化机制,比如指定仲裁机构的方式,实现合同效力自赋的悖论转移,其推动者主要是各类跨国公司和跨国律所。[24]

〔24〕 参见[德]托依布纳:《魔阵·剥削·异化:托依布纳法律社会学文集》,泮伟江、高鸿钧等译,46页,北京,清华大学出版社,2012。在当代商人法实践中有三种解悖论的方法:时限、位阶和外部化(外部转移):其一,它既包含实体性规则,也有规定如何将纠纷提交仲裁的"司法性"条款。其二,合同既是初级性规则,也是次级性规则,其效力自赋的悖论通过一系列的法律区分(如位阶、规则/元规则的区分)予以掩盖。通过将悖论放置到一个连续性运作的法律系统之中,通过设定悖论的时限,由此形成一个自我指涉的法律空间。其三,它还经由合同自我创设的外部化过程掩盖悖论:合同自己规定由合同外的仲裁机制处理合同纠纷,仲裁的正当性是合同自我赋予的。仲裁决定合同的效力,而仲裁的效力也由合同来设定,这就形成一种自我指涉的循环关系。可参见余盛峰:《全球信息化秩序下的法律革命》,载《环球法律评论》,2013(5),112页。

而无论是古代商人法还是现代商人法,它们都是基于"不学习"的法律,都需要通过规范化的方式进行效力赋予。而依托于区块链技术的智能合约则提供了商人法的一个替代性方案,它将是合同效力自赋的全新升级,因为它可以通过智能技术的内部化方式直接取消效力自赋的悖论。只要触发事先设定的交易条件,合同就会被自动执行。也就是说,在类似的智能技术帮助下,以往我们熟悉的"不学习"的法律的特征、功能和模式,将面临全面的冲击。智能合约会创建一个基于逻辑的自动执行结构,从而消除现实交易中对第三方法律机构的需求。双方一旦通过合约达成协议,合约就直接扮演了仲裁者的角色,自动推动交易的完成。在这个过程中,法律被排除在外,不再是合法/非法,而是合约代码本身成为元代码。

可以设想不远的未来,我们如何向手术机器人支付费用? 如何对自动驾驶出租车付款? 在物联网(IoT)平台上,智能洗衣机又如何向智能平台直接发出购买洗衣液的邀约? 智能汽车如何向维修机器人支付修理费用,它又如何发起智能投保并与智能代理进行理赔谈判? 对于这些可以预想的问题,事实上只有"区块链",才可能成为超越以人类和法律为中心的传统操作平台,实现跨越人与人、人与机器、机器与机器的依托于智能算法的跨平台运作。而在这些新的虚拟世界空间中,传统"不学习"的法律的作用会不断被边缘化。在这些新的虚拟世界中,利用各种智能技术,其便捷性和适用性会使传统法律在其中变得没有用武之地,主要不再通过法律来处理各种有关虚拟化财产的交易和确权问题。智能技术通过自我学习的方式,可以更有效地执行并保证各种交易的完成。例如,目前的 Modern VR 平台就利用区块链等新兴技术,使虚拟财产所有权和交易更加安全。而虚拟现实平台 Decentraland 则使用区块链来识别和指派虚拟世界中的土地所有权。[25] 由于 VR 的各种应用,这些虚拟不动产可以像现实世界的财产一样出售、租赁,并用于虚拟活动。从这些发展中可以看到,未来将更

---

〔25〕 可参见 Decentraland 的英文官网介绍,来源:https://decentraland.org/cn,2018年2月12日访问。

多是区块链技术而不是传统法律来规范虚拟财产市场，平行世界/虚拟世界的财产交易，会倾向于规避现实世界法律的规制，而更容易接受机器学习的算法和代码规制。因为，虚拟世界高度随机性、即时性、可塑性的特点，决定了它不希望通过"不学习"的法律进行控制，而具有深度学习能力的智能机器则可以更好确保财产交易的效率和安全。如果说，传统法律的"不学习"机制主要应对的是现实世界的问题，那么面对一个正在涌现的多极和平行世界的治理问题，法律的形态必然面临转型。

智能技术的发展也将以不同程度改变法律的规范主义特征。第一层次的智能应用，诸如法律检索、文件自动审阅、文件自动生成、智能法律咨询、案件结果预测等，还无法改变法律"不学习"的本质，因为它主要是通过法律信息化、信息流程化、流程自动化的过程，提高"不学习"的法律的运作效率。而法律智能化的第二个层次，则是从"不敢违法"直接提升到了"不能违法"，诸如自动驾驶技术中的嵌入式代码（法律），可以自动执行法律的预期结果，在事前就禁止了相关违法行为（如酒驾或超速）。而诸如智能合约、欺诈智能识别系统等技术，则是法律智能化的第三个层次，即达到了"不用违法"的效果。也就是说，在原有技术条件约束下，合同效力需由"不学习"的法律来担保，但是现在，智能技术可以直接推动和保障交易完成，从而使法律完全失去用武之地。可以设想，随着智能技术和学习能力的不断提升，社会主体的各类信息都将数据化，所谓"法律事实"也将趋于透明化，证据链的形成可以被机器学习实时捕捉，法律流程将更多以事实性认知而不是规范性要求作为规制的导向。

三、机器学习之后：法律功能的蜕变及其效应

（一）计算法学与法律社会科学的转向

法律一旦开始学习，它就会陷入霍姆斯的"坏人—预测"视角的悖论。因为，对法律运作的学习性预测，会深刻改变当事人的规范预期，从而使规范预期不再稳定，从而也就会相应改变当事人的动机和行为模式。易言之，哈特意义上的法律外在视角（学习性）会解构法律的内

在视角（规范性），观察和预测会直接改变法律系统的正常运作。这就与"不学习"的法律形成了对比，因为"不学习"的法律所要做的正是切断观察者的预测视角对法律规范运作的影响，让观察者收敛在观察状态，而与之相反，预测性、学习性、认知性这种"坏人"视角的介入，则会让法律参与者和观察者的界限消失，霍姆斯意义上的"坏人"，会一步步改造哈特笔下所描述的"无知之人和迷惘之人"。[26]

这其实正是晚近以降法律全面社会科学化的背景。一方面，法律不断摆脱道德或伦理的负担，法律进一步代码化和算法化；另一方面，脱离了具体伦理负担的法律，需要更加适应或者主动预测和引导精细行为的能力。这种深度学习的法律转型，其目标不再只是福柯意义上的面向整体国家人口的生命政治，也不再是指向霍布斯意义上的抽象和平的法律秩序，而是一个更接近边沁全景敞视的可以精细识别不同苦乐场景的功利主义设想。它所追求的也不再是总体性的"最大多数人的最大幸福"此种意义的功利计算，换言之，边沁和密尔时代的功利哲学仍然依托于相对粗放的法律算法。如果说，传统法律实证主义只是将法律学习包含在每一次立法周期内，法律现实主义则主要是聚焦于对法律事实的学习，而功利主义法学派虽然致力于将法律算法进一步精细化，但它仍然没有突破规范主义的传统，只是尽力在规范一致性、司法确定性和处理结果可接受性这些矛盾要求之间寻求平衡。实际上，法律社会科学化所要应对的核心问题，就是法律"不学习"和社会学习之间存在的深刻悖论。

当前正在发展的计算法学，建立在智能学习技术以及将自然法律语言全面人工化的技术意识形态。[27] 或者说，计算法学实际是法律社会科学发展的终极版本。从其背景而言，整个社会的计算能力的过剩，消解了过去由计算力稀缺所带来的全面深度学习的难题。由于计算力过剩和算法冗余的不断加剧，法律计算化的技术冲动会不断侵蚀

---

〔26〕 参见[英]哈特：《法律的概念》，张文显等译，41～42页，北京，中国大百科全书出版社，1996。

〔27〕 参见赵精武、丁海俊：《论代码的可规制性：计算法律学基础与新发展》，载《网络法律评论》，2017(19)。

传统法律的规范主义地带。在此背景下,富勒描绘的作为法律内在道德的一系列指标性特征都会遭遇挑战。[28] 换言之,传统法律只是一种简约而粗糙的算法(典型如《法国民法典》),它虽然为避免决疑主义而提高了化约的效率,但也因此无法做到精细。在实践中,那些"有待填空"的法律条款给执法者和法官留下来开阔的裁量空间,由此带来的法律专断或腐败颇受诟病。那么,当人工智能和计算科学的发展使计算能力不再稀缺,当算法比"不学习"的法律能以更为低廉的成本、更为高效、精确和灵捷地实现各种目标,就势必会推动作为法律的算法的全面兴起,与此对应,作为算法的法律则会开始衰退。

(二)法律空间的多极化与平行化

现代法律主要围绕主权空间展开,它依循政治国家和市场社会的二元空间建构公法与私法体系,在此结构下,国际法和家庭法的特殊性就在于主权空间与其空间关系的暧昧性。也就是说,现代法律的空间框架是依托国家公权力的宪法空间效力辐射实现的。这也正是法律"不学习"背后的主权保障机制。但是机器学习的技术发展将会推动法律与主权的脱嵌化趋势。法律不再完全依靠由国家主权保障来实现其不学习的规范化机制,法律的去主权化,可以依托各种学习性、去中心、分布式的数字技术实现。换言之,一系列算法机制会不断催生出各种类型的"私人定制"的法律。法律不再只是主权威慑下令人"不敢违法"的形象,同时还会包括由各种代码实现的"不能违法"、由各种算法实现的"不用违法"的现象。例如针对个体的法律诊疗、行为矫正、制裁和惩罚,针对特定公司的特定规制,针对不同个体的侵权保险机制等。以往,"不学习"的现代法律天然反对歧视,而法律学习化则首先会诉诸更为精密的区分对待技术。也就是说,现代的法律"不学习"根据统一的权利和行为能力建立了平等对待和尊重的反歧视性标准。这些反歧视标准不管是基于古典自由主义的占有性个人主义,

---

〔28〕 富勒列举了法律道德性的八项必要条件:一般性、法的颁布、法不溯及既往、清晰性、无矛盾性、不要求不可能之事、连续性、一致性。参见[美]富勒:《法律的道德性》,郑戈译,40~111页,北京,商务印书馆,2005。

还是德沃金式的平等关怀与尊重的理念，在机器学习的视角下，它们都会褪去神圣的光环，而被视为只是在计算力和学习能力孱弱的技术背景下解决社会矛盾和纠纷的一种相对低成本和低效率的工具。

法律"不学习"依托于由国家暴力机器支持的主权空间（合法化的不学习），借助于惩罚的威慑，霍布斯的利维坦就是希望将现代世界的复杂性化约集中到中心化的政治主权和法律规范维度解决，通过绝对主权的建立，特别是暴力手段的合法化垄断，通过"不学习"的法律来化约"自然状态"的复杂性。而机器学习则依赖于智能技术的反馈与迭代机制，其规制是自主执行的。由于这个原因，现实空间和虚拟空间将会遵循两种不同的规制原理及其正当化机制。而伴随着虚拟世界的进一步分化，围绕着现实和虚拟的多个平行世界展开的"主权性"冲突将会不断升级。现代法律的"不学习"主要通过政治民主的可问责性获得正当化，而当法律不断被代码/算法替代，逐渐被黑箱化的算法/代码规制取代，民主机制也可能伴随现实法律空间的瓦解失去用武之地。现代法律通过民主化机制使其不学习的面向得到公共商议的平衡，不同利益和价值通过政治商议予以讨论和修正，主体间的民主商议实际扮演了社会学习的功能。而学习型的代码/算法机制，相反则可能依据某种偏狭的技术或价值理性，受制于缺乏民主机制过滤的资本和技术逻辑，从而使其走向实质的"不学习"。而与民主性相关的一系列现代法律价值，诸如公开性、确定性、明确性、统一性、可知性等，都会跟随民主价值一起在虚拟世界空间面临解构的危险。

更进一步，机器学习的演化还会继续瓦解主权国家对法律规范性的垄断，因为机器算法本身就无法被主权垄断。相反，它可以被不同的技术平台"封建化"地占有，主权算法因此可能不断被各种机器算法取代。这也就意味着"法将不法"或"多龙治法"的现象会持续涌现。在此过程中，传统的公法—私法二元框架，就会伴随国家—市场—技术架构的深刻转变而蜕变，以主权国家为空间平台的规范化机制，将被各种新的跨国家、超国家、亚国家、区域性、平台性、私人性、随机性、部落化、区块化的空间算法机制取代。

更大的问题还在于，我们过去所熟悉的法律都是在一个统一的

"现实世界"的想象中创建的,而当虚拟和现实的空间界限被打破,当世界的"多极化"趋势加速,当多元的世界之间不再有一个具有压倒性的政治空间拥有最终的决断权,这就会给法律的权威带来根本的挑战。由于失去了一个统一化的政治和法律空间,我们很难再对不同空间的秩序构建做出一致性的协调和安排,从而就会陷入一种丧失衡平的"碎片化"治理。在传统法上当然也存在"主权"的冲突问题,但是,国际空间距离的缓冲,法律冲突在时间上的错开和延迟,这使冲突能够比较有效地在"国际法"维度下处置。但是,新的"主权性"冲突将失去这些缓冲保护,由于人已不可避免地同时生活在这些实时链接的不同世界,"法律身份"将变得空前多元、模糊和充满张力。空间上,一方面是规制自然世界的"物法",一方面是规制社会世界的"人法",又同时是一个规制正在崛起的人工世界的"网络信息法"。这种多重平行的世界社会的空间结构又嵌入一个由主权、亚主权、超主权和跨主权构成的传统法律空间中,这进一步激化了在此种平行法律空间结构中生成的时间意识的复杂性。

(三)法律时间的倒置与映射

法律从一种"不学习"的自治型法向一种学习的反身型法转变,会自然带来法律时间观念的重构。如果说,古代法是从过去到当下的涵摄,现代法是由现在指向未来的规范,那么学习性法律则会实现从未来到当下的映射。因为,基于机器学习的法律规制,它虽然也会基于过去的规则和判例,但更多会趋于面向未来、预测未来和引导未来。这种时间意识的转变会从根本上改变法律的"不学习"特征,也会进一步升级实用主义和后果主义导向的法律范式。进而言之,法律不会只是从基于过去和规范主义的时间视野向未来和后果主义的视野转变,而将是一种从当下的未来到未来的当下之时间意识的根本转变。这是一种依托于信息主义范式的人工社会世界或者说平行虚拟世界兴起所带来的时间意识的蜕变。空间结构和时间意识的变化会形成相互激荡之势。上述多重平行世界的空间交错,会不断推动法律从依据过去来稳定当下从而规范未来的时间技术,转变为一种依据推断的未来或者预测性的模拟仿真来引导当下从而重构历史的规制模式。

（四）财产形态的转变：从物的所有权到财产的可进入

正如从物权主义中心到债权主义中心的演变，核心生产资料从土地、矿产和劳动力向算力、智力和数据的转变，主要产权对象从有形物质向无形信息的转移，都提供了法律对财产更为灵活操作的基础。传统法律之所以"不学习"，部分是源于物权变动天然受制于不动产的不可移动性以及动产移转的安全性问题。财产不是处于真空之中而是深深嵌于自然与社会网络之中，因此以往只能用一种相对静态的规范化机制来维持财产的安全性。而信息作为一种财产，则可以被抽离出具体自然和社会的语境，摆脱有体物稀缺性的限制而自由增殖和流动。近代实证法的兴起是因应于资本主义条件下财产流动性的极大增强，但它仍然主要围绕于以土地和劳动力为主的生产性资本形态，实证法的学习性因此只能被固定于"不学习"的规范化机制。而财产的信息化、知识化和虚拟化，则为法律的学习化、代码化和算法化提供了基础性的社会经济条件。财产不再内嵌于自然和社会网络，而是从属于一个以货币为代码的经济系统，从属于以代码为中心的可以虚拟化操作的技术系统。这些都提供了作为上层建筑的法律进行学习化转型的经济和技术基础条件。作为物的所有权（ownership），开始被作为财产（property，作为某种属性/性质，而不是实体）的可进入（access）所取代。由所有权的"不可侵犯"所促成的法律"不学习"，现在开始被作为财产权的"可进入"所推动的法律学习取代。实际上，法律经济学也正是法律和产权由不学习向学习性转变在法理学上的典型呈现。

（五）无须法律的信任：从人格信任到制度信任再到机器信任

伴随着人类文明发展，世界的复杂性不断增加，这对信任提出了严峻的挑战。法律首要解决的其实正是信任问题，它以"不学习"的方式来化约世界复杂性，将其压缩为按规范性逻辑来定位的形式，由此来限制各种风险，并确保信用的稳定。信任因此是一种社会关系，而社会关系的建立则依赖于特定的规则体系，这些规则体系作为制度中介，通过法律人格、意思自治、主观要件、法律责任等一系列概念，使信任在法律符号上变得可操作。因此，在交易合同的签订过程中，其实不是信任在发挥作用，而是法律对信任在规范上的重新诠释和强化，法律及其制裁机制有效地塑造了交易者的动机，从而使交易过程摆脱了对于特定对象的信任。

古代的法律"不学习"是将某些禁忌和规范设定为神圣不可侵犯，借此来塑造期望的结构和动机的模式，从而支持信任的生产。而在进入现代社会之后，则更多是通过抽象的制度来提供这种功能，除了法律之外，货币、科学也扮演类似角色，这些抽象制度使信任脱离了特定的人格，从而使社会信任可以依靠抽象制度生成。[29] 它使信任变成了一种系统化和制度化的反馈机制，使人格信任转变成了系统信任。这种抽象的系统信任，不再需要去学习具体的语境来吸收风险，而是将其加以普遍化处理，从而解决了"每事都必重新建立信任"的难题，这为期望的稳定提供了确定性，为社会合作在更为复杂的维度展开提供了机会。而法律信任的特征区别于诸如货币或科学信任，因为它是中心式的，通过建立各种科层化的政治和法律组织，使信任的建构过程集中化，根据事先确定的规则来设定强制手段启动的条件，并且在必要的时候诉诸暴力。

传统信用附着于特定的制度结构，特别是法律制度，通过"不学习"的法律可以简化人际交往的不确定性，并担保信用的稳定。正是因此，各种法律制度特别是民商事法律都包含"诚信"条款（罗马法上的 Fiducia）。而机器学习的发展，则使信任既不再需要基于人格，也不再基于制度，甚至是不再需要信任本身。在过去，主要是基于各种法律制度来提供信任的框架，它们通过一系列仪式、手续、步骤、条款、程序、制裁来建立信任的框架，由于交易无法克服时间的不同步问题，要约和承诺的兑现无法同时完成，因此特别需要法律以规范化的方式来解决这种由时间延迟带来的信息不对称问题。因此，只要是主权领土范围内的国民成员，他就必须承认和接受官方法律提供的信任担保。但是，学习性的代码/算法的发展，则使法律违约在技术上就变得不能或不用，

〔29〕 有关从人格信任到系统信任的演变，以及权力、真理和货币在其中发挥的关键作用，可参见［德］卢曼：《信任》，翟铁鹏、李强译，上海，上海世纪出版集团，2005。

从而可以通过智能算法来即时性地解决或直接取消信任问题。

传统信用依靠法律、道德、组织等中心型权威的背书来提供，需要建立各种冗余的官僚体系，需要各种耗费成本和人力的考核、评估、征信与公证机制。而现在，信用不再是简单的关于某个个人良好行为或声誉的规范性评价，而是变成越来越精细而无所不包的与认知性相关的数据挖掘和概率统计。此时，更多的是需要机器学习来形成征信和计算，法律保障信用生产的规范功能就可能被边缘化。在更为复杂和动态的社会中，社会信用不再是一个客观的常量，而是社会沟通在环境条件的约束下所达成的一种暂时的准平衡态，对于这种平衡态无法套用一个固定的规则，而更需要一种概率论和统计学意义上的"行为的语法"。区块链技术实际就是通过一种智能机制，实现了一种"无须第三方"的信任，这是一种"无须信任的信任"，直接通过平等主体之间"点对点"（PEER TO PEER）的机器算法来解决信任问题。以往通过法律实现的信用现在可以通过数字加密程序实现，以往通过权威机构做出的公证现在可以通过智能机器算法完成。或者说，韦伯所描述的卡里斯玛、传统和法理型三种支配类型，实际都是有关信任的建立，都从属于法律信任的范畴，而现在则出现了一种超越韦伯视野的机器信任。它类似于斯密所说的"看不见的手"，它只需要系统中的每一个节点根据自身利益行事，就可以在机器代码和算法的帮助下自动解决自由和安全的两难问题。

（六）失调的调制解调器：技术、自由和法律的悖论

传统法律对自由的保护方式包括为市场运行提供保障、对财产进行确权、对合同履行进行监督、对投资行为进行规制、为道德规范提供底线标准、为社会架构和现实空间的代码提供框架、方向和指引。最重要的，是法律可以在市场、道德和架构这些规制手段全部失效的情况下发挥最后的自由保障作用。法律"不学习"最为极端的形态，就是死刑罪，它可以直接以消灭单个主体自由的方式，把干扰社会沟通的噪声彻底清除掉。可以说，"不学习"的法律是社会规制最终的"调制解调器"。

"法不禁止即自由"，这一原则实际上也出自于近代治理技术的局

限。"不学习"的法律无法将其触角伸到每个人类行动的领域，因此就将这些领域规定为"法律上的自由"。易言之，现代的自由价值悖论地依赖于一种技术上的"低效"，而当技术效率不再成为问题，它就可能一步步侵蚀自由的领地，将本来不被法律规制的领域转变为技术规制的对象。法律不学习建立在外部环境作为一种既定事实的基础之上，不管这些事实是自然法则、经济规律或是人性本然，法律面对的这一环境是客观给定的，因此，法律的控制范围和深度有限；但是，机器学习却围绕着一种可以被人为建构、改造、干预和引导的"环境"展开，它具有"深度学习"的能力，因而可以处于一种随时"立法"的状态。

正如莱斯格所言，"自由来自于使规制保持昂贵，当进行规制变得很简单或廉价时，自由就面临危险了"。[30] 当规制技术廉价化，当"法律"不再昂贵，法律与自由的辩证关系也就面临深刻的挑战。自由当然需要法律的保护，但"法律之手"应当保持在一个合适的距离，这在传统上是依赖于对行为/意识、主观/客观、过程/结果、程序/实体这些区分技术在法律上的应用。但是，伴随着技术基础设施的变迁，这些区分所仰赖的社会结构条件也发生了变化，法律本身开始被重新定位到一个比它更为根本的新的社会基础框架中，在这种趋势下，传统的法律原则和司法技术对于自由的保护都将可能逐渐失效。

（七）形式正义和实质正义：悖论丛生

法律史上关于实质正义和形式正义的长期争论，实际上隐含了与技术能力相适应的法律正义机制的特征及其变迁过程。在古代和中世纪法的发展中，经历了一个从早期法的形式主义和仪式主义向卡迪司法的演化过程（韦伯笔下的从形式非理性法到实质非理性法）。这揭示了法律的学习能力在不同社会结构条件下的变化过程，以及由此形成的法律正义实现方式的差异。早期法应对的是部落社会的块状分化，主要围绕图腾仪式建构的形式化法律，所对应的是法律学习能力的极端贫困，而伴随着道德—伦理资源的丰富化，伦理话语的复杂

---

〔30〕 ［美］劳伦斯·莱斯格：《代码：塑造网络空间的法律》，李旭等译，70 页，北京，中信出版社，2004。

性增长提供了以实质主义进行法律正义操作的能力。法律"不学习"也因此开始具备了一些内部学习的潜力。而当发展到近代资本主义形式理性法,法律则又开始集中以形式主义立法的方式来救济"不学习"的贫困,以"普遍主义"的方式推进法律正义。由于法律从原初的地缘和血缘空间向抽象领土主权空间扩展,因此必须以牺牲法律实质正义尤其是放弃道德主义和情感考量作为前提。技术能力的进化持续推动了法律"不学习"方式的转变。

晚近以来,法律正义再次以新实质主义的兴起(升级版本的卡迪司法)作为现象标志,法律经济学、政策分析法学和新治理主义都是其代表。而正如肯尼迪所言,"二战"后的全球法律范式呈现出一种悖论现象,即公法上的形式主义和私法上的实质主义的并存,而两者又都以"权利"话语作为共同的中介。[31] 实际上,这恰恰是当代全球法在维护其自身稳定和内在变异的过程中追寻正义的反映,它需要在通过学习进行变异的同时,维持其作为规范性技术的不学习特征,而只有权利话语能作为连接此种学习性变异和规范性稳定的沟通概念。为了更好实现"正义",需要通过"权利"的学习性变异来调整规范预期,同样,为了更好保护"正义",又要求以形式主义和程序主义的"权利标准"来保持规范期望的稳定,这解释了晚近法律话语中几项核心法律正义原则的流行,例如比例原则的兴起,以及作为形式主义和实质主义的正当程序原则的同时并存。当代权利话语的爆炸一方面透露出法律系统剧烈的演化动力,另一方面实际也掩盖了法律正义所遭遇的内在冲击。实际上,权利话语的兴起,恰恰可能并不是传统自然法规范性的回归,而是某种维纳式的法律控制论和学习性法律发展的体现。重要的不是话语本身的延续,而是由社会结构变迁带来的语意的深层改变及其由此带来的对法律正义的考验。

四、法律死亡的危机:在认知性与规范性之间

中心化的"不学习"的法律机制,正在转向去中心化的机器学习。

---

〔31〕 参见〔美〕邓肯·肯尼迪:"法律与法律思想的三次全球化:1850—2000",高鸿钧译,47～117页,载《清华法治论衡》,2009(12)。

如果说，法律"不学习"依托于主权国家的暴力保障机制，机器学习则依赖于代码/算法的自主执行以及它对控制架构的直接支配。越来越无形化、数字化、虚拟化的支付、社交等场景，必须依赖一个更加智能化的规制机制。由于场景不再是过去固定不变的物理场所，而是可以随时转换、甚至根据每个参与者需要而灵活变换的"位置"，法律也就必须相应是一种更加具有学习能力的虚拟化机制，以更好满足之前由它所承担的验证、授权、合规、归责和执行等功能。传统的法律预设了它的规则可以统一、普遍地适用于所有场景，要求所有场景都必须按照它的书面化命令一致和确定地进行规范。而机器学习的兴起，则首先会瓦解法律这种普遍化、命令化、统一化、确定化、成文化的性格。现代法律是印刷术时代的产物，一旦文本印刷（制定）出来，再次进行印刷（制定）的成本过高，法律文本因此就天然具有不学习性，它不可能根据每一个新的法律问题、法律权利、交易类型、财产形态制定各不相同的版本，而必须在类似一般法律人格、民事行为能力、物权法定主义这些通用法律原则之下锁定法律的规范性，特别是利用各种法律教义学和法律解释方法，一方面保持"不学习"的法律的运作弹性，另一方面又固定其系统边界，并吸收由学习所可能带来的系统不稳定性，只有如此，才能维持法律"不学习"的规范性。它依据法律渊源理论、一般法/特别法、新法/旧法这些区分形式，在一个金字塔形的等级图式下，引入学习的同时控制了学习的范围，并牢固确立了法律学习与不学习之间存在的非对称性关系。

当前的法律研究仍然在此种认知框架下考虑规制技术的问题，而实际上，以人工智能为代表的技术发展已经深刻改变了法律运行于其中的整个社会环境。人和机器的界限日益模糊，人进入机器（虚拟现实 VR），机器进入人（赛博格 Cyborg）。而传统法律这种以固定文本为中心的不学习机制，如何适应和规制这一改变了的现实？现代法律建立在以文本为中心的印刷文化之上，法律是一个外在、客观、中立、固定的规范权威，在传统的工业化时代，由于人和机器是相对明确的主客体关系，因此可以通过"不学习"的法律确立一个有关人法和物法严格二分的法律体系，从而规范这种生产和交换关系。但是当人机深度结合，人和机器彼此进入、彼此内嵌、彼此牵连、彼此塑造的时候，我们很难再通过静态的规范识别来定位外部世界和社会主体之间的法律关系，很难再通过一个固定书面化的法律文本来以坚定的不学习反向规范社会行动的展开。相反，现在必须根据每一个具体的场景与情境去重新定位关系的划分和资源的配置，技术和社会演化迫切需要一种学习性的机制来顺应这种变化。

人类法律在发生学意义上就是围绕合法/非法这样一个二值代码的悖论性建构，也就是说，法律的本质实际就是一种代码化机制，法律的效力来自于法律本身。为了掩盖和转移这一悖论，历史上产生了一系列包括宗教、自然法或历史主义在内的正当性论证，而近代法律实证主义则揭开了作为代码的法律的神秘面纱。而在今天机器学习技术蔓延之时，由于代码和算法的全面崛起，法律面纱背后的代码本质被再次揭示，与此同时，技术化、去道德化的机器学习，由于更接近代码化运作的实质，就有可能逐步取代法律的规范化功能。

传统法律在演化中形成了一种特殊的结合了学习和不学习的悖论性运作机制，一方面，学习是旨在维护法律的活力，与环境共同进化；另一方面，不学习则旨在维护其规范性，在功能上稳定人们的规范性期待。伴随着现代社会的复杂化，法律系统一方面提高内部操作的复杂化，这是其自身学习的体现，与此同时，它又通过规范化的不学习，通过"压缩"技术来实现对复杂社会的化约处理。法律系统内部过程的复杂化和法律系统在规范决断上的简单化，因此共同构成了现代法律的悖论特征：以高度复杂性来化约高度复杂性。正是由于这个原因，现代法律系统需要在立法、执法、司法上实现高度的功能分化。换言之，现代法律结构和运作程序的高度复杂化，实际是要为司法决断的简单化提供"算法"上尽可能充分的"数据""场景"以及更为先进的"计算装置"。法律"不学习"是指其在规范运作上的封闭性，但运作的封闭性绝不等于法律一成不变，相反，现代法律在认知上拥有深度学习和开放性的特征，它感知系统外的环境激扰，做出有利于法律自身演化的调整。实际上，现代实证法就是这样一个结合了学习机制的不学习机制，而它又依托于在学习和不学习之间所设定的特定的间隔。

而当技术革命使得从遇到问题到修改法律的时间间隔逐渐趋近乃至消失的时候，我们所熟悉的法律也就会面临"死亡"的命运。[32]

换言之，法律"不学习"在人类演化史上原先是不得不然。而当机器学习全面崛起，当智能学习凭借其强大的计算能力和算法，有能力克服原先的决策和时间压力的时候，法律独特功能的存在意义就可能遭到严峻的挑战。法律"不学习"所实现的功能，如果通过机器学习也能更为高效地实现，人类社会为何还需要法律？特别是，现代法律由于内部学习已出现了法律大爆炸，造成大量人力、财力和物力的沉没和浪费。而机器学习却凭借越来越强大的计算能力和算法手段，解除了原来的认知力的局限，在此背景下，法律"不学习"的规范性操作技艺就可能逐渐丧失正当性。法律的独特功能、法律存在的意义，将面临解构和质疑。法律实现共识切断的功能，如果机器学习通过其认知性手段可以直接形成共识，法律就可能被社会演化的进程淘汰。

对机器学习替代法律"不学习"的重要疑问是，机器学习能否将具有道德和伦理维度的法律规范进行代码意义的转换？能否将"不可支配"的价值规范转化为机器可以运算和执行的算法与代码？或者说，根据认知性期望进行实用调整的机器学习，如何能够同"不学习"的规范性机制进行协调？但事实上，根据当前一些研究，机器学习被认为已经可以基于相关技术，采用建构政策网络和价值网络的方式，运用各种统计、概率和逻辑方法描述和量化各种价值与伦理范畴，进而用负载价值内涵的道德代码为智能机器编写伦理算法，最后再通过相应的工程设计来落实这些技术目标。[33] 实际上，近代的功利主义思想

---

〔32〕 此自然段观点得益于和高鸿钧教授的交流，当然，文责自负。

〔33〕 参见段伟文：《人工智能的道德代码与伦理嵌入》，载《光明日报》，2017-09-04。作者还指出，在阿西莫夫的短篇科幻小说《转圈圈》(1942)中，著名的机器人三定律成为嵌入机器人的"正电子"大脑中的运行指令：每个定律一旦在特定场景中得到触发，都会在机器人大脑中自动产生相应的电位，最为优先的第一定律产生的电位最高；若不同法则之间发生冲突，则由它们的大脑中自动产生的不同电位相互消长以达成均衡。康德绝对命令式的机器人定律，因此不再全然是道德律令，也成为能被技术实现的自然律。换言之，机器人定律所采取的方法论是自然主义的，它是人以技术为尺度给机器人确立的行为法则，它既体现道德法则又合乎自然规律。

家边沁和密尔都已进行了理论设想，任何法律和政治价值都可以通过快乐和痛苦的精确计算来转换。同样道理，从"不学习"的法律向机器学习的转变，首先便涉及如何将道义论的法律问题转换为技术性的算法和代码。权利、义务、责任、豁免、权力、自由、公正、善良、过失、故意，这些明显具有道德化色彩和伦理评价含义的法律概念，是否可以以及如何经由代码转换成算法和程序？"不学习"的康德（道义论）如何才能变形为"学习"的边沁（功利论）？"不学习"的法律，如何才能被成功改造为"可计算的法律"？

以往，法律"不学习"的一个重要原因是法律执行成本的高昂，当技术发展使得这种成本大大降低时，法律的特征也就会随之改变。正如莱斯格所描述，新技术可以规制和监控每一项权利的行使，它可以使版权人按照自己设定的条款出售作品，能够如实履行双方签订的合同。特别是，它还可以区别对待不同的法律对象，以更为精细的方式控制作品的使用。[34] 以往，类似版权法的合理使用原则是建立在传统版权计量和收费技术的局限之上，而现在，新技术则能替代法律更为高效地执行"权利"。莱斯格所担忧的是，这将会破坏建立在传统法律和技术平衡点之上的价值生态链。智能技术的高效率也可能破坏类似"合理使用"这样的原则。[35] "当环境变化时，保留原始环境的价值是一个基本的问题"。[36] 同样的例子还有，在传统合同法发展中形成的权利生态平衡机制，当越来越多的合同交易在电子商务平台发生，乃至转移到将来的智能合约平台，可以预见，对合同的治理也将从原先的传统行政和法院机构，转移到机器学习架构下的算法/代码机制，而原先通过一系列合同邀约、承诺、诚信和违约的法律规范所建立的权利体系，就会在新的技术环境下遭遇挑战，需要在新的环境下重

---

〔34〕 参见[美]劳伦斯·莱斯格：《代码：塑造网络空间的法律》，李旭等译，158～159页，北京，中信出版社，2004。

〔35〕 参见[美]劳伦斯·莱斯格：《代码：塑造网络空间的法律》，李旭等译，168～169页，北京，中信出版社，2004。

〔36〕 [美]劳伦斯·莱斯格：《代码：塑造网络空间的法律》，李旭等译，171页，北京，中信出版社，2004。

新建立一种生态平衡机制。

现代法律的"不学习"，对应于一个陌生化、匿名化的社会，它预设了法律的适用对象是没有区别的、因此可以被平等对待的主体。而机器学习的法律想象，则是一个根据效率原则为导向，对不同社会主体进行区别化对待的方式，这无疑会带来对现代法律平等价值的强大冲击。除了平等性原则，机器学习也将不断揭开每个主体的"黑箱性"，从而解构匿名性、隐私性等价值所依赖的基础。实际上，"不学习"的法律可以提供包括平等性、匿名性、隐私性在内的一系列价值，来平衡和对冲机器学习的效率主义导向，法律运用规范性的原则可以有效阻断技术理性的过度扩张。概言之，只要宪法和权利机制还在发挥作用，它就必须在新的技术条件下，重新界定和平衡私人权利和公共利益的范围，去捍卫宪法所致力保护的一系列价值。

相反，具有深度学习特征的技术发展将带来法律价值的高度不确定性。一切传统的规范和价值因此必须根据新的技术语境予以重估，并且将这种评估结果通过同样的代码化技术，嵌入更稳健的技术架构和代码层面，使它们能够相互学习、适应、改造并且相互制衡。在法律的功能危机中，我们将不能只依靠当事人的法律主张和诉讼对抗来趋近对"公共性"的判断和界定，关键是，如何对这种新的"公共性"予以定位和寻找，并且又能与案件本身处理结果的"可接受性"相匹配？

法律沟通和机器沟通虽然都从属信息沟通，但存在着本质的不同。它们虽然都有关信息、发送和理解的过程，但法律沟通存在朝向可能性的意义环节，存在着意义沟通的双重偶连性问题。[37] 但机器学习则是一种必然性沟通，它只有技术性的信息发送/接收以及批处理过程。这乃是法律沟通和机器沟通的本质区别所在。伴随着机器学习不断取代法律沟通，哈贝马斯有关生活世界殖民化的命题会在新的技术条件下重新展现其批判潜力。

---

〔37〕　可参见泮伟江：《双重偶联性问题与法律系统的生成》，载《中外法学》，2014(2)。

正如前述，不学习的法律也内涵了学习过程，这使法律具有可变性。[38] 一方面，法律通过立法过程变成学习性的，另一方面，法律又通过宪法机制和法源学说来反身性地控制这种学习过程。法律学习经由权力启动，同时又通过权力—权利的反身性机制对这一权力加以控制和约束；我们同样需要追问，当机器学习启动之后，又应当建立何种反思机制对这一学习过程加以控制，并如何对其学习过程加以具有说服力的阐释和约束？

机器学习试图揭示过去的人类经验由于样本空间的限制，往往只是收敛于局部的最优，这是技术发展要求进行法律替代的深层原因。与此相伴随，在新的技术条件下，随着法律功能的不断蜕变，法律的定义又将如何随之改变？在机器学习全面崛起的背景下，到底何者可以视为法律？代码/算法又在何种意义上可被称为法律？代码/算法和法律的边界如何在新的技术条件下重新划分？是重新定义法律，把原先不在法律范畴的规制手段涵括到法律系统之中？还是，依然坚持法律的不学习，严格确立法律和其他认知性规制手段的界限？法理学的核心命题将是，如何对从法律"不学习"向机器学习演化设置不同的警戒性临界值。在演化论的意义上，法律系统的代码化机制，在机器学习兴起的背景下，应当以何种方式吸收这种来自环境的变化，它能否成功地自我变异并经受住新的社会选择过程，从而以新的稳定化方式将其成功遗传？法律系统的变异，是否可能由此突破其传统的功能特征，并且最终改变其以不学习的方式维持规范性期望的独特功能方式？而一旦如此，法律是否可以称得上"死亡"？

新的机器学习技术，正在共同形成一股认知性学习的力量，篡夺旧的"不学习"的法律的领地。法律正在丧失它作为独立社会系统存在的功能正当性。正是因此，人工智能时代对法律的最大挑战，可能

---

〔38〕 有关哈特的"承认规则"，参见［英］哈特：《法律的概念》，张文显等译，96～97页，北京，中国大百科全书出版社，1996。法律不学习对于科学学习建立了严格的隔离机制，例如在刑事诉讼中，法医学的鉴定成果，只有被合理地镶嵌到特定的论证结构之中，只有经过合议庭、陪审团或律师的筛选，才能起到"定罪量刑"的效果。也就是说，法律中的学习是以不学习为前提的。

并不是人法、物法这些领域的重构，不是隐私安全和数据保护权的设计，也不是数据和算法何者可以作为未来法律规制的重点。根本的挑战，在于法律功能独特性的丧失。法律"不学习"被机器学习取代，规范性期望被认知性期望取代，法律被代码/算法取代，这将是法律"死亡"的前景。

法律正在面临严峻的危机。实际上，在人类历史演化中，遭遇同样命运的早有先例。比如，巫术在文明社会的基本消失，宗教在现代公共领域的全面退出，道德在当代社会的普遍无力。而巫术、宗教、道德都曾扮演和法律一样的维护规范性期望的角色，而如今它们都已退出了公共舞台。甚至可以说，法律作为一门"不学习"的规范化技艺，已成为了人类规范主义文明遗留的火种，它成了人类规范性文明最后的守护者。那么，它是否会伴随机器学习的崛起而被全面取代？当法律失去它神圣的光环，当其势力范围不断沦陷，当法律的特殊领地不断坍塌，那么，人工智能时代的法律就可能面临最大的危机。而此最大的危机，就是法律的最终死亡。

（本章初稿曾发表于《华东政法大学学报》2018年第2期）

第三章　全球信息化秩序下的法律革命

一、引言

划时代伟大发明都曾引发法律世界的革命。文字书写带来法律的成文化与法典化;标准铸币促进债观念的诞生;13 世纪复式记账法推动近代公司法与金融法的发展;谷登堡印刷术为法律世俗化与民族化奠定根基;时钟的发明则为民族国家法律提供了基本的计量标准。[1] 在上述意义下,全球信息化技术的迅速发展,也将对当代法律秩序带来全面冲击,它将使 18 世纪工业革命以来围绕能量与物质构建的法律秩序向围绕信息构建的法律秩序全面转型。

当代全球信息网络是一个由 10 亿台中央处理器组成的超级有机体,其中包括难以计数的储存设备、信号处理器、信息流通渠道和分布式通信网络,以及围绕于这一网络的全部服务设施、芯片和设备——包括卫星、服务器、扫描仪、二维码、传感器等。这样一台超级虚拟计算机,其所有晶体管数量高达 10 万万亿支。每一秒有 10 万亿比特信息通过,每一年数据量接近 20 艾字节。另外,还包括 27 亿部手机、13 亿部固定电话、2700 万台数据服务器和 8000 万台掌上电脑。整个网

---

〔1〕 文字、货币、钟表和印刷术与现代法律存在紧密关系,这些发明提供了创造和维持统计信息庞大结构的基础,进而使社会组织化力量拓展到民族国家的规模。在麦克卢汉看来,直到 18 世纪,西方人才开始接受社会生活的这一延伸形式,即市场机制的统计模式。这一模式使生产的整个过程理性化,进而被用于法学、教育和城市规划。参见[加]麦克卢汉:《理解媒介:论人的延伸》,159、171、343 页,何道宽译,南京,译林出版社,2011。

络约有 1 万亿网页,每一个网页链接 60 个网页。[2] 这一切的总和,无疑就是当代法律全球化的物理性基础。

20 世纪 80 年代以来,全球范围的信息化重组过程,正将历史推进到一个新的发展阶段。根据研究统计,全球的生物信息是 10 万尧字节,而技术元素的信息则是 487 艾字节,虽然总数还不如生物信息,但呈指数级增长,其中,计算机数据每年净增 66%,是其他一切制造品的 10 倍以上,这种爆炸式增长正使整个地球裹挟在知识与信息越来越致密的网络之中。[3] 民族国家的领土疆界正在失效,信息不再受到主权边界的有效控制,这种全面互联的信息网络深刻改变了传统的社会与经济模式,在这一背景下,当代法律、金融与贸易体制也随之改变。即时生产、灵活制造、批量定制、零库存、战略联盟、大规模外包就是其中代表。企业与市场的边界正在打破,契约和组织的区别逐渐淡化,所有权的地理分布趋于分散。供应商、企业雇员、消费者与政府监管,研发、制造、包装、仓储、物流、营销,所有事物都在进入一个去中心化的协作网络之中。[4] 从国家制造业社会(national manufacturing society)向全球信息化秩序(global information order)的转型,[5]正对当代法律带来革命性的影响,本章试从法律客体、法律空间、法律时间三个维度,对此展开初步分析。

二、全球信息化秩序的法律客体革命

在全球信息化的秩序转型中,当代法律的规制对象正在发生变

---

〔2〕 以上还只是 2010 年的统计数据,参见[美]凯文·凯利:《科技想要什么?》,熊祥译,332 页,北京,中信出版社,2011。

〔3〕 参见[美]凯文·凯利:《科技想要什么?》,熊祥译,69 页,北京,中信出版社,2011。

〔4〕 大厂商的官僚主义等级体系功能逐渐解体,例如营销、销售、研发、中间材料与初级材料生产的市场化,以及外包、转包、联营与合资形式的兴起。其典型代表是谷歌公司:它既是传媒公司,但又不制造信息产品;它既是通信公司,又没有传送线路与电子设备;它既拥有众多分公司与机构,又不进行垂直整合。但这反而使它成为当代信息帝国的"总开关"。参见[美]吴修铭:《总开关:信息帝国的兴衰变迁》,顾佳译,290～301 页,北京,中信出版社,2011。

〔5〕 英国学者斯各特·拉什明确提出这组概念,参见[英]斯各特·拉什:《信息批判》,杨德睿译,1 页,北京,北京大学出版社,2009。

化,电子技术把所有交易模式都融入一个巨大的系统之中,新的法律客体以及财产类型不断出现。知识产权正在取得法律部门的核心地位,传统民法的"人、物、债"三分法面临重构性调整。逐渐逃离民族国家主权管控的信息流动性,以全球的尺度呈现为网络化、系统化的形式,法律的聚焦点从自然人转向物的自主性。如果说传统工业时代的法律媒介是主体性与叙事性的,信息时代的法律媒介则是信息性与沟通性的,它以去疆域化的形式重新再疆域化。[6]

(一) 知识产权、信息资本与"原型"创新

首先,与传统民法的物权概念不同,全球信息化秩序下的产权不再只是无体物的概念,它还具有瞬时性,"信息价值"在全球性流通中迅速过时,传统的产权控制与产权确权方法正在失效,传统的所有权神圣原则已经无法有效把握信息资本主义的真实动力。其次,传统物权关注"使用价值"的维度,依赖于"过去"和"传统"的体认;传统债权关注"交换价值"的维度,依赖于"未来"和"允诺"的实现;当代信息产权则关注"信息价值"的维度,依赖于"实时"和"代码"的运作。最后,如果说在前现代法律,死亡是革命性的法律事件,死亡带来继承、身份与财产的更迭和转移;在近代法律,死亡则是民族国家法律监控的对象,被纳入社会保险、统计、税收的精密计算范畴;而在全球信息化秩序下,"死亡"则成了"创新"的同义词,成为法律系统日常运作的对象。[7] 如果说"死亡"在前现代法是传统延续的象征,在现代法是主体人格的实现,那么,它在当代法则是系统运作的常规。"工业技术、死亡和欲望成为比特,成为速度电磁场平面的信息单元",[8]全球外包生产与跨国贸易机制的重组,实际正要应对这种迅速"死亡"与"再生"的信息生产、流通和交易的要求。笔者此处试以知识产权为例加

---

〔6〕 拉什对此做出准确概括:"强化流动的无中介化却导致了一套再中介化,去地域化导致了一套再地域化,着根的旧式中介被不着根的新式中介所取代。"[英]斯各特·拉什:《信息批判》,杨德睿译,326~327 页,北京,北京大学出版社,2009。

〔7〕 法国思想家波德里亚对于死亡问题做出了极为深刻的分析。他认为我们当下处于一个新的模拟时代,由模拟支配的代码、模式和符号成为新社会秩序的组成原则。参见[法]让·波德里亚:《象征交换与死亡》,车槿山译,173 页以下,南京,译林出版社,2009。

〔8〕 [英]斯各特·拉什:《信息批判》,杨德睿译,212 页,北京,北京大学出版社,2009。

以说明：

其一，古典知识产权的理想对象是"长时段"创作的智力成果，而信息资本主义的典型对象却是"短时段"的信息。当代知识产权的规范对象，主要不再是传统理解的文学艺术与技术工艺，不再是独一无二的智力性创造，也不简单是商品化的知识形态，而是信息本身。这种信息甚至不再具有传统意义的"交换价值"——它的价值没有未来只有当下。作为"符号性价值"，它具有"转瞬即逝性"。[9] 信息的本质已经超越正确/错误、论说/非论说的维度，"必须提供新东西"，这已成为信息资本再生产的内在要求。[10]

其二，古典知识产权的对象是"大师杰作"（masterwork），而当代知识产权的对象则是"索引性符号"，它取代了物质化的操作而转向反身性的沟通。"劳动"被"设计"所取代，"劳动"不再是生产过程的核心环节。知识密集型与设计密集型的产业转向，使得当代法律不再仅仅关注具体的物质产权，而首要考虑如何通过规则设计为"独一无二性"（singularities）进行确权。它不再像古典知识产权那样关注"智力性创造"，而关注高度资本化的"原型"（prototype）竞争。这些"原型"既不是科学系统的真理，也不是艺术系统的美丑，不是单纯的研究或发展，而是"研究与发展"（Research ＆ Development），它建立在现代社会系统高度分出与高度耦合的基础之上。[11] 这种结构耦合所产生的"技术科学家""科技艺术家"的杂交现象，并不改变各大社会系统运作的封闭性，但会通过结构漂移和结构耦合机制，不断在不同社会系统之

---

〔9〕　现代社会有两大中心趋力：新资金与新信息。一方面，现代经济不断制造"替换花费掉的货币"的需求，另一方面，也不断制造"以新信息替换冗余信息"的需求。参见［德］鲁曼：《大众媒体的实在》，胡育祥、陈逸淳译，54 页，台北，左岸文化出版社，2006。

〔10〕　"必须提供新东西"，其压力来自各大功能系统的加速动力，这些功能系统让社会持续面对新问题。参见［德］鲁曼：《大众媒体的实在》，胡育祥、陈逸淳译，55～57 页，台北，左岸文化出版社，2006。

〔11〕　拉什在对美国学者哈拉维的著作介绍中指出，一种新的权力—知识体制弃绝了现代知识型的生理学——有机主义，代之以一种控制论式的启发性想象。它以技术系统的模型来理解包括有机系统在内的一切系统，于是有机系统也变成了信息管理加上军队式的命令、掌控、情报与通信的控制论式系统。参见［英］斯各特·拉什：《信息批判》，杨德睿译，298～299 页，北京，北京大学出版社，2009。

间产生出新的"链接"机制。

其三，当代知识产权的控制技术也在发生调整，更多通过代码而不是法律的手段进行规制，或者说，法律本身也更多以代码的形式出现。如果说近代法律主要围绕竞争、合作、剥削、斗争、团结这些"社会性话语"展开，当代知识产权则通过信息与知识的拥有/不拥有、标准/非标准这些"代码性话语"进行涵括和排除，"社会性"(sociality)正被"信息性"(informationality)所取代。[12]

其四，著作权、专利、商标与外观设计规则的重塑，正使全球信息化秩序的权力与垄断以另外的形式得以延伸。[13] 这既是信息爆炸、创新迭出、设计密集的时代，也是围墙高筑、知识垄断、资本绞杀的时代。[14] 如果说，传统物权和债权因其时间与空间层面的稳定，因而是内生性、在地性的产权制度，那么，当代知识产权则因其无时间性而成为外生性的、建筑学意义的框架。这种框架(特别是品牌)"给信息和通信的混乱赋予了一定的秩序，它协助使原本可能是混乱的扩散被规范成为'流动'"，它既使信息变成排他性的权利，也成为可营销的(marketable)对象。[15]

其五，当代生产不再是英雄性的个人创造，而变成网络化的系统产物，变成通属性的"实验室""研发部门""工作室"的集体成果，这些

---

〔12〕 参见 Keith Aoki，"Neocolonialism，Anticommons Property，and Biopiracy in the (Not-So-Brave)New World Order of International Intellectual Property Protection"，*Indiana Journal of Global Legal Studies*，6(1998)，11.

〔13〕 有关后 TRIPs 时代知识商品全球化的权威分析，参见 Keith E. Maskus & Jerome H. Reichman，"The Globalization of Private Knowledge Goods and the Privatization of Global public Goods"，in Keith E. Maskus & Jerome H. Reichman eds.，*International Public Goods and Transfer Technology：Under a Globalized Intellectual Property Regime*，Cambridge：Cambridge University Press，2005，pp. 3-45.

〔14〕 知识产权垄断成为现代文化生产与传播的基础。作为全世界最大的音乐出版商，百代(EMI)拥有多达 100 万首歌曲的著作权。2004 年，索尼为了在 DVD 销售中获利，斥资 50 亿美元收购米高梅，从而拥有 8000 部电影的著作权。正如席勒所说，通过技术融合，商业公司对"内容"以及"知识产权"的商业化抽象，与文化产业所创造的多元化技术找到了契合点。参见[美]丹·席勒：《信息拜物教：批判与解构》，邢立军等译，曹荣湘校，172～173 页，北京，社会科学文献出版社，2008。

〔15〕 [英]斯各特·拉什：《信息批判》，杨德睿译，237 页，北京，北京大学出版社，2009。

知识"原型"(prototype)通过知识产权的框定,进入知识与信息积累的连续性轨道。与传统物权基于"同质性劳动"的凝结逻辑不同,当代知识产权建立在"差异性区分"的运作基础之上,信息法所介入的是"差异性创新"的常规化与制度化生产流程。传统知识产权在著作权、专利、商标之间预设了创造性递减的阶序关系,但在"差异性创新"的制度化生产中,"创造性"稀薄的商标与品牌标识(branding)转而成为知识产权工作的重心。[16]

(二)"自治性客体"与"混血产权"

近代物权与债权指向自治性主体,而当代信息法则必须应对自治性客体的兴起。福特资本主义是"规模经济"(economy of scale),涉及物质与主体的大量聚集,传统民商法规范的是对于土地、资本与劳动力的争夺,法律的着眼点在于当下,其财产权具有高度稳定性;信息资本主义则是"范围经济"(economy of scope),涉及符号与网络的快速构建,资本围绕于"原型"创新展开竞争,法律的着眼点在于未来,其财产权具有高度流动性。[17] 这种可能迅速失去价值的产权形态具有吊诡意味,它的"虚拟性"与"索引性"使其能够被快速动员,同时,这也使它在速度性原则下迅速贬值,它的价值恰恰在于其价值的转瞬即逝性。这种"转瞬即逝性"构成信息时代"差异的创新",使其区别于传统时代"需要的体系"以及现代时期"趣味的追逐"。

近代法律的财产观念预设了自然与客体的被动性,"自然"有待于人类的劳动与立法过程,从而被纳入人—物—债这样的古典民法结构。但是,全球信息化秩序摧毁了主客二元论基础。伴随生产与交易的信息化、知识化过程,"客体"与"主体"共同进入同一个网络结构之中,法律系统则承担起对于各种"类主体"与"类客体"的分类整理、授

---

　　[16]　广告、商标与品牌是三位一体的信息运作形式,其目的是保持能见度、带动注意力、增加市场占有率等,从中制造"同一个东西绝不是同一个东西,而是另一个新的东西"的幻觉,高度的标准化与同样高度的表面分化结合到一起。[德]鲁曼:《大众媒体的实在》,胡育祥、陈逸淳译,110~111页,台北,左岸文化出版社,2006。
　　[17]　有关"规模经济"与"范围经济"的区别,可参见[美]小艾尔弗雷德·钱德勒:《规模与范围:工业资本主义的原动力》,张逸人等译,北京,华夏出版社,2006,特别是第一编。

权、传递、沟通的网络创建工作，通过法律这一"形的编织者"（weavers of morphisms），构建起"产学综合体"（university-industrial complex），这"促成了大量的创新发明，使一大批'混血儿（hybrids）'、类客体得以创生，也使得把这些类客体和类主体联系起来的网络得以在空间上日渐延伸及于全球每一个角落"。[18] 主客体界限的打破，"自治性客体"的大规模制造与传播，正是当代法律风险理论风靡全球的物质性基础。

当代法律为"自治性客体"提供了分类整理的规范性框架，通过规范性框架创设特定的时间拘束，通过将特定的知识/信息沟通不断传递到系统化网络的下一个位置，通过二阶性的观察与运作，不断创建并延展这一网络。在这一过程中，主体行动者与知识客体都成为系统自我指涉运作的中介与拟制，借助信息、告知与理解的沟通过程，以及法律制定、解释与决断的运作过程而得以展开。

具有吊诡意味的是，恰恰因为法律系统的运作封闭性，才使这种结构耦合的动员、网络的联盟得以实现。这一耦合使当代法律客体抹去了自然/社会、物质/符号的二元性差异。特别是，伴随生物技术以及软件平台的开发，正产生出一种"混血"的产权形态——例如互联网平台标准与 DNA 基因银行等。如果说传统法律关注实体财产的稳定性，强调占有、控制与积累，那么当代法律则注重信息财产的未来性，强调分享、进入与流通。企业、资产、市值、资本这些传统概念都正经历更新，信息资本主义与金融资本主义也在出现合流，它们共同涉及虚拟性、未来性与衍生性这些特征。

三、全球信息化秩序的法律空间革命

当代法律全球化不是简单的资本全球化过程，因为资本本身也消融在全面信息化的网络之中，这一空间性质的转变，正对传统法律带

---

〔18〕 ［英］斯各特·拉什：《信息批判》，杨德睿译，86 页，北京，北京大学出版社，2009。

来巨大冲击。[19] 在新的空间格局下,法律主要不再通过抽象的主体性原则,采取惩罚与赋权的手段进行,而是通过涵括和排除的系统性法则展开。[20]

(一) 拓扑学式的非线性法律秩序

第一,在当代,法律系统已经突破领土分化的逻辑,获得全球范围发展的动力。"没有国家的全球法"(包括商人法、跨国企业内部法、网络信息法、人权法等),它们的效力渊源不再仅来自国家,甚至在许多层面与国家法相冲突。法律全球化的当代动力,也不再是康德所设想的国际政治共和化。正如鲁曼所说:"法律与政治的构成性结构耦合在世界社会层面已不复存在。"[21]在全球秩序的革命性重组中,国际公法不再是法律全球化的主要力量,而私人法律机构比如跨国法律事务所的作用越发重要。传统的国际冲突法正被一种社会系统之间的冲突法所取代,它们是系统逻辑运作的产物,是高度专门化、组织化、技术化的领域。

第二,近代法律/主权建立在表征性文化(representational culture)及其二元论张力外爆的基础之上,而在全球信息化秩序下,法律逐渐内爆为同一性的内向化平面。伴随传统空间范畴的式微,法律系统正以反身性(reflexivity)的形式运作,这对应于整个现代科技体系的控制论(cybernetics)转向。[22] 民族国家法律建基在主权监控的线性治理术之上,围绕贯穿于中央—地方的官僚主义法律体系展开,

---

〔19〕 围绕知识与信息私有化展开的"信息公共领域"斗争,包括"自由文化""创造性的共同体""公共科学图书馆"、开放源软件运动、世界贸易组织对影视作品规定的"文化例外条款""可获得的廉价药品"等。参见[美]丹·席勒:《信息拜物教:批判与解构》,邢立军等译,曹荣湘校,74~76页,北京,社会科学文献出版社,2008。

〔20〕 有关"涵括/排除"作为当代世界社会的元符码机制,可参见[德]鲁曼:《社会中的法》,李君韬译,627~638页,台北,五南图书出版股份有限公司,2007。

〔21〕 鲁曼语,转引自[德]托依布纳:《魔阵·剥削·异化:托依布纳法律社会学文集》,泮伟江、高鸿钧等译,35页,北京,清华大学出版社,2012。

〔22〕 在利奥塔看来,二战之后,传统的"表达性文化"趋于没落(无论是黑格尔式的思辨叙事还是马克思式的解放叙事),知识的思辨等级制被一种内在、几乎可说是"平面"的研究网络所替代,社会主体也在这种语言游戏的扩散中瓦解。参见[法]利奥塔尔:《后现代状况》,车槿山译,135~143页,南京,南京大学出版社,2011。

而在全球信息化秩序下,法律运作更多以非线性、不连续、脱域化的内嵌形式呈现,它超越了古典法理学的位阶因果律,演化为自创生的自我因果律(self-causality)。[23]

第三,现代民族国家一方面借助政治与教育手段通过立法主权叙事整合法律文化,另一方面借助现代契约机制打破传统的身份连带关系,这种地图学式(topographical)的法律关系正被信息时代拓扑学式(topological)的非线性法律秩序所取代。工业时代法律必须介入特定的生产与生活空间,法律主体具有地域化的身份认同,而在非线性法律秩序下,法律主体的特殊地位正让位给特定社会系统的代码。

第四,近代法律奠基于政治国家/市民社会的程序化与社会化规范,互联网时代的"再部落化",使得传统的社会化建制被后传统的信息化部落取代,法律的空间意象发生改变。19世纪古典法是基于资本主义新教伦理的形式理性法,它在民族国家疆域范围内稳定社会的规范性期待,法律有赖于空间建制化的合理性文化的态度整合,而在"去疆域化的再疆域化"网络空间,韦伯式的形式理性法正被抛弃,传统法律运作机制随之改变。

第五,霍布斯与奥斯丁对于法律的传统定义,都指向中心性主权自上而下的命令性结构,法律效力来源于主权的"公共性"。当代法律全球化已不再取决于主权的"承认",17世纪以降主权政治与领土政治的逻辑受到了多方位的挑战。由罗马法复兴发展起来的法律教义学(潘德克顿体系)、传统的法律渊源学说以及传统的司法等级式管辖结构,都与当代法律全球化的新型动力产生了扞格。全球分化产生的系统间冲突(所谓的全球法片段化),已经不能根据德国民法典式的学理统一化、凯尔森式的规范等级结构或者全球性司法的等级管辖制度予以解决。全球系统之间的"诸神之争",既不是规范性的冲突,也不是政策性的冲突,而是一种更为深刻的系统建制化的合理性冲突。

(二) 去中心的法律全球化网络

正如前述,全球信息化秩序重构了全球空间,传统民族国家法律

---

〔23〕 参见[德]托依布纳:《法律:一个自创生系统》,张骐译,北京,北京大学出版社,2004,特别是序言与第五章。

受到多方位冲击。本章兹以互联网数字宪法、全球商人合同法、艾滋病药物专利权与超国家宪法四个领域为例，对此做进一步描述。

第一，信息时代使传统公共领域与私人领域的边界日益模糊。当代有关互联网数字宪法的争论，实际正要应对法律空间与公共领域结构转型的挑战。[24] 传统的国家规制与国际规制已部分失效，因为全球互联网呈现出自我监管的趋势。互联网的自我立法，一方面利用互联网自己的电子约束手段，另一方面，这种电子手段又受到基础法律规范的约束。在实践中，"互联网名称与数字地址分配机构"（ICANN）仲裁委员会做出具有法律约束力的电子措施，但同时，它又必须产生哈特意义的次级性规则，以转移互联网法律自我指涉的悖论。它还发展出相应的司法审查机制，比如对标准商业合同、尽职调查的私人标准、私人协会的标准化以及国际仲裁裁判的审查机制。[25] 这些机制既要释放不同社会系统的代码，又要对它们进行审查与约束，进而将它们转译为可普遍化的法律原则。代码的释放与约束，因此成为互联网数字宪法的核心议题。[26]

代码的特殊性决定了互联网数字宪法的特殊性。首先，这些代码具有自我执行的属性，规则创制、规则执行和规则司法在代码这里是三位一体的，这导致传统宪法的权力分化技术无法适用。其次，传统宪法通过事实性与规范性的区分，借助"规范性"解释的弹性空间来调整与"事实性"的关系，从而避免法律的过度形式化。但是，在互联网

---

〔24〕 配置和重新配置因特网的控制工具——路由器——的权力；通过域名系统制定和改变因特网逻辑属性的权力；开发新的跨国服务和监督管理手段的权力，这些新的数字权力都对数字宪法提出了挑战。参见［美］丹·席勒：《信息拜物教：批判与解构》，邢立军等译，曹荣湘校，144 页，北京，社会科学文献出版社，2008。

〔25〕 ［德］托依布纳：《魔阵·剥削·异化：托依布纳法律社会学文集》，泮伟江、高鸿钧等译，175 页，北京，清华大学出版社，2012。

〔26〕 美国学者吴修铭提出了信息产业的"三权分立"原则：生产信息产品的部门、拥有传递信息所需的信息网络基础设施的部门，以及控制消费者接受信息的工具或地点的部门，都必须分开操作。另一个"宪法性"建议是：政府必须同信息产业保持距离，任何政府机构都不允许介入信息交易市场来为任何技术、网络垄断商，或者信息产业主要职能部门的整合活动施加影响。参见［美］吴修铭：《总开关：信息帝国的兴衰变迁》，顾佳译，318 页，北京，中信出版社，2011。

数字宪法的代码这里，事实性与规范性融为一体，这种内部张力消失了，而当前的开放源代码运动正要应对这一难题。[27]

第二，全球商人法领域的"无法律合同"或"自我管理的合同"，其效力既不来自国内法，也不来自国际法，而是自我赋权的结果。凯尔森和哈特式的层级规范论不再是商人法运作的基础，更重要的是法/非法的二元代码运作。自我生效的合同（无须国家法的合同）表面上是一种悖论，但对于这一悖论的去悖论过程，实际正是新型法律全球化的动力所在。正如德国学者托依布纳的概括，在商人法实践中有三种解悖论的方法：时限、位阶和外部化（外部转移），[28]它具有如下特征：其一，它既包含自我立法的实体性规则，又有规定如何将纠纷提交仲裁的"司法性"条款，借此实现合同的封闭性运作。其二，这一合同既是初级性规则，也是次级性规则，其效力自赋的悖论通过一系列的法律区分（如位阶、规则/元规则的区分）予以掩盖。通过将悖论放置到一个连续性运作的法律系统之中，通过时间和空间维度的延展，通过设定悖论的时限，通过展开悖论与转移悖论，由此形成一个自我指涉、自我繁衍的法律沟通空间。其三，它还经由合同自我创设的外部化过程掩盖悖论：合同自己规定由合同外的仲裁机制处理合同纠纷，这一仲裁的正当性正是由合同自我赋予的。仲裁决定合同的效力，而仲裁的效力则又由合同来设定，这就形成了一种自我指涉的效力循环关系。[29]

"全球商人法合同"因此同时实现了自我立法、自我执行与自我司法三项功能。这一机制通过巧妙的自我外部化过程，将民族国家层面的制定法与合同的分化机制引入全球私人合同之中。通过私人性立法（各种经济与职业协会、国际组织网络制定的规则）以及国际仲裁机构的设立，在全球合同法内部形成了"官方法"与"非官方法"的再分

---

〔27〕 参见［德］托依布纳：《魔阵·剥削·异化：托依布纳法律社会学文集》，泮伟江、高鸿钧等译，178～181 页，北京，清华大学出版社，2012。

〔28〕 ［德］托依布纳：《魔阵·剥削·异化：托依布纳法律社会学文集》，泮伟江、高鸿钧等译，46 页，北京，清华大学出版社，2012。

〔29〕 内部循环的自我矛盾通过一种自我设置的外部化过程得以转移，这是当代全球性法律自我创生的特质。

化,而这一切又都是经由合同自身来完成的。通过这一再分化过程,商人法自我指涉的封闭性运作也获得了演化的动力,它不再是古典商人法意义上的商事性惯例,而成为一个高度技术化与形式化的专业法领域。

第三,有关艾滋病药物专利权保护的争论。它不仅仅涉及某国家法与专利持有人的冲突(如发展中国家与跨国企业专利持有人),也不仅是两大国际机构的冲突(世界贸易组织与世界卫生组织的冲突),更重要的是不同合理性标准的内在冲突(经济合理性标准与卫生健康合理性标准)。[30] 因此,专利法的跨国化纠纷,实际已不能简单借助属地化原则解决,也不能通过不同国际机构的简单协调解决,而需要冲突双方同时引入各自的合理性标准,通过复杂的法律协调技术,对各自的合理性标准形成限制,通过"再进入"(re-entry)的过程,将外部的合理性标准不断转译到各自的系统中去,这在实践中就最终形成全球法律相互交叉、相互参照、相互型构的共同演化过程。"再进入"的法律反思机制,成为全球法自我再制的另一动力。

第四,传统宪法解决如何通过法律来规制政治权力的问题,而当代宪法理论则探讨超越国家中心的宪法如何可能。一般的全球宪法想象指向所谓的世界政府、世界议会和全球治理,多以民族国家的传统意象来构想世界宪法,而其他方案,则要么在传统的宪法主体之外加上诸如国际组织、跨国企业、非政府组织、全球公民等更多主体,要么则在政治权力之外把经济权力也作为宪法规制的对象。但所有这些方案,基本都没有摆脱民族国家宪法的传统思维,依然都是国家中心主义的宪法模式,无法摆脱民族国家范式来思考宪法演化的可能性。但实际上,当代已经出现了许多全球"社会性宪法"模式的探索,并已出现在全球各大系统的宪法化进程之中。其中典型的例如互联网数字宪法以及作为世界经济宪法的 WTO 等。

宪法的功能实质在于通过制度化方式,一方面在规范上确认社会

---

〔30〕 在后 TRIPs 时代,反对者通过社会运动将核心议题从贸易转向公共健康、农业、公平、可持续发展和人权。参见[美]苏珊·塞尔:《私权、公法——知识产权的全球化》,董刚、周超译,王传丽审校,183 页,北京,中国人民大学出版社,2008。

系统的分出(马基雅维利意义上的近代政治系统与宗教、道德系统的脱钩),另一方面,通过一种自我限制机制防止这一分化系统向全社会进行殖民化扩张。通过基本权利体系的制度化确立,构建一种自我限制机制,以防止社会系统过度扩张所造成的自我崩解。

如果说传统宪法试图对抗政治权力的扩张,那么当代"社会性宪法"则主要对抗经济、科学、技术系统的过度理性化趋势。它不再通过一部革命性宪法的诞生实现,而需要持续的长期演化。与英国不成文宪法相似,这一进程并不表现在正式的立宪会议、宪法文本以及宪法法院之中。"社会性宪法"既不是单纯的法律文本,也不是自主的社会过程,而是二者的耦合。这一宪法同时约束了社会过程和法律过程,这样,它就既能保持全球各大社会系统的相互平衡,又能将各自的影响保持在可制度化的范围之内。[31]

(三)"系统性冲突"与"社会性宪法"

当代法律系统承担的任务非常特殊,它既不可能完全解决全球各大系统的冲突,但又必须去面对这些冲突,因为法律"禁止拒绝裁判"。对此,法律系统必须采取一种网络化的沟通策略。全球范围的法律冲突,既不是政治国家强制性秩序的冲突,也不只是资本全球化的产物,而是多中心全球化力量相互拉锯的结果。冲突的根源不再是领土分化,而更多呈现为特定议题的分化。全球法统一也无法再采纳 18 世纪围绕民族国家主权展开的逻辑,而只能以一种"居间法制"的方式,以此来沟通不同的"无须国家的全球法"。[32] 世界社会的法律系统不再是层级化的等级规范结构,而是由作为中心的司法与作为边缘的制定法与合同所构成。[33]

---

〔31〕 [德]托依布纳:《魔阵·剥削·异化:托依布纳法律社会学文集》,泮伟江、高鸿钧等译,170 页,北京,清华大学出版社,2012。

〔32〕 比如网络数位法、新商人法等,国际互联网域名及代码分配合作中心(ICANN)也是一个全球性规制组织,参见[德]托依布纳:《魔阵·剥削·异化:托依布纳法律社会学文集》,泮伟江、高鸿钧等译,71~72 页,北京,清华大学出版社,2012。

〔33〕 中心和边缘并无等级高低,边缘是其他功能系统与法律系统的接触地带,而在全球法领域,边缘是其他全球性系统与法律系统的接触地带。在这个地带,其他自治社会领域的要求通过各种标准化合同、专业协会协定与技术标准的形式进入。

全球化的法律系统,因为不同社会功能领域的相互迫令,在其内部产生出各种分化与冲突。例如,世界贸易组织基于经济合理性的标准合同,就与世界卫生组织基于卫生系统的健康原则、世界人权法领域的道德原则以及全球环保领域的绿色原则产生了冲突。尽管世界国家宪法遥遥无期,但在各大社会系统领域,实际已经逐渐形成一种跨国的"社会性宪法"(civil costitution)。[34] 社会性宪法是法律系统与其他社会系统的结构性耦合,它同样囊括了传统宪法的两个基础性部分:基本权利与权力的组织性规定。而在这些不同的全球社会性宪法之间,并不存在统一的等级化形式,它们类似神圣罗马帝国的马赛克秩序关系,国际法的晚近研究称之为联系网模式。[35]

作为去中心的分布式全球网络,各大自治法律秩序相互刺激、相互观察,通过"镜状反思"创制法律。这是一个没有顶点也没有中心的全球化法律网络。比如,传统的国际著作权冲突以属地原则解决,1886 年《伯尔尼公约》即是代表,它主要关心属地国家如何相互承认的问题,同样道理,WTO 的 TRIPs 协议也基于民族国家的分化原则,其目的同样是解决不同国家标准如何协调与相互授权的问题。但是,它们都与当代互联网发展以及信息全球化的趋势格格不入。因为,冲突焦点正由国家间冲突转向组织间冲突(比如互联网名称与数字地址分配机构与国家法院的冲突),属地法原则因此正被组织间的冲突法原则所取代。进一步的趋势,则是全球统一的实体性规范能否逐步取代传统的国际冲突法。[36] 而组织之间的内在冲突,主要也不再是政策与利益的平衡和调适问题,更重要的是原则层面的冲突,是不同合理性之间的冲突。它的法律方法论也不再指向全有全无的"规则性取舍",而是如何进行兼容并包的"原则性平衡"。

---

〔34〕　在鲁曼看来,宪法不只是一种高级法律规范,而且还是法律系统与政治系统的结构耦合机制。可参见[德]鲁曼:《社会中的法》(上册),李君韬译,第 9、10 章,台北,五南图书出版股份有限公司,2009。

〔35〕　参见[德]托依布纳:《魔阵·剥削·异化:托依布纳法律社会学文集》,泮伟江、高鸿钧等译,84~85 页,北京,清华大学出版社,2012。

〔36〕　参见[德]托依布纳:《魔阵·剥削·异化:托依布纳法律社会学文集》,泮伟江、高鸿钧等译,85~90 页,北京,清华大学出版社,2012。

当代全球法的自我创生不再通过《联合国宪章》那样的世界宪法，也不再通过《维也纳公约》有关强行法和任意法的位阶划分来实现。在全球法领域，层级金字塔结构与跨国组织的封闭性结构都不再有效，发挥作用的是彼此缠绕的法律网络化逻辑。在这种网络化逻辑下，法律效力既不基于先例的拘束力，也不基于纯粹的说服力，而是基于所谓的"默示遵从"：接受先前的判决，同时又保留持续变更的可能性。[37] 不再存在先验的等级性秩序，一切都要在日趋复杂的法律网状化结构之中接受检验，不再存在普遍的统一性标准，而只有需要经受持续论证的兼容性标准。

四、全球信息化秩序的法律时间革命

在全球信息化秩序下，法律主体与法律客体，法律行动者与权利对象全都进入一个时间性的内在流动平面，这不是简单的信息资本化过程，因为资本也只是信息沟通全面内在化的一个环节。作为远距性的法律（law at a distance），它的分析单位不再是"法律行为"而变为"法律沟通"，它无法再根据垂直性（the vertical）的法律二元论进行操作。无论是神职贵族、启蒙英雄或是现代政党全都失去了特权。线性的法律意义被化约压平到法律沟通的一元论之中，法律变成了二阶观察的反身性内视系统，进入镜状反射的沟通循环关系之中，法律的观察与运作之间经常不再有时间上的延迟。

当代法律的自我指涉性（self-reference）解构了现代法律的先验性向度，反转了近代法律空间维度对于时间维度的征服，进而呈现出索引性（indexical）与偶连性（contingency）的特征，法律运作进入绵延的时间沟通之流（flux）。[38] 信息的转瞬即逝性、知识的过度链接、符号

---

〔37〕 参见［德］托依布纳：《魔阵·剥削·异化：托依布纳法律社会学文集》，泮伟江、高鸿钧等译，115 页，北京，清华大学出版社，2012。

〔38〕 它是没有任何叙述性组织（narrative orgnization）形式的时间，因而是去地域化的（de-terriorialized）。用鲁曼的语言来说，当代知识与信息是偶连性的——既非必然也非不可能。主体论与本体论这些术语已经无法处理当代知识产权的偶连性问题。参见［德］鲁曼：《对现代的观察》，鲁贵显译，107～108 页，台北，左岸文化出版社，2005。

的超载,都使当代法律陷入内部与外部的双重风险性之中,法律系统本身也成为一个风险性系统。[39] 这是对工业革命时代独白式法律的变革,原因/结果、规则/事件这样的传统法律范畴失效了。

(一)"后风险社会"与作为风险系统的法律系统

首先,建立在牛顿古典时间概念之上的近代法律,已经被充满风险意识的信息化时间所取代。传统法律的安定性,建立在封建经济与工业经济的物质连续性基础之上,法律的规范性期待具有物质层面稳定的保障;而当代法律的时间拘束则取向于未来,信息化沟通瞬息万变,法律的规范性期待功能必须面对未来与当下之间的巨大张力。[40]当代法律不只要处理外部的风险问题,其自身也变成一个具有内在风险的系统。[41] 信息时代的速度性,也使法律在时空层面上日益压缩为系统的实时性沟通。如果说风险时代为法律带来施米特式的决断论危险,在速度时代,法律则陷入与代码同化的危险。[42]

其次,全球信息化秩序绝不是信息无政府主义的乌托邦,如果说传统社会属于"同一性"的时代,近现代社会属于"风险性"的时代,当代信息化社会则正步入一个"后风险"的时代。"风险社会"预设了一个距离性的观察,但在全球信息化时代,知识/行动、观察/运作之间不

---

〔39〕 参见[德]鲁曼:《社会中的法》(上册),李君韬译,617~621 页,台北,五南图书出版股份有限公司,2009。

〔40〕 随着信息沟通的容量、复杂性、储存能力及速度的增加,法律的时空关系变得深不可测,进而取决于观察者的速度、加速或减速。鲁曼进一步提出疑问,契约在今天是否还能提供一种法律形式,以将未来的不明确性转化成当下所保证的明确性? 参见[德]鲁曼:《对现代的观察》,鲁贵显译,172~173、188 页,台北,左岸文化出版社,2005。

〔41〕 可参见 Niklas Luhmann, *Risk: A Sociological Theory*, New Brunswick & London: AldineTransaction, 2005.

〔42〕 美国学者莱斯格提出著名的"代码即法律"的命题。在他看来,当代美国有两套法律系统:一套是国会颁布的以法律命令进行控制的"东海岸代码",一套是代码作者所颁布的"西海岸代码"。代码作者越来越多是立法者,他们决定:互联网的缺省设置应当是什么;隐私是否将被保护;所允许的匿名程度;所保证的连接范围。与此同时,代码也成为政府的规制工具,通过代码的编写,政府可以间接地实现规制目标,并通常可以避免直接规制所造成的政治后果。在当代知识产权领域,利用代码而不是利用法律的控制更为常见。参见[美]莱斯格:《代码 2.0:网络空间中的法律》,李旭、沈伟伟译,81~89、152、190~217 页,北京,清华大学出版社,2009。

再有任何距离，知识与行动互相系属，观察就是运作，而运作也就是观察。[43] 传统法的"集体"与近现代法的"个人"意象趋于消失，主体自我反思的可能性被内爆为系统信息沟通的瞬时性。法理学的关键词不再是理性选择或个人主义，而是沟通、指涉与区分这些系统性语言。过去/未来这样的图式不再重要，因为时间也被抽取出时间之外，成为被监控、操作、储存、利用的可数字化对象。[44] 社会系统分化带来了空间、时间与符号的扩张，在这种情形下，当代法律的时间意识不再从属于传统的习俗与伦理，也不再从属于存在主义的对立化空间，法律不再具有近代意义的"透明性"。当然，信息内爆带来的也不只是本雅明所批判的冷漠与休克，[45] 因为，"网络社会继风险社会之后，使得先前的无序资本主义变得秩序化，为先前的分层化世界体系引入了新的对称性。它通过可预测的未来殖民化——如未来市场——将贝克尔的风险社会的部分风险稳定化"。[46]

再次，工业革命时期法律权利的解放与批判功能，主要围绕资产阶级与封建势力、围绕工人与资本家的斗争运动展开，但在全球信息化秩序中，过去那种有形的物质占有与剥夺，被无形的信息权力所取代，传统法律权利在这种平面化的匿名系统中丧失了批判能力。传统的左翼与右翼法律批判，都建立在普遍/特殊、规范/事实这样的二元论叙事基础之上，但这些元叙事伴随信息的压缩化实际正被瓦解。晚

---

〔43〕 拉什甚至认为，这实际是反身性外包（outsourcing）的结果，"反身性"不再是出自内在于自我之中的一种实际对话的内在反射，而是对他人所做的一种关于行动和事件的外在化评注，反身性也变成沟通性的了。参见［英］斯各特·拉什：《信息批判》，杨德睿译，326～327 页，北京，北京大学出版社，2009。

〔44〕 随着大数据和云计算技术的发展，因特网把对于受众和用户的侵犯性监视和测算的总趋势提高到一个新的高度，进而发展出一种"控制论资本主义"（cybernetic capitalism）。追踪与定位等无线移动技术的发展，可能使其与极权资本主义联系到一起。参见［美］丹·席勒：《信息拜物教：批判与解构》，邢立军等译，曹荣湘校，204、265 页，北京，社会科学文献出版社，2008。

〔45〕 可参见［德］本雅明：《机械复制时代的艺术》，李伟、郭东译，重庆，重庆出版社，2006。

〔46〕 ［英］斯各特·拉什：《信息批判》，杨德睿译，201 页，北京，北京大学出版社，2009。贝克认为，风险成为现代社会组织的轴心原则，它无法计算、不可补偿、没有极限、无从负责，它扳倒了工业社会的支柱原则，瓦解了社会契约这一前现代性的安全契约。参见［德］贝克：《风险社会》，何博文译，15～57 页，南京，译林出版社，2004。

近以来,自由主义法范式与福利国家法范式的双重危机,也可视为信息时代法律规范性危机的延伸。一种新的法律范式,必须将流动性、偶连性、瞬时性这些时间特征考虑在内。因为,信息时代的法律秩序已置身于一个后形而上学的时空框架之中,启蒙时代的法律主体论以及工业时代的合法性论证方式都已捉襟见肘。[47] 信息时代在带来一个表面自由社会的同时,也消解了法律的先验与超越之维,封闭运作的法律系统进入到一个全面内在化(immanence)的平面之中。

最后,在信息资本主义条件下,知识与信息生产已经超出简单的功利主义计算层面。当代法律系统的运作不再指向某种线性发展,它不再依循积累性的"启蒙性时间",也不再依循市民社会/公共领域的"同质化时间",而是涉及信息记忆与遗忘的"系统性时间";[48]当代法律不再利用层级明确、范围确定、效力一致的法律规则/原则实现社会控制,而是借助脱离实体物质的一般化媒介及其二元代码展开近似生物化的自反性过程;它不再依赖主体理性、市民社会与公共领域这些概念框架,转而依赖于系统自身的动态运作;当代法律的正当性话语也不再仅仅涉及政治国家/市民社会对抗与合作的条件,不再专注于理性选择、群体共识与程序主义话语,正义正在变为法律系统的"偶连性公式";[49]当代法律也不再是韦伯"自动售货机"意义上的机械框框,而成为海德格尔所谓的"常设储备"(standing reserve),[50]成为符

---

[47] 吉登斯认为当代社会学的最高目标不是解决"秩序问题",而要把对秩序的探讨转变为时间—空间伸延(time-space distanciation)的问题,即在什么条件下,时间与空间被组织起来,并连接在场的和缺场的。他还指出,时间与空间的分离及其重新组合,导致现代时间—空间的分区制,导致社会体系的脱域(disembedding)。参见[英]吉登斯:《现代性的后果》,田禾译,黄平校,12、14页,南京,译林出版社,2000。

[48] 现代时间结构的特性包括:"过去/未来"图式、世界时间的制式化、加速、同时性向不同时者扩张等。参见[德]鲁曼:《大众媒体的实在》,胡育祥、陈逸淳译,55页,台北,左岸文化出版社,2006。

[49] 参见[德]鲁曼:《社会中的法》(上册),李君韬译,第5章,台北,五南图书出版股份有限公司,2009。

[50] 也翻译为"持存物",其德语为Bestand,意为"持续、持久、库存、贮存量"等,海德格尔以此词表示由现代技术所促逼和订造的一切东西的存在方式。参见[德]海德格尔:《演讲与论文集》,孙周兴译,15页,北京,生活·读书·新知三联书店,2005。

号化、索引性的储备与框架，镶嵌在全球化的信息与沟通结构之中。

（二）古典法律时间的终结与法律自我创生

在前现代时期，"空间统治时间"成为法律秩序建构的核心原则，贵族/城市的优越位置使其成为法律秩序的中心；在近现代时期，统一的时钟时间提供了时空脱嵌的机会，但是，这一标准化时间依然围绕"想象的共同体"之空间维度进行建构；而到了全球信息化时代，时间最终征服空间，法律不再是机械性的规则框架，而成为自主运作的时间性系统。[51] 奥斯丁"法律主权者命令"学说是近现代时期"向量化"（vectorization）主权原则的产物，这种注重质量与数量的主权原则已被当代法律的速度性原则取代。如果说主体的"身体"构成近代法的有机载具，全球信息化则将法律主体内爆为法律系统的"占位符"（placeholder）；如果说奥斯丁式法律是主权者的"表达与再现"（representation），当代法律则是法律系统的自我"呈现与现形"（presentation）。如果说前现代法是诗性的，指向命运；现代法是小说性的，有关自由意志；那么当代法则是代码性的，指向于游戏。构成当代法律核心领域的，不再是传统的物权与债权部门，而是知识产权与风险控制。知识产权处理"好信息"的积累，风险控制则处置"坏信息"的累积。

如果说法律是有关时间拘束的社会性技术，那么，信息时代无时间性特征的强化，将对法律的运作与功能产生革命性影响。[52] 信息的高度普遍化是其高度内在化的结果，而信息的高度内在化又是其高

---

〔51〕 在吉登斯看来，统一时间是控制空间的基础，时空分离是现代性的动力机制。首先，它是脱域过程的初始条件，时空分离及其标准化、虚化尺度的形成，极大扩展了时空伸延的范围；其次，时空分离为现代社会生活及其合理化组织提供了运行机制。他还进一步指出，当代主要有两种脱域机制类型：象征标志（symbolic tokens）和专家系统（expert system）。参见[英]吉登斯：《现代性的后果》，田禾译，黄平校，16～19页，南京，译林出版社，2000。

〔52〕 近代法律主要处理"时钟时间"，而在当代有两种新的时间形式：一种是漫长的进化或冰川时间（如生态性问题），一种是短暂的无法经历、无法观察的瞬时时间（如计算机时间）。这两种新的时间形式对时钟时间构成了重大挑战，当然，在冰川时间与瞬时时间两者之间也存在深刻的冲突。参见[英]斯科特·拉什、约翰·厄里：《符号经济与空间经济》，王之光、商正译，327～339页，北京，商务印书馆，2006。

度抽象化的结果。这种新的全球信息化秩序，已经爆破了传统法律的工具论与目的论争论，也超越了传统法律的内容和形式区分，法律的先验性被系统的内在性所取代。法律系统是纯粹的信息沟通，法律沟通连接进一步的法律沟通。它既不从属于工具性的维度，也不从属于目的性的维度，而变成法律沟通的自我呈现。

五、"无差异的差异化"秩序

借用德里达的区分，如果说传统法律是语音性的（象征），近现代法律是可视性的（图像），那么信息化时代的法律则是可感性的（索引）。这一"可感性"的"索引"隐喻，正是当代法律"认同主义"转向的根源，它偏离了现代法律的主体与文本的中心地位，而转向选择性、主体间性与反身性这些特征。[53] 这一"差异化隐喻"通过女性主义、反种族主义、同性恋运动、生态运动等构成"他者/它者"法律运动的洪流。他者/它者的激增，是对逻各斯中心主义法律霸权的反叛，构成当代"差异性"（difference）法律运动的背景，这些权利认同运动主要不是通过程序主义和立宪主义的框架进行，它超出了自由主义多元论（diversity）的维度，因而也不再是耶林式"同一性自我"的权利斗争。[54]

马克思和哈贝马斯都曾期望通过普遍性维度（无产阶级意志和主体间商谈理性）实现权利/自由的意识形态批判，但在全球信息化秩序下，法律运动已经超出个人、阶级、社会或民族的维度，它不再是某种

---

〔53〕 德里达的"文字学"破除了以"语音为中心"的逻各斯中心主义，他把注意力转向可视性的文字踪迹。晚期德里达指出，西方文化不是视觉中心主义文化，而是触觉中心主义文化，"可感性"的身体成为后现代认同的落脚点。对德里达政治与法律思想的一个深入分析，参见［英］罗伊·博伊恩：《福柯与德里达——理性的另一面》，贾辰阳译，88 页以下，北京，北京大学出版社，2010。

〔54〕 "新社会运动"反对"启蒙理性型"的运动，拒绝抽象、官僚主义的集中化，提倡直接的地方性；拒绝抽象的商品形式，拒绝消费者资本主义；拒绝高度中介的物质文化形式，提倡移情大自然；拒绝冷酷抽象的逻辑，提倡感情和移情；拒绝公共领域的抽象政治，提倡个人的政治。参见［英］斯科特·拉什、约翰·厄里：《符号经济与空间经济》，王之光、商正译，70～72 页，北京，商务印书馆，2006。

法律象征或法律文本的表达，而变成法律沟通的内在化过程。[55] 传统的权利斗争主要围绕生产关系、公共领域与生活世界展开，它们是对资本积累与行政权力殖民化逻辑的反抗；而当代的权利斗争则必须面对平面化的沟通之流，必须面对信息沟通与循环的普遍统治展开。在这里，我们正经历从帕森斯的线性社会系统向卢曼的非线性社会系统的转变过程，"诸如操作系统、路由器、后民族的人权、解体的家庭、异结构的公司、跨国贸易集团等，这些再地域化或多或少是非线性的，部分自我指涉的，或者以鲁曼的话说，是自创生的"。[56] 在这种自创生的沟通之流中，批判也只能以外部激扰的方式对自成一体的系统产生影响，法律系统将继续根据自己的代码机制进行封闭性运作，正如拉什所说，"在信息的政治里，我们可以看见，不论反抗还是统治都发生在现实中。不仅是反抗，而且权力自身就在流之中，在沟通的网络之中"。[57]

全球信息化秩序的"差异性"，正悖论地走向反面的"无差异性"。[58] 在近现代时期，物质从属于资本的价格化形式，但是现在，信息不仅在为物质也在为资本分配频率。全球信息化的秩序编织，通过管道、机器、终端、电子港、连接埠的中介，借助于法律系统的持续性运作，正在不断创造出新的全球联结、城市空间与信息文明"无差异的差异化"秩序。

（本章初稿曾发表于《环球法律评论》2013 年第 5 期）

---

〔55〕 在这种沟通政治中，诊断的价值在于迅速性，以便于对诊断加以修正。只存在"暂时可用的"展望，这种展望的价值不在于提供确定性，而在于快速且对症地适应某个非预期出现的实在。参见[德]鲁曼：《对现代的观察》，鲁贵显译，149 页，台北，左岸文化出版社，2005。

〔56〕 [英]斯各特·拉什：《信息批判》，杨德睿译，181～182 页，北京，北京大学出版社，2009。此处根据英文本对中译文稍有修正。

〔57〕 [英]斯各特·拉什：《信息批判》，杨德睿译，183 页，北京，北京大学出版社，2009。

〔58〕 针对知识产权全球化导致"去文化"（deculturization）现象的批判（譬如"可口可乐殖民化"与"社会麦当劳化"），参见 Doris Estelle Long, "The Impact of Foreign Investment on Indigenous Culture: An Intellectual Property Perspective", *North Carolina Journal of International Law and Commercial Regulation*, 23(1998), 229.

第四章　互联网宪法政治的
生成、演化与挑战

一、作为当代世界秩序隐喻的互联网

互联网已然成为当代社会的精神象征物。全面互联的信息网络深刻改变了传统的社会与政治结构，当代的法律、金融与贸易体制也随之改变。而更为深刻的变化，也是极易被忽视的，则是这一超越主权管控，日益呈现全球化运作的互联网系统，正在进入一个自主的宪法化演进过程。[1] 这在历史上的意义，相当于 16 世纪以降，伴随中世纪天主教神权普世秩序的崩溃，由地域性领土国家所开启的重构人类政治空间的宪法化进程。以美国革命和法国革命的宪法结晶为标志，全球秩序开始进入威斯特伐利亚体系的领土分化模式，以主权领土和民族国家认同为分界线的国家宪法化进程，主导了时至今日的世界政治　法律秩序的基本形态。[2]

---

[1] See Mark Poster, "Cyberdemocracy: Internet and the Public Sphere", *Internet culture*, (1997), 201; Christian Fuchs, "The Internet as a Self-Organizing Socio-Technological System", *Cybernetics & Human Knowing*, 12(2005), 37; Lawrence Lessig, "Reading the Constitution in Cyberspace", *Emory Lj*, 45(1996), 869; Timothy S. Wu, "Cyberspace Sovereignty—The Internet and the International System", *Harv. JL & Tech.*, 10(1996), 647.

[2] See John W. Meyer et al., "World Society and the Nation-State", *American Journal of sociology*, 103 (1997), 144; J. Samuel. Barkin, "The Evolution of the Constitution of Sovereignty and the Emergence of Human Rights Norms", *Millennium-Journal of International Studies*, 27(1998), 229.

互联网宪法政治的意义不只是哈贝马斯意义上的网络公共领域的建构，而是作为一种秩序生发的形态和隐喻意象，指示了某种在"二战"之后承担拯救民族国家功能的秩序新形态。各种超国家、跨国家、亚国家组织和全球化网络及其功能系统，通过多层次、多中心、多节点的契约和产权关系，形成了一个逐渐包围民族国家的全球多元法律秩序。

民族国家秩序危机在"二战"中总爆发，并在"冷战"时期的帝国对峙中加剧，但与此同时，战后孕育的大量去中心化的自发全球秩序体系，比如贸易、金融、投资法律机制，特别是全球互联网系统则提供了指数级意义上的秩序增量维度。它们填补了民族国家秩序的真空地带，通过填补民族国家秩序辐射的空白，通过全球空间尺度的秩序生长，以及部分的秩序替代，从而提供了超越民族国家与国际法秩序体系的多元选项。这些法律秩序的生成方式，基本是多中心的、去中心的、普通法式的，其秩序溢出部分当累积到一定程度，就会刺激民族国家法律做出相应的调整、吸纳和回应。所以，"二战"后全球法律秩序的重构，不只是表面上的基于大屠杀记忆的道德主义或新自然法转向，拯救民族国家秩序的重要力量来自比如WTO、跨国公司、投资争端解决机制等超国家和跨国家法律体系的建构。这些全球化的多中心的司法性秩序，重新塑造了民族国家和国际法体系。国际秩序既认可、保护、巩固这些多中心秩序要素，而且，其反对行动也往往变成多中心秩序进一步自我演化和调整的契机。民族国家在这个过程中不断学习和调试，从而深刻改变了传统的国家形态与国家理论。我们今日的世界秩序并不是哈特和内格里所谓的"帝国"，也并不是"民族国家"，而是指向一种新的政治法律架构，或可称之为"帝国网络政体"。

经典帝国体系是辐辏式的中心—边缘政体结构，而帝国网络政体则没有真正的中心和顶点。在这种全球政体结构里，甚至美国也不是真正的世界秩序中心。实际上，是不断自我演化的超逸于民族国家的世界秩序动力借助美国的肉身，利用美国宪制结构特殊柔软的身段，来推动这种网络政体秩序的扩展。而之所以依然使用帝国概念，除了说明民族国家概念理论与实践的失效，主要是因为在这种全球网络秩序中依然存在中心-边缘的差序结构，其作为秩序组织原则仍在发挥作用，尽管已不是唯一和支配性的作用。美国特殊的政法制度结构，特别使其具有学习能力来内化、同化与传播这种秩序原则，也使其自身深度内嵌到这种网络体系之中，从而遮蔽了美国秩序背后更为深刻的网络化秩序原则。在这个意义上，互联网时代下宣称所谓网络主权本身就是一个伪命题，正如在网络法时代，国家法的概念传统已不具备揭示未来全球社会法律演化机制的能力。

二、互联网宪法政治与国家宪法政治的异同点

互联网系统宪法与民族国家宪法演化的相似性在于，一方面，它们都因应于所处的世界和社会演化的范式转移，社会结构和社会语意的转变，构成了宪法化进程启动的内在动力，同时，宪法化进程的启动，也是因应于这一时代和社会大转型的挑战。可以看到，紧接牛顿时代所出现的霍布斯、洛克等政治哲学家的系列讨论，都是针对当时工业文明的转换对政治-法律体系的挑战。当时出现的宗教战争以及各国爆发的内战，实际都和背后一系列的政治、经济和社会变化相关。简言之，是从中世纪的层级式社会分化形态向现代的功能性社会分化形态转型的产物。[3]

中世纪宪法建立于教士—贵族—平民的等级分化结构之上，从而形成"等级会议—三级会议"宪法结构，它符合中世纪天主教普世秩序的想象，预设了托马斯·阿奎那的神法—自然法—人法的天主教神圣秩序构想。[4] 而这一秩序的特征在于宗教、政治、经济、法律等领域

---

〔3〕 See Niklas Luhmann, "Differentiation of Society", *Canadian Journal of Sociology/Cahiers canadiens de sociologie*, 2(1977), 29; Niklas Luhmann, "Globalization or World Society: How to Conceive of Modern Society", *International review of sociology*, 7 (1997), 67.

〔4〕 See Pocock, *The Ancient Constitution and the Feudal Law: A Study of English Historical Thought in the Seventeenth Century*, Cambridge: Cambridge University Press, 1987; James Blythe, "The Mixed Constitution and the Distinction Between Regal and Political Power in the Work of Thomas Aquinas", *Journal of the History of Ideas*, 47 (1986), 547.

的相互缠绕关系，并由宗教神权赋予其顶点和中心的神圣权威保证。此后的人文复兴运动、宗教改革运动、近代启蒙运动的产生，既是对这一神圣秩序的反叛，也隐含了这一神圣秩序自我涣散的迹象。特别是新教改革运动所推动的信仰自由心证和民族国家对宗教精神事务的干预，带来了中世纪神圣秩序与领土分化世俗秩序之间的剧烈冲突，两套秩序的内在张力，通过领土国家的社会分裂和暴力冲突形式集中反映出来，并体现为"正义—和平—秩序"等法律语意的冲突形式。在这一转型过程中，中世纪神权秩序的正当性基础受到了冲击，等级会议宪法不再能够有效整合新兴的民族国家秩序，资产阶级不满于由教士和贵族所垄断的法律特权，以及由此形成的社会排斥结构。而同时期所形成的国家理性(ratio status)，仍然有待一种新的政治-法律哲学论证对其加以驯服，它必须面对正在迅速崛起的"第三等级"(西耶斯)所提出的普遍制宪权挑战。[5]

霍布斯在这样一个"一切人对一切人"的战争状态下，试图解决这种混乱的自然状态，从而提出了社会契约论的思想。他希望通过社会秩序正当性的重新建构来实现政治和平。经由洛克、卢梭、普芬道夫这一思想谱系的展开，最终完成了对民族国家世俗法律秩序构建的观点指导，其成果的典型代表则是美国宪法。[6] 这一宪法模式有效回应了现代社会系统的功能分化趋势，通过政治国家—市民社会的对立构造实现了政治系统与经济系统的分离和耦合，通过国家宪法的创设实现了政治系统与法律系统的功能分化与耦合。宪法基本权利体系的构建，则保证了不同社会系统自主性的展开，并实现了在民族国家范围内的去政治化-再政治化张力的平衡，社会涵括的自由/平等化进程通过综合性基本权利体系的不断扩展得以推进。[7]

---

〔5〕 See Harvey Mansfield, "On the Impersonality of the Modern State: A Comment on Machiavelli's Use of Stato", *The American Political Science Review*, 77(1983), 849; William Hamilton Sewell, *A Rhetoric of Bourgeois Revolution: The Abbé Sieyes and What is the Third Estate*, Durham: Duke University Press, 1994.

〔6〕 See Richard Bellamy, "The Political Form of the Constitution: the Separation of Powers, Rights and Representative Democracy", *Political Studies*, 44(1996), 436.

〔7〕 See T. H. Marshall, *Citizenship and Social Class*, London: Pluto Press, 1987.

当代互联网系统自主空间的生成,同样预示了世界社会分化形态的潜在转变。互联网已经不仅仅是信息技术,而是一种区别于工业文明的新型文明的象征。互联网是作为当代世界秩序转变,作为世界秩序革命性变化的精神象征物,而凸显其重要性。正像牛顿时代和霍布斯时代以机器为时代象征物,互联网则是当代政治法律秩序演化的精神象征物。因此,对此种精神象征物的理解和分析,如果继续沿用工业时代的政治与法律概念进行分析,就会出现许多错误。在这样一个急剧变动的时代背景下,我们整个政治和宪法的概念,实际面临着重构的挑战。如果说,现代国家宪法因应了功能分化社会的内在需求,因为中世纪神圣帝国秩序及其宪法形态所代表的等级式社会分化不再有效,从而推动了一种新的宪法形式的产生与发展。那么,今天互联网技术所推动的全球空间与时间架构的改变,实际正在侵蚀近代建立的民族国家法律体系及其法理基础,甚至也正在改变现代性所预设的社会系统功能分化的逻辑。[8] 当代诸多疑难案件的频繁出现和传统人权保护的内在困境,都预示了民族国家宪法在全球化、私有化、数字化转向潮流中所面临的不适。当代互联网系统遭遇近代宪法生成时刻相似的历史挑战。但与此同时,今天我们所面临的问题,实际又不简单等同于霍布斯所面临的困境,至少存在三个方面的深刻变化。

三、告别霍布斯时代的利维坦国家哲学

第一个方面是空间结构的变化,传统工业社会和福特主义生产,依托于民族国家和传统国际关系的空间结构,依赖于民族国家的市场经济、议会政治、政党政治和司法独立的政治—法律框架,这一切都配合于 18 世纪工业革命的历史进程。今天,贸易、投资、金融、网络通信和人员的高速全球流动,已经改变了上述空间逻辑。以主权国家为平台的宪法机制,开始被各种新的跨国家、超国家、亚国家、区域性、平台

---

〔8〕　See Steffen Roth, "Fashionable Functions: A Google Ngram View of Trends in Functional Differentiation (1800—2000)", *International Journal of Technology and Human Interaction*, 10(2014), 34.

性、私人性的法律机制取代。在一个多元化的世界中,不再有一个权威性的政治空间拥有最终的决断权,这给宪法秩序带来很大的挑战。因为失去了一个统一的政治和宪法空间,我们很难再对不同空间的秩序做出一致的协调和安排,从而陷入一种"碎片化"的治理。[9]

第二个方面是时间维度的变化,在工业社会,时间的预期和规范的预期相对静态和稳定。但是当代时间的概念已经发生了很大变化,不确定性、动态性,以及有关过去、现在和未来一种非常灵活的、多重转换的时间概念,导致当代社会在时间体验上形成对未来的高度不确定性,一种普遍的焦虑感弥漫在全社会中,整个社会都弥散着关于未来的"风险"意识。而且,空间结构和时间观念的变化,还进一步形成相互激荡之势。有关过去、现在和未来一种非常灵活的、自我反身性的时间概念,开始在不同社会领域中出现。[10]

第三个方面是社会秩序的基本单元,已经从过去的个人和主体转向匿名的社会系统。在霍布斯、洛克和卢梭的时代,宪法秩序建立在国家和个人主体之上。但是现在,我们发现不同的社会系统,已经逐渐成为自成一体的封闭运作体系,对于这些自主运行的系统来说,个人心理的感受、个人的情感、个人物质的需要,只是偶尔被系统考虑,人只是作为系统的环境而存在。这些匿名的母体、匿名的系统、匿名的 MATRIX,构成了当代社会的基本秩序单元。无论是互联网系统、金融系统、贸易系统、宗教系统、医疗系统、科学系统,它们都只是在各自封闭运作的基础上,去认知个体的感受、个人的利益和价值的需求,这些认知都不会直接转化为系统自身运作逻辑的改变。[11]

上述三点变化,对我们当代的宪法秩序构成了非常严峻的挑战。传统的宪法理论和政治理论,都在这些变化面前遭遇困境。而事实

---

〔9〕 See Jesper Tække, "Cyberspace as a Space Parallel to Geographical Space", *Virtual space*, London:Springer, 2002, 25.

〔10〕 以上可详参余盛峰:《全球信息化秩序下的法律革命》,载《环球法律评论》,2013(5)。

〔11〕 可以详参[德]贡塔·托依布纳:《魔阵、剥削、异化:法律社会学文集》,泮伟江、高鸿钧等译,北京,清华大学出版社,2012。

上，这三个层面的变化，也和互联网技术的迅速发展紧密相关。它们既是互联网技术发展推动的结果，与此同时，这些变化也促使互联网系统进入更为快速演化的轨道。互联网因而成为当代秩序生成最好的缩影和象征。

四、民族国家政治宪法的时代不适症

所以，面对这些新型变化，霍布斯的政治宪法方案已经不再可行，如果继续套用民族国家政治宪法，试图通过议会立法、司法独立、行政集权来解决互联网系统的问题，多数时候会发现越治理越糟糕，也就是所谓的规制悖论问题。[12] 实际上，互联网系统构筑的"代码即法律"，可以在代码和算法设计的层面，将国家法律和宪法规范效力屏蔽在外。[13] 国家出台的法案或者司法系统做出的判决，因为不能真正介入不同社会系统的内部运作逻辑，最后就可能使监管结果不如人意。面对这种局面，我们必须承认当代社会正在经历的深刻变化，不同系统，包括政治系统、法律系统、互联网系统、金融系统的独立运作逻辑，是我们对宪法和政治进行重新想象时，必须要直面的现实。民族国家宪法统辖主权领土范围内一切社会事件的历史预设已经失效了。

试举一例。2008 年金融危机发生之后，欧美国家学者和政治家提出了许多解决方案。比如说，要求取消投资银行家的奖金、提高银行股本、征收托宾税、加强国家或跨国层面的金融监管、更严格的资本控制、更完善的会计制度等。但是，这一系列制度设计，最后都不能解决根本问题。因为，这些举措都主要试图约束资本家的贪婪本性或者进行道德上的批判，试图通过国家法律对个体进行外围监管。换言之，传统的国家宪法，预设了政治宪法能够确保市民社会"需求的体系"与

---

〔12〕　See Cass Sunstein, "Paradoxes of the Regulatory State", *The University of Chicago Law Review*, 57(1990), 407.

〔13〕　See Lawrence Lessig, "Law Regulating Code Regulating Law", *Loy. U. Chi. LJ*, 35 (2003), 1; Kerr, Orin Kerr, "Are We Overprotecting Code—Thoughts on First-Generation Internet Law", *Wash. & Lee L. Rev.*, 57 (2000), 1287.

国家公共普遍性的协调,黑格尔意义上的"市民社会"可以被成功限制在主权领土范围之内,不同社会系统的功能分化,寄希望于一个具有全社会代表性的"政治国家宪法"来确保其公共性。[14] 但是,当代社会系统已经逐渐脱离主权领土的分化逻辑,呈现为全球空间范围的运作。因此,传统的宪法政治和法律监管措施,实际已难以处理"金融危机"这样的难题,它们难以介入一个逐渐在全球范围内封闭自主运作的金融系统。

因此,在当前欧洲,已经出现一种新的讨论方式,即所谓的纯货币改革。[15] 它的基本思路,就是认为要解决金融系统的问题,就必须首先搞清楚金融系统自身的运作逻辑。事实上,在全球化条件下,在全球经济和资本快速膨胀和流动的条件下,原先由国家中央银行来垄断货币创造的这样一种认知已经过时了。中央银行不再是货币创造的唯一主体,大量的商业银行、影子银行,借助各类经常账户的跨境操作、各类非现金交易,包括外汇交易和资本交易的全球化,已经获得了事实上的货币创造权。各类全球性的商业银行已经独立于中央银行,获得实际的货币创造权。它们虽然不发行货币,但可以创造货币。据统计,在欧洲,这些所谓的"存款货币"和中央银行发行的"纸币",比例是 80:20,而在英国,存款货币更是占到流通货币总量的 92%。这些银行,在用存款货币进行放贷的时候,几乎不受它吸收的存款数量的限制,完全可以根据自己的风险评估来决定发放多少贷款。[16] 在托依布纳看来,这一私人化的货币创造,是今天金融投机空前增长的根本原因。而这些导致了金融泡沫和全球资产价格虚高的机构,虽然造

---

〔14〕 See Shlomo Avineri, *Hegel's Theory of the Modern State*, Cambridge: Cambridge University Press, 1974.

〔15〕 See Kjör, Poul Fritz, Gunther Teubner & Alberto Febbrajo, *The Financial Crisis in Constitutional Perspective:the Dark Side of Functional Differentiation*, Oxford: Hart Publishing Pty Ltd, 2011.

〔16〕 参见[德]托依布纳:《宪法的碎片:全球社会宪治》,陆宇峰译,北京,中央编译出版社,2016。

成严重的社会问题,但几乎不用担负任何政治或者社会责任。[17]

面对这样一种现状,简单的金融紧缩,不是解决问题的办法,全球经济发展已经不可能叫停金融运行的列车。那么怎么办?纯货币改革的方案是,必须首先进入金融系统的内部运作体系,根据"中央银行"无法垄断货币创造的现实,针对金融系统货币创造的结构,去设计相应的政治和法律方案,方能解决这个问题。[18]

既然最重要的问题是商业银行无限制的创造货币,那么,对于存款货币这样一种让人上瘾的毒品,就应该彻底把它逐出商业银行体系,禁止商业银行利用经常账户信贷来创造新的货币。它们只能基于现有的存款来安排贷款。货币创造权应当重新收回国家中央银行和国际中央银行手中。因为金融系统已经超出民族国家的范围,变得高度全球化,那么金融改革也必须通过一种全球性的宪法改革来实现。这个倡议,事实上也很快在欧盟地区得到推广,欧盟各国中央银行开始合作,推动形成一种区域性的金融宪法体系。[19]

在金融宪法的方案设计中,"中央银行"的地位,实际就相当于政治宪法中的"最高法院",也就是说,要介入金融系统的运作,就必须通过一个类似"最高法院"的"中央银行"的管道进行,而首先,就要把货币创造权从商业银行收回到中央银行手中。"中央银行"作为金融系统和法律系统的结构耦合地带,正如"最高法院"是法律系统和政治系统的结构耦合地带。[20]

金融和经济系统在今天具有深刻的政治影响力,因此特别有必要对它进行宪法政治上的定位和反思。比如,到底是由中央银行垄断还是商业银行也可以分享货币创造权,到底是扩大还是收缩货币供给,

---

〔17〕　[德]托依布纳:《宪法的碎片:全球社会宪治》,陆宇峰译,北京,中央编译出版社,2016。

〔18〕　[德]托依布纳:《宪法的碎片:全球社会宪治》,陆宇峰译,北京,中央编译出版社,2016。

〔19〕　[德]托依布纳:《宪法的碎片:全球社会宪治》,陆宇峰译,北京,中央编译出版社,2016。

〔20〕　[德]托依布纳:《宪法的碎片:全球社会宪治》,陆宇峰译,北京,中央编译出版社,2016。

这些都会带来完全不同的政治后果。正如托依布纳所说，这些问题都不能再简单交由政府部门或银行内部机构，而必须在金融宪法视角来处理。必须通过消费者、金融企业和中央银行新的政治和宪法关系的建立来处理各种新的问题。[21]

实际上，金融宪法问题与当代互联网的讨论具有相关性，因为，我们也往往希望对互联网系统进行外围的监管或者希望对互联网的个体参与者进行法律规制，无论是传统的审查许可或者分类许可制度，都是希望通过国家权力和国家法律，对互联网从业者进行道德规训或外部的法律约束，但事实上，研究表明这些规制措施的效果往往并不理想。这一规制困境的发生逻辑，实际上正和国家宪法难以处理全球金融危机的挑战是一致的。

再举一例。在互联网领域讨论中非常重要的原则，即互联网中立性原则（net neutrality）。[22] 所谓中立性，是指所有主体都应具有自由、平等的权利进入互联网系统，互联网系统作为人工共同体财产（artificial community asset），应该保证所有主体都能自由和平等地涵括其中。在互联网诞生之初，这样一个中立性原则，是通过互联网自身的技术架构设计实现的。互联网架构最初的设计，本身在技术上就保证了所有主体都可以自由和平等地进入。但是，伴随商业互联网资本力量的扩张，我们发现，这样一个中立性原则已经受到了很大挑战。新的数字工具可以区分不同的应用等级，在不同条件下提供不同的互联网服务，网络运营商可以区分不同用户等级，向付费最多的用户授予最高等级优先权（"接入排名"，access tiering），网络中立性原则受到互联网高度资本化趋势的冲击。包括谷歌操纵搜索算法，或者网络运营商切断网络等行为，以及百度的垃圾广告首页排名，都改变了互联

---

〔21〕 ［德］托依布纳：《宪法的碎片：全球社会宪治》，陆宇峰译，北京，中央编译出版社，2016。

〔22〕 See Nicholas Economides & Joacim Tåg, "Network Neutrality on the Internet: A Two-sided Market Analysis", *Information Economics and Policy*, 24(2012), 91; Gregory Sidak, "A Consumer-Welfare Approach to Network Neutrality Regulation of the Internet", *Journal of Competition Law and Economics*, 2(2006), 349.

网系统诞生之初的中立性保证。因此,原先由技术所支持的互联网中立性原则,现在就需要一种属于互联网系统的基本权利体系的生成来提供额外的法律保护和救济。

在国家宪法层面,这属于反歧视和言论自由的基本权利,这种基本权利,现在需要在互联网系统中进行再特殊化的转换,至少需要通过合同法上的契约义务来保证:"接入规则应当确保所有媒介用户原则上享有相同自由。"[23]

和金融危机一样,如果我们只是简单站在国家监管的角度,或者简单地进行道德批判,都无助问题解决。而必须根据互联网系统自身发展的特点和趋势,根据互联网自身的技术结构特征,有针对性地创造新的政治和法律权利。网络中立性原则,在当代如果要继续坚持,就必须根据互联网系统的运作和演化逻辑重新设计。比如,通过把中立性原则转化为互联网合同法上的契约原则,来保证不同法律主体的进入平等性。因为传统国家宪法已经不能有效回应互联网系统的特殊治理需求,如果继续停留在政治国家—市民社会的分析框架之上,将已经自我治理的互联网简单视为一个去政治化的纯粹技术领域,就会将实际正在发生的社会排斥和权力支配遗漏于有效的法律救济和政治渠道之外。

五、数字化、资本化与全球化对国家宪法秩序的挑战

所以,关键的问题,是传统的政治和宪法理论如何应对三种主要趋势——数字化、资本化和全球化——带来的挑战?[24] 由全球化导致的空间结构、生产方式和生产关系、时间观念的变化,都来自于一个巨大的变量,即互联网的出现及其迅速发展。我们已经不能像霍布斯时代那样,通过民族国家宪法,解决主权领土范围内的一切社会权力和权利冲突的问题。当代宪法理论,必须应对国家政治之外跨国运作

---

〔23〕 [德]托依布纳:《宪法的碎片:全球社会宪治》,陆宇峰译,北京,中央编译出版社,2016。

〔24〕 See Gunther Teubner, *Constitutional Fragments: Societal Constitutionalism and Globalization*, Oxford:Oxford University Press, 2012.

的新型社会系统力量。传统宪法理论在互联网时代需要升级换代。

试图通过国家权力和民主政治，通过固定领土国家之内的议会政治、行政官僚、司法体制，通过政治系统的集中输出，来解决各大社会系统出现的不同问题。但事实证明，这些不同的社会子系统已经形成自身独特的运作逻辑，国家政治宪法和国家政治权力的渗透，在大多数情况下都是失效的。[25]

不同社会系统的代码，已经不能直接相互翻译和输入。在此情况下，当前正出现一种新的发展状况，即在全球以及民族国家范围内不同社会系统自身的宪法化趋势，包括 WTO 宪法、世界金融宪法、媒体宪法、互联网宪法、体育宪法、科学宪法、贸易宪法等概念，这些现象已在欧美法律学界引发了许多讨论。[26] 在封闭运作的社会子系统内部，逐渐内生出子系统自身的内部宪法。在这样一个演化过程中，也同步形成全球片段化的子系统之间的宪法化网络。在这样一个网络化的演进过程中，不同系统的宪法秩序相互激荡与干扰，在互动、激扰和结构耦合进程中，能逐渐形成一种新的世界宪法秩序。这一全球网络化的宪法运动进程，也恰恰与互联网作为当代秩序的隐喻形成了呼应。

六、互联网宪法政治的四大命题和挑战

限于篇幅，在此仅提出四个框架性的分析纲要：

第一，互联网宪法政治的发展，要处理的首要问题是如何寻找互联网人民和互联网公民的问题。易言之，互联网宪法的未来演化及其正当性证成，以及互联网系统的"民主"根基，都有赖互联网系统的"We the People"的发现。这也是互联网系统立宪时刻能够发生的前提条件。也就是说，我们需要在商业资本和政府力量之外，寻找新的可持续支撑互联网公共领域发展的商业模式和非商业模式，来保证政治性的公共批判性功能和自由公开表达功能在互联网领域的扩展和

---

〔25〕 See Thomas Nachbar, "Paradox and Structure: Relying on Government Regulation to Preserve the Internet's Unregulated Character", *Minn. L. Rev.*, 85(2000), 215.

〔26〕 See Gunther Teubner, "Constitutionalising Polycontexturality", *Social and Legal Studies*, 20(2011), 209.

实现,通过新的多元化社会力量构筑互联网系统的"公共领域",重新发现互联网系统的"我们人民"。[27] 这比单纯强调互联网传播的新闻职业伦理、抽象的言论自由权利和数字权利、在道德层面批判商业资本要更为急迫。换言之,我们今天面对的是一个正在迅速崛起的新型政治空间——互联网空间,我们已现实面临如何构造互联网系统的制宪权问题。[28] 如果说,在互联网系统诞生的早期,因应于一种"片段式""部落化"的网络自然状态,现在实际已经进入类似中世纪的封建主义时期,不同的互联网商业资本与金融资本已逐渐形成等级性的互联网封建化生态结构,它们根据不同的互联网身份和财产结构,形成一系列封建化的等级形态,并形成一种新的互联网社会的涵括—排斥结构。因此,我们需要在互联网系统中"发现人民",寻找"第三等级",来对逐渐"封建化"和"寡头化"的互联网系统进行"制宪权"意义上的革命性再造。

　　第二,互联网代码自我执行的悖论问题。在互联网系统,其特殊的矛盾是,立法、行政、司法这三种权力功能的配置,在电子手段的自我执行这里是三位一体的。[29] 我们都知道,所有古典政治哲学家都发现了三权合一导致专制的规律。所以,必须通过联邦制、三权分立以及司法独立等手段分配和疏导权力管道。如果互联网系统借助代码的"三权合一",再加上与商业资本、政府利益的结合,再配合各种新的大数据、云计算和人工智能技术,就可能形成一种新的技术专制。

---

　　〔27〕 See Wellman, Barry, et al., "Does the Internet Increase, Decrease, or Supplement Social Capital Social Networks, Participation, and Community Commitment", *American behavioral scientist*, 45(2001), 436; Lincoln Dahlberg, "The Internet, Deliberative Democracy, and Power:Radicalizing the Public Sphere", *International Journal of Media & Cultural Politics*, 3(2007), 47.

　　〔28〕 See Richard Davis, *The Web of Politics:The Internet's Impact on the American Political System*, Oxford:Oxford University Press, 1998; Lincoln Dahlberg, "The Internet and Democratic Discourse:Exploring the Prospects of Online Deliberative Forums Extending the Public Sphere", *Information, Communication & Society*, 4(2001), 615.

　　〔29〕 See Lawrence Lessig, "Limits in Open Code:Regulatory Standards and the Future of the Net", *Berkeley Tech. LJ*, 14(1999), 759; Vaios Karavas, "Force of Code:Law's Transformation under Information-Technological Conditions", *German LJ*, 10(2009), 463.

互联网世界最初是一种无政府主义的状态，而未来则有可能转变为一种新的《1984》。对此，就必须在互联网宪法设计上进行一些想象性的探索，建立类似三权分立制衡、联邦制、司法独立、司法审查的法律—技术框架，重新设计互联网的治理权力和基本权利的对抗格局，这些都可以从古典时期的国家宪法演化成就那里寻找灵感。简言之，要从互联网系统的三权合一，走向三权分立制衡的可能。目前的互联网名称与数字地址分配机构（ICANN）仲裁委员会，包括功能和地域代表制、互联网分权结构、域名分配方面的司法权、互联网自主的基本权利标准（专属于互联网系统的言论自由标准和隐私权保护标准、信息公开权利）等讨论，都已经在这个方向上做了不少初步的理论探索。[30]

　　第三，借用美国宪法学家阿克曼（Bruce Ackerman）的概念，即区别于议会一元民主的二元民主论构想。[31] 二元民主论，如果沿用于互联网系统，就要区分出两种政治空间，一是互联网制度化、组织化的政治空间，另一则是互联网的自发政治空间。要区分出这两种空间，并对其进行分离，使得这两种政治空间形成相互对抗和制衡的可能性。当前的挑战在于，既有的社会系统，只有政治系统和经济系统演化出卓有成效的制度化、组织化空间与自发性空间的分离和张力。政治系统建立在国家制度化政治（如立法、行政、司法、外交）与社会自发政治（如选举、参与、审议、运动）的分离和张力之上；经济系统建立在"企业"（看得见的手）与"市场"（看不见的手）的分离和张力之上。互联网系统的自发政治空间要对其组织化政治空间形成控制、监督和影响力，发挥类似于社会公民运动（公共舆论）对国家日常政治的影响力，以及市场调控（价格）对企业投资决策的影响力。申言之，我们既要有议会的民主、制度化的民主，也要有大众的民主、社会的民主；既要有企业的经济、组织化的经济，也要

---

〔30〕 See Michael Froomkin, "Wrong Turn in Cyberspace: Using ICANN to Route around the APA and the Constitution", *Duke Law Journal*, 50(2000), 17; Hans Klein, "ICANN and Internet Governance: Leveraging Technical Coordination to Realize Global Public Policy", *The Information Society*, 18(2002), 193; Milton Mueller, ICANN and Internet Governance: Sorting Through the Debris of "Self-Regulation", *Info*, 1(1999), 497.

〔31〕 See Bruce Ackerman, "The Storrs Lectures: Discovering the Constitution", *Yale Law Journal*, 93(1984), 1013.

有市场的经济、价格化的经济。而在互联网领域,就是既要有组织化的制度性互联网民主,也要有不局限于代码封闭运作的互联网自发民主。只有形成两个互联网空间的分离和对抗,才能使互联网系统的民主潜力获得现实化。既要有代码的技术逻辑,也要有不同于代码的社会逻辑。只有形成两个互联网空间的分离和对抗,才能释放出互联网系统的民主潜力。其难度则在于:如何在传统的政治系统和经济系统之外,超越政治国家和市场经济非此即彼的二元模式,通过法律系统的刺激,推动互联网系统内部这两个政治空间的生成和演化?

第四,互联网系统宪法的构成性功能和限制性功能的分离与合一的问题。波兰尼在《大转型》中提出了一个重要的命题,即经济力量在自我发展的过程中,会形成由无限扩张所带来的毁灭趋势,面对这种挑战,就需要形成社会自我保护的机制,防止经济资本吞噬一切其他社会空间。从自由主义模式到福利国家模式的发展,正是要防止经济资本吞噬一切其他社会空间的威胁。[32] 这种历史的"双重运动",反映在互联网系统,就是要防止它的代码和大数据逻辑的无限扩张,带来吞噬其他一切社会空间的可能性,因此,就需要寻找到新的反制性力量把这种反制性力量,转化为互联网系统的一种宪法化形式。

近代政治经历了系统分出和功能分化的过程,在"政教分离"的历史时期,伴随政治系统与宗教系统的分离,政治系统不断获得扩张,这正是政治系统"自我构成性"历史演化逻辑的展现。而在这个发展过程中,由于政治权力的不断扩张,政治专制程度持续加剧,"国家理性"也因此遭遇了一个"反制性"和"对抗性"的历史运动进程。比如三权分立、基本权利、司法审查、议会民主、政党政治的出现,它们都共同构成了政治系统演化中的"自我限制性"宪法化形式。"构成性"和"限制性"这"双重运动"推动了社会子系统宪法化进程的实现。因此,当代互联网系统,也很有可能面临同样的宪法"双重运动"的演化趋势。而这样一种自我限制性的系统约束机制,将由哪些社会力量、社会动力

---

〔32〕　参见［英］卡尔·波兰尼:《大转型:我们时代的政治与经济起源》,冯钢、刘阳译,杭州,浙江人民出版社,2007。

和社会结构来支撑和发动，也即互联网系统"反制性力量"的发现，将是未来互联网政治宪法讨论中需要关注的重大问题。[33]

寻找互联网系统的"我们人民"、重构互联网系统的三权分立制衡、形成互联网系统的二元对抗空间以及互联网系统的宪法化双重运动。这四个问题，是未来有关互联网政治和互联网宪法研究绕不过去的基本问题。

七、以司法治理为中心的互联网宪法政治

互联网宪法秩序的生成，主要会围绕司法争端解决机制的造法功能而展开。因为，互联网世界的统一立法代议机构，由于互联网系统自身的去中心化特征，同时又受限于目前民族国家极力主张的互联网主权治理导向，很难在短期内获得突破的可能性。与此同时，"全球行政法"的治理模式，又缺乏在各类互联网纠纷出现之时予以中立性救济的正当性。

在目前的互联网宪法秩序生成中，由于在全球层面缺乏来自民主代议中心自上而下的正当性赋予，它就更加依赖自下而上的开放、参与和透明度。但关键是，这种名义上的市民社会自下而上的参与，在全球层面，更多其实不是互联网公民个体的意志表达，而是跨国企业、利益集团等组织机构的利益诉求。"全球行政法"的正当性赤字，在此种私人组织的利益表达格局下，无法得到实质性的改进。而针对此种民主正当性的赤字，一个可能的出路就是继续深化互联网宪法权利话语的全球沟通，以及超国家、地区性和亚国家的各类互联网司法争端解决机制及其分层分级结构的建立。

这些司法争端解决机制已在实践中孕育并迅速发展。世界知识产权组织在受理有关国家顶级域名的争端案件中，通常就会通过互联

---

[33] See Hubertus Buchstein, "Bytes that Bite: The Internet and Deliberative Democracy", *Constellations*, 4(1997), 248; Hauke Brunkhorst, "Globalising Democracy without a State: Weak Public, Strong Public, Global Constitutionalism", *Millennium-Journal of International Studies*, 31(2002), 675; John Palfrey, "End of the Experiment: How ICANN's Foray into Global Internet Democracy Failed", *Harv. JL & Tech.*, 17 (2003), 409.

网域名与数字分配机构（ICANN）指派的相关审查小组来做出决定，而这些决定，通常则会由各国的域名管理机构来最后执行。这种超越主权国家的司法争端解决机制已经超越传统政治国家中心视角的司法权概念，在互联网系统与民族国家政治系统权力并峙的意义上，去重新探索互联网系统司法权力的构造。

这些正在孕育和发展的互联网司法机制，可以为不同国家的公民、企业与机构提供一个新的法律救济渠道，从而不再局限于民族国家的司法管道。而且，这一全球化的互联网系统的司法权实施，其形式也会非常多样，它既带有行政治理的特点，也具有规则创制的功能，同时也采取了中立化、技术化，借助具体纠纷解决的普通法演进的方式，以此稳步推进互联网系统规则体系的完善。它既可能适用全球法，也可能采用不同的国内法；它的争端解决对象，既可能是两个主权国家之间的纠纷，也可能是私人机构与国家机构之间的矛盾，也可能是私人之间的利益摩擦。这就大大超越了传统国家司法的概念，从而为我们重新理解司法权在构造当代世界宪法运动所扮演的功能提供了一个重要窗口。

由于互联网世界的行政治理缺乏国家行政法意义上的宪法框架规范，这就使其正当性面临许多质疑，特别是，当互联网行政规制机构的相关决定对当事人造成损害之时，当事人具有哪些途径可以获得救济和保护？对这个问题的回答，显然就不同于国家法的相关情况。当事人是否可以直接向国家法院提起申诉？在国家法院和互联网世界的司法仲裁机构之间，究竟应当建立怎样的制度性关系？

托伊布纳通过"法—不法"（legal/illegal）的二元代码机制对全球法现象做出了一种新的理论诠释。[34] 对于"法律"的识别，已不能通

---

〔34〕　See Gunther Teubner & Peter Korth, "Two Kinds of Legal Pluralism: Collision of Transnational Regimes in the Double Fragmentation of World Society", in Margaret Young ed. , *Regime Interaction in International Law: Facing Fragmentation*, Oxford: Oxford University Press, 2010; Gunther Teubner, "Global Bukowina: Legal Pluralism in the World-Society", in Gunther Teubner ed. , *Global Law Without a State*, Dartsmouth: Dartsmouth, 1996, pp. 3-28.

过奥斯丁、霍布斯,也不能通过哈特、德沃金或是富勒的法律定义进行。因为,在此不只是存在国家法,还有大量异阶序的、去中心化的法律秩序正在崛起,因此,只要是能够在既定的社会沟通领域内观察到"法—不法"的二元代码逻辑,就可以判定它们具有"法律"的运作特征。而托依布纳所提示的"法—不法"运作机制,其实际的担纲者,正是各种类型的司法争端解决机制。

如何在互联网系统的组织化正式机制和自发性非正式机制之间形成一种良性的互动演化关系,仍然是悬而未决的难题。只有在私人自发秩序和官方正式秩序之间形成一种相互制衡的关系,才能真正推动全球互联网治理的良性发展。而这两者之间的中介和沟通机制,可能也将主要由相应的司法争端机构来承担。即使互联网系统的全球治理由于技术和市场的快速变动原因,先天决定了公共的官方秩序无法与非正式的自发秩序保持同步性,但由于这些已经超逸出民族国家主权管控的互联网系统力量,已经对不同国家公民的自由与平等造成广泛的影响,因此就必然要求在公共性的正式组织机制方面做出有效的回应。全球治理尽管始于私人性的自发秩序,但它也必须朝向"公共性"和"公法"的维度。这需要我们在互联网系统的司法争端解决机制改革中充分注入互联网公共领域的价值要素。

可以预见,互联网系统的宪法规则生成,绝不是韦伯意义上的官僚理性法,它更接近于开放和灵活的欧盟专家委员会模式,一种欧盟法意义的开放协调模式。法律实践将从有关法律道德性和立法政治的视野,转移到具有相关特定代码和专业性的社会子系统领域,而不直接触及政治国家-市民社会的传统法律理论框架。这样一种"司法化"策略,实际也回避了互联网系统宪法的民主正当性问题。

当代的全球治理结构主要是由各种具有"内部公共性"的规制机构创制的,它们具有自己的宪法化结构,遵循自己的"公法",服从于自身运作的"公共性"逻辑。这其中的一些机构已经演化出类似于国家的功能性组织,互联网系统的司法争端机制正是其中典型。而这些不同全球规制机构之间产生的法律冲突,也会逐渐具有类似传统国际法和国际私法冲突的性格。只不过,这些全球治理机制的"公共性"逻辑将不同于传统国家法的"公共性"逻辑,从而也会冲击并改变传统的国家宪法理论。

在互联网空间,传统的人群聚集政治参与和表达机制不再适用,相反,通过去中心化、去地理化的各种创制机构,同样可以实现一种"去领土化"的社会契约理论的建构。由此形成的"电子联邦主义"[35]可以通过各种独立的网络接入提供商来实现,并绕过基于领土分化的民族国家的直接管控。而且,与波斯特的设想可能大为不同,未来这一政治功能的承担者将不再也不能继续主要由大型互联网公司扮演,而必须创制出更多中立化和具有独立性的司法机构来承担这个使命。互联网宪法的崛起,并不能出自一个处于顶端和中心的政治权威的设计,而是应由不同的独立系统运作者做出的规制决定,以及不同独立的网络用户对于加入何种网络社区的即时决定共同推动形成。而从中产生的大量纠纷和矛盾,则为互联网法律的不断生成,提供给"不得拒绝裁判"的司法机构以持续完善和发展互联网法律的内在演化动力。

互联网宪法政治并不会宣告传统领土化法律原则的过时,但更为关键的是,由于各种超国家、亚国家、跨国家政治与法律空间的开拓,会要求我们发展出一种新的宪法理论,来将那些实际已经在进行法律创制,以及受到这些法律创制深刻影响的人群不断纳入到新的政治—法律框架之中。

（本章初稿曾发表于《公法评论》2015 年第 1 辑）

---

〔35〕 David G. Post, "The 'Unsettled Paradox': The Internet, the State, and the Consent of the Governed", *Indiana Journal of Global Legal Studies*, 5(1998), 539.

第五章　从马的法律到黑箱之法

一、网络空间与马的法律

芝加哥学派理论旗手伊斯特布鲁克法官（Frank H. Easterbrook）在其名篇《网络空间与马的法律》（*Cyberspace and the Law of the Horse*）中，提出了一个颇具挑衅意味的命题。在他看来，所谓网络法，与"马"的法律并无本质不同。法律世界并无新鲜事，网络法的那些事儿，无非是传统财产、合同和侵权法在新领域的延伸，法律经济学的成本—收益计算可以毫无阻碍地切割与处理一切网络法律问题。所需要的无非是三件事：提炼普遍规则、创设财产权，剩下的工作就交给"看不见的手"来完成。这种认识论倾向在每个重大技术转型时期都不陌生，革新派惊呼世易时移，保守派则淡定如常。不过，仔细再想，伊斯特布鲁克似乎有意回避了"马"与"网络"的本质不同。马和网络显然不只是事物种属的差别，无法与牛羊、森林、钢铁、牧场简单类比。毋庸讳言，"马"的法律是农业时代的产物，其概念、规则、程序和救济方式都对应于农业时代特定的社会结构，从属相对静态、稳定、身份等级的规范预期，因此，它与历史上伴随重犁、水车、磨坊、铁丝网发明带来的法律调整并无本质差异，法学家可以通过各种拟制和衡平技术将其纳入业已存在的庞大规则网络。漫长演化的田土地产、户债纠纷和人身伤害的规则，可以顺畅对接马的挑战，将一切"马"化于法律的无形。

但是，"网络"则不同于"马"，它不只是类于马的"事物"（thing），甚至主要不是事物，它看不见摸不着，一如信息时代的核心范畴不再是"物质"（material），而变成了一系列信息化、时间化的虚拟"关系"（relation）。如果说伊斯布鲁克冀望通过主体/客体、人格/财产这些二分概念来把握法律与网络的关系，但实际上，"网络"（web of web）正在拆除这些二分法概念，它所应对的实际是一系列新的世界、空间和时间的图景，不再是农业时代有关人与事物关系明确的归类、定位、控制和处置的法律问题，而是一系列新的动态性的法律事务、实践和关系，以及由此带来的法律变异。或者说，网络法主要不是伊斯特布鲁克理解的"有关"（about）网络的法律，而是一种"变成"（becoming）网络的"网络法"。

因此，伊斯特布鲁克试图通过熟悉的"马"来类比（analogy）陌生的"网络"的认知策略，难以在理论层面发挥知识增益的功能。历史上的"马"难以作为撬起网络法新世界的阿基米德支点。相反，笔者希望通过一个更为神秘而本质的"黑箱"（black box）概念来展示网络法的特性，以及在其特性背后所牵连的人类问题的永恒性。换言之，法在人类历史上面临的持久挑战不是城头变幻的"马"问题，而是盘旋和游弋于其间的"黑箱"幽灵，它存在于自古以来的人类沟通之中，存在于不同文明阶段，存在于围绕沟通世界而展开的事物、社会和时间维度。如果说，马的法律是特定历史阶段的特定法律问题，那么黑箱之法则横跨了人类历史发展阶段，而网络时代更是凸显了黑箱问题给法律带来的深刻挑战。

二、黑箱：从古代到近代

所谓人类社会神秘的"黑箱性"，我们实际并不陌生。一切宗教仪轨、秘传知识、摩西约柜和克尔白天房、人的难以相互理解、市场看不见的手、官僚机构的烦琐建制、医学专业术语、爱情之捉摸不透，举凡在沟通中存在和形成的信息不对称、知识不对等、权力不平等，以及由此带来的社会互动、组织与系统层面的偶联性（contingency）和晦暗性（opacity）特征，都构成了"黑箱社会"的底层架构。人类沟通一方面需要借助并保持此种黑箱性，正是通过"人格"的"隐私"黑箱才能确立个体自由，保护"个体"无法被外界直接观测、穿透、揭示、触及和控制，由此才有形成"意思自治"和"消极自由"的可能，通过"孤独"和"隔离"形成的相互猜疑、博弈和互动之链形塑自主之行动空间，并以此拓展和生成新的社会沟通可能；但另一方面，此类黑箱性又不能保持在自我隔绝、固定不变、漠然孤立的状态，社会沟通要求在特定阶段打开这些密闭的黑箱，让黑箱暂时变为白箱，谋求论证、解释和说明，呼吁辩论、商谈与质疑，努力"相互理解"并"达成共识"，从而促成"社会信任与合作"。可以说，法律在人类沟通中所发挥的功能，也是要去不断"维护"并适时"打开"此类黑箱，避免社会进入热寂或陷于战争状态。

传统社会的治理，其策略是借助官方系统的黑箱性来巩固统治之神圣性，以此对抗外部世界的无常；而民间社会则通过各类风俗习惯和地方性规则达成行动的默契与协调，尽量避免动用昂贵的官方资源来解决自身黑箱性引发的冲突。这也因此形成了一种特定的悖论状态：黑箱性一方面是不足的，社会成员被纳入集体性的宗族血缘和地方网络形成"整齐划一"的秩序归整，缺乏充分的自主性和能动性来保持作为个体的黑箱状态；黑箱性另一方面又是过剩的，官民等级结构形成上下沟通隔离的黑箱状态，不断落入"马尔萨斯陷阱"，唯有在灾变、战乱和王朝更替中才会被打开与摧毁。法史专家说中国古代只有刑法而无民法，此种"压制型法"，实际也正是官方黑箱性过剩和民间黑箱性不足的反映。换言之，古代社会的政制症结就在于黑箱性的上下不对称，统治者对各类资源形成高度垄断，无法与民间社会形成上下沟通并主动打开黑箱。在古代，只有借助各类宇宙道德论的形而上符号才能形成对官方黑箱的有限指控和钳制，经由神法、自然法、万民法、天理人情、六道轮回等构建超验的神人秩序来缓和官方与民间的黑箱不对称性。

但是，神人秩序对官方黑箱的制约面临双重困境：首先，神法秩序本身也是一个巨大的黑箱，它增加了新的社会沟通维度和理解障碍；同时，神人秩序的政教制衡结构也可能转而蜕变为政教合一的神权体系，因此不仅丧失制约黑箱的可能，还会进一步加剧黑箱的不对称。但所幸的是，古代社会"皇权不下县"，官府多不过问民间细事，专制权力虽强,但基础渗透能力孱弱,官方黑箱带来的危险多受限于统治半径的技术制约,并被社会的块状分化状态稀释。苏格拉底所谓"一人一事、各从其性"的社会理想,也是要分散黑箱性的总体风险。除此之外,轴心文明通过君子礼乐和君主教育来内化统治精英对自身黑箱性的警觉和反省。柏拉图有关技艺(tekhne)的论述,就强调了技艺主体与技艺对象的德性关系,统治技艺的黑箱性,必须是服务于统治对象的利益而证成,通过美德教育来引导黑箱完成自我调适。易言之,一切具有黑箱性的技艺,都是为了技艺对象的利益而存在,而所有技艺之间也由此形成目的相互隶属而证成的关系,从而最终构成一个由最高技艺主体即哲人王担保其黑箱正义性的理想政体(politeia)。除此之外,古代社会在解决黑箱性问题过程中还演化出了诸多机制,例如皇权/相权、内臣/外臣集团、文官/武官系统、御史监察体系、政教对立、御前会议、封建契约、骑士圆桌会议、等级议会等,体现于法律上则是神圣法/世俗法、官方法/民间法、普通法/衡平法的并立,以及特别体现于欧洲中世纪的裁判权竞争以及独立法律职业阶层的出现。

但所有古代文明都无法从根本解决社会等级分化带来的黑箱困境,近代欧洲更是因为天主教系统的黑箱腐败以及由宗教改革带来的政教系统黑箱冲突的失控,首先开始寻找新的解决这一根本难题的启蒙主义思路(启蒙即"用光明照亮黑箱")。近代领土国家的国家理性(raison d'etat)运动,首先全面清理了社会权力黑箱弥散带来的普遍战争状态,经由国家利维坦的社会契约整合,将所有统治层面的黑箱性集中和垄断到一个唯一的世俗化权威手中。由此,近代国家率先清除了宗教系统黑箱对政治权力的干扰,继而又通过大刀阔斧的领土统一运动收复各类具有黑箱性的法律飞地,并最终依据启蒙理性来证成自身黑箱性的正当化逻辑。

但是,"开明专制"(enlightened despotism)并没有从根本上延缓近代社会对于官方黑箱的反抗,旧制度黑箱不断被大革命的激情扫荡。"人类自然的和不受时效约束的权利",开始控诉和抵制政治黑箱系统,它在 18 世纪以降逐渐形成了包括三权分立、分权制衡、民主选举、议会辩论、公共领域、人民主权、权利法案、司法审查在内的各类现代政治建制，正如康德所言，"在一切事情上都有公开运用自己理性的自由"，"所有的事情或其他权威都必须在理性的法庭面前接受审判"。它在宪法上经由基本权力/权利、政治国家/市民社会、公法/私法的全面布局，演化形成了一个既充分维护社会（个体）黑箱性又极力限制政治（权力）黑箱性的动态结构。它将黑箱性的潜力通过自由的平等形式赋予每一个市民个体，又经由形式主义的法律纲要形成规范稳定预期来确保黑箱个体的成功互动。它试图将国家权力的黑箱性限缩在最小范围的守夜人角色，并依据实证法机制把道德和政治性因素排除在法律运作轨道之外。这样一种古典自由主义的想象，将一切黑箱性转移和汇聚到原子化的个体之上，并通过社会契约，为此种个体黑箱的互动设置界限并予以政治能量的集约转换。

三、黑箱问题的解决机制

而在进入 19 世纪后期，基尔克、黑格尔、涂尔干都意识到资本主义现代化过程中形成的新的黑箱性力量，即由"横向"的社会分工、市民社会、等级法团、职业团体形成的各类"中间体"黑箱；马克思和韦伯也揭示了机器异化、诸神之争、现代铁笼、专家精神等背后呈现的系统黑箱的崛起。换言之，现代社会的演化不仅没有消弭社会黑箱，反而因为社会分化和系统分化的加速，出现了个体与国家之外更为庞大的黑箱性维度。而无论是职业伦理、社会连带、有机团结、无产者联合、责任伦理、绝对精神，都意在应对这些新兴的黑箱现象。如果说，亚当·斯密和康德洞察到了黑箱崛起背后隐藏的历史狡计，尼采与海德格尔则无比担忧这些演化趋势。

事实上，19 世纪晚期的这些黑箱现象，首先源自近代工业革命和科技变革的力量。社会化工业大生产、福特主义和泰勒制管理、科学技术化、范围经济的成型，持续推动现代科学体系、机械技术工程、金融系统的功能分出，在经历了短暂的古典小资产阶级黄金时代之后，世界历史迅速进入一个由各类大型工矿企业、跨国公司、帝国主义殖民所型构的围绕民族经济、国际贸易流动、技术深度开发所动员的组织型社会（society of organizations）。社会演化不再主要依据个人默会知识、个体实践行动与面对面互动所形成的经验性规则展开，相反，个体深深嵌入各类复杂的、多层次的、结构化的组织、团体和系统黑箱之中。由于个体型社会（society of individuals）的失效，在 20 世纪两次世界大战之后，围绕新的组织型社会原理开始出现各类内嵌性自由主义、社会民主主义与福利国家方案的尝试，在此进程中，则再次推动演化出一些新的制衡社会黑箱的机制。

现代社会解决黑箱问题，大致形成了以下模式。首先，是"双重偶联性"（double contingency）机制。也即，为了避免在黑箱互动中形成因徒困境，关键是要为黑箱的相互博弈拉长未来稳定合作的时间预期，将一次短期博弈转变为多次持续博弈，将不对称的黑箱状态通过形式主义的平等法律赋权，转化为信任对称的白箱状态，将博弈游戏化，从而为法律稳定社会规范预期的功能实现争取到时间。这主要是通过经济系统的稀缺性制造和法律系统的规范化机制完成，私有财产权和自由契约机制通过市场与法治规则实现了结构性耦合。它主要解决了现代社会横向层面的黑箱性问题。其次，是解决纵向层面的政治黑箱性问题，它主要经由政治民主机制、公开舆论监督、宪法审查体制、正当程序保护等，形成对权力黑箱的持续监控、质询、反对和改造。更重要的是，通过宪法化机制在政治民主化和法律实证化之间形成自我迭代和自我反思性的反馈循环机制，促成政治权力黑箱的常规自我净化。

上述横向与纵向的反黑箱机制存在两大特点：其一是高度依赖现代法律的制度保障，黑箱转化为白箱的关键在于法治（rule of law）。其二是即使在进入到组织型社会之后，它们还仍然主要借助方法论个人主义来处理组织性和系统性黑箱的问题。这两类传统模式在组织型社会开始遭遇各种功能障碍，从而促使现代社会开始搜寻其他反黑箱机制。

恰如前述，现代法律是维护和制约社会黑箱的重要机制，但是现代社会的法律系统本身也是一个巨大的黑箱。对于这一悖论，除了在演化中形成对法律系统的建制信赖（faith）之外（所谓法律信仰），更依托于一种英美普通法意义上的信托关系（trust relationship）的建立。

概而言之，现代社会的黑箱性高度依赖法律系统的黑箱性进行化约，为了达到社会黑箱复杂性化约的目的，在专业法律人和法律客户之间必然会形成知识/信息的不对称关系，法律黑箱性是不可避免的，因为法律知识的专业性与法律系统的权威性就有赖于此种黑箱。为了解决"纠纷"，我们"信任"法官与律师，因为他们具备了普通人无法掌握的黑箱性知识。这种现象在现代组织型社会成为普遍，甚至一切职业性团体（Professional），包括律师、医生、会计师、新闻记者、工程师、学者，都担负起了特定的专业和知识功能，从而形成其内在的职业黑箱性。普通人因为现代劳动与知识分工的复杂化和加速化，就必须接受此类黑箱的普遍存在。如果一切知识都要求民主化，主张平等的公开和分享，要求打开一切黑箱，实现无差别的"透明性"，知识分工就无法实现。在这种前提下，因此就要求在包括法律职业在内的各职业社会领域形成一种普遍的信托关系。

四、信托关系与职业伦理

专业知识权威作为受托人承载着一种特定的信托义务，既然信托人基于实际需要必须无条件地信任职业专家黑箱，他们就将自己无条件地托付给受托人，同时也将自己的一系列隐私和利益损害的风险暴露于外。所以，受托人也就具有了一种不同于简单的服务承揽合同的信托义务，这在律师职业伦理中，也就形成必须忠诚照顾（principle of partisanship）和诚信看护（ethic of care）当事人利益的特殊伦理要求。在普通法国家，这种信托主义（trust）的国家和社会理论涵括到了各个领域。进而言之，在现代分工社会由于知识黑箱性成为普遍的，因此信托关系也势必成为普遍性的。在实践中，如若主张一切决定都具有透明性（transparency）和可解释性（interpretability），既不现实，也不可行，它在社会技术上不可行，同时也可能严重制约社会演化的可能性。如果知识都要求公开，主张平行传递和习得，那么社会本身也就无须分工，知识进化也就没有办法实现。因此，现代社会运行必须在有限的单位沟通时间内，不断建立起各种信托性的信任关系，从而可以临时切断进行黑箱解释的义务负担，通过信托关系，构建无须持续进行透明化解释的系统性信任。

无论是法律行业、医疗行业、金融会计行业、新闻记者行业，这种因应于黑箱必然性的信托关系，实际成了跨越当代个体社会与组织型社会、连接私人机制与公共制度的内在要求。这成了当代社会在处理黑箱性问题上一个极其重要却极易被忽视的维度。可以再次回到柏拉图有关技艺的讨论：技艺的存在是为了成就技艺对象而不是技艺主体的利益，因此，从事技艺所获取的利益回报，并不是使技艺成为技艺的本质，其本质则在于成就对象的利益。换言之，在信托理论的解释下，社会黑箱存在的目的，并不在于服务黑箱主体自身的利益，而在于保障和成就黑箱对象的利益。

晚近几十年来，一系列新的处理黑箱性的方法获得应用，而这些都可以追溯到"二战"时期由香农（Claude Shannon）和维纳（Norbert Wiener）所主导的信息论和控制论革命。概言之，在香农和维纳的视野下，黑箱问题实际也就是关于信息的传输、保真、控制与反馈的数学原理，从理论上来说，通过在随机性中建立离散数学模型，通过在噪音、信道、脉冲频率、运动轨迹之间建立数字关联，通过自我递归的描述、预测和引导的信息技术，可以把一切黑箱问题转化为使用代码、算法、程序进行二阶控制的技术性问题。当一切问题都可以借助操作数据的规则（如指令集、编程语言、细胞自动机）按照一定程序计算出结果，黑箱问题也就成为图灵完备（turing complete）的。甚至包括法律系统在内的规范性领域（ought），也被认为可以经由概率统计、模拟仿真、模型建构、参数调整、模块检验与样本更新，转化为可以进行编码、预测、设计、干预、引导和控制的事实性问题（is）。在这些思潮推动之下，无论是斯金纳（Burrhus Skinner）操作条件性刺激的黑箱理论还是维纳的自我反馈控制论，都开始导向一种新的社会科学方法论，一种具有计算主义冲动的认知倾向开始全面侵入法律领域，推动整个法律语言的计算主义转向。其根本宗旨则是取消规范领域的黑箱性。

既然法官和律师的大脑也是黑箱，为什么还要对他们赋予信任？传统的信托义务和职业伦理是否可靠？这些来自法律现实主义和批判法学的质疑，实际潜在推动了控制论、认知科学、人工神经网络、机器深度学习和晚近的大数据与人工智能的发展，其内在动力和偏好都是希望通过海量的数据搜集、清洗、标记、建模、计算、分析，可以最终揭示社会黑箱的算法机制，进而运用人工语言的逻辑计算和神经网络推导，在未来的算法社会中避免任何黑箱性的存在。这一意识形态的弥漫业已导向一种计算法学的乌托邦想象。

五、算法社会的黑箱难题

然而，计算意识形态对于人类社会黑箱性的抨击，却遮蔽了作为机器语言和数字技术本身的黑箱性。弗兰克·帕斯奎尔（Frank Pasquale）的《黑箱社会》（*The Black Box Society*）就为我们深刻揭示了各类人工智能和算法技术黑箱的潜在危险。在今天，无论是交通出行、金融投资、社会保险、教育医疗、就业雇佣这些领域，实际都已受到无所不在的算法治理的全面渗透。无论是大数据、人工智能、平台治理、机器人、虚拟现实、区块链，它们背后隐藏的实际都是各种呈现黑箱状态的算法。换言之，当我们进入到一个新的网络型社会（society of networks），它已经既不是19世纪的个人型社会，也不再是20世纪的组织型社会，而是变成了一个新的算法型社会。而在这个新的算法治理时代，黑箱性不再仅仅存在于个人、国家或职业团体，而是变成了一种普遍性、环境性的技术基础架构。这些黑箱性在试图揭示一切旧有黑箱算法数字化本质的同时，其自身也成了最大的数字化黑箱。它试图将传统的黑箱法律转变为自动决策的算法系统，从而将马的法律转变为黑箱之法。

实际上，正如耶鲁大学法学院杰克·巴尔金（Jack M. Balkin）教授所言，这些黑箱化的算法机制，或者更具科幻色彩的机器人与人工智能技术修辞，在其背后所代表的实际是具有特殊利益的公司。而在这些大公司与消费者网民之间，所形成的也理当是一种新型的信息信托和受托关系。换言之，在算法型社会中，消费者不得不将大量的个人信息、隐私和数据贡献、授权和委托给科技公司，而这些科技公司的算法机制对于这些信息数据的控制占有和处理方式，实际已经形成了封闭的黑箱状态。为了满足信息社会的需要，消费者必须依托大科技平台的算力资源与算法手段，对此，我们很难在算法透明性和可解释性方面提出过高要求，这与上述职业团体信托内在的黑箱知识前提是类似的。但正是在这种前提下，当代算法型社会呈现的高度不对称的信息权力，也就更必须纳入一种信托/受托的法理框架中予以重新认识。易言之，人工智能、机器深度学习、算法程序的开发者、编程者、运营商、制造商，它们所要承担的实际是类似法律人、医生、会计师、新闻记者这样的特殊信托角色，它们的首要法律身份不再是发出告知/同意、自由数据交易、相互协商合同条款的"生意人"，相反，它们在当代也承载着作为隐私信息受托人的关键角色，因此，它们必须相应承担起严格的忠诚照顾和诚信看护信息信托人的法律义务。套用柏拉图对技艺德性的论述，算法技艺首先不应当是追逐自身的利益，而理当是成全算法对象的利益。

在传统的信托关系中，在信托人与受托人之间存在比较明确的服务回报关系，而当代网络经济的免费模式则在解构传统服务报偿关系的同时，也潜在腐蚀了传统信托关系的动机结构。"天下没有免费的午餐"，免费模式通过将用户数据资产化来换取商业回报，这就可能与受托人的信托义务形成内在的冲突关系。同时，在传统的工商业社会，信托关系的展开范围相对有限，整个社会的知识分布也相对均衡，自由职业者的知识黑箱难以直接转化为对受托人行动、生活和身份的全面支配。但在今天的网络算法型社会，知识/信息/技术不对称正在通过普遍的信息基础设施成为一种遍在的状态。信息受托人也不再是赋有神圣职业伦理的自由职业者，而是弥散到隐藏于各类技术性、机器性、代码性、抽象性的数字化手段之中，这些算法黑箱可以在事前、事中和事后随时启动对于行动与沟通的全方位干预、监控和引导。在这种情形下，法律也可能被转变为算法，网络法也可能蜕变为网络算法。法律不再像处理马问题一样去驾驭网络，而是法律本身也可能被全面地网络化、计算化和算法化，法律作为整体，跌入一个更为幽暗的算法黑箱之中。对此，荷兰学者希尔德布兰特（Mireille Hilderbrant）提出了"借助设计的法律保护"（legal protection by design）思路，在她看来，人文价值在算法黑箱社会的延续，必须依赖信息技术手段的辅助，以技术对抗技术，而法律本身绝不能被技术黑箱所同化。

在近代民族国家的法律统一运动中，封建社会的多元法律黑箱渐次被主权国家的实证法吸纳，而实证法在 19 世纪之后成为最大法律黑箱的同时，也激活了一系列反向限制性的历史运动。通过议会民主、宪法审查、人权机制、公共舆论的各种建制，通过各类政治和社会运动的持续激扰和照亮，推动着不同黑箱主体担负起相应的法律和信托责任，促使其承担各种公开性、透明性和可问责性的法律义务。历史经验是未来的引路者。黑箱性本身并不是一个负面的价值概念，甚至为了自由的名义，我们需要恒久维护它的存在，但唯有伟大的政治和法律行动，才能抗衡和抵御黑箱社会的无限制扩张。

（本章初稿曾发表于《读书》2019 年第 3 期）

第六章　连接一切：人脸识别的隐私危机

　　人脸识别不是隐私的唯一敌人，甚至也不是最大的敌人。或者说，当代隐私的最大敌人已不是某项技术，而是数字社会本身对于数据的无限欲望，以及"连接一切"意识形态所带来的自由幻觉。狭义的人脸识别只是固态机器的认证，而广义的人脸识别，则涉及整个生存空间的数字化和监控化。易言之，人脸识别技术不过是智能社会理想的逻辑闭环，在这个闭环演化的进程中，隐私的城堡已从领地、房屋、大门被步步击溃，进攻火线不断延伸向发型、服饰与口味，扩散到面部肌肉和轮廓线条，进而窥探包括眼球运动、血液构成、生物基因与大脑神经元脉动在内的一切信息。

　　在人脸识别之外，今天遍布我们周遭空间的是不计其数、隐匿无形的监视技术，它们吞吐一切可以数据化的信息，全息实时生成各种数字形象。换言之，"智慧城市"本身就是扩大版本的人脸识别技术，它指向无数摄像头、人工智能机器、大数据技术、无人驾驶汽车、二维码扫描、深度神经网络组合而成的自主运作、永不停息的监控MATRIX。城市即 AI，空间即摄像头。我们不仅被识别人脸，也栖居在人脸识别之中。质言之，人脸识别只是技术以其冷酷性撕开了数字社会温情脉脉的面纱，用稍显挑衅的方式提醒人们被时刻追踪的现实。人们无法再假装拥有数字社会中来去自由的主导权，当技术不再迂回和隐秘地收集信息，一种被粗暴冒犯之后的惊讶、失望与愤怒情绪开始蔓延。

一、隐私的社会功能

近代隐私是印刷术的产物，在私人书房安静阅读锻造的心理主体通过财产的庇护，特别是住宅的不可侵犯扩展了自我保护的范围。隐私设定了在私人和公共之间存在一条明确的分界线，这条分界线可以是窗帘、幕布，也可以是围墙与隔断。从根本上说，隐私构成了主观权利的心理学基础，隐私乃是现代个人权利的前提和依据。换言之，隐私是现代社会确立个体人格的核心机制。保护隐私，也就是保护与创造人格，这为现代社会运行提供了宝贵的主体（agent）资源，成了现代社会自由秩序扩展的基础，也正是由此，现代社会具有了特殊的弹性和活力。隐私的意义，即在于对无限社会连接的切断，它反对连接一切，这让无数个体获得对社会连接的控制权与主导权，在这种去中心化的连接选择中，社会通过无数个心理节点的自主选择，自发形成各种随机和偶联的沟通组合。个人的隐私既在于可以自由连接，也在于可以拒绝连接与断开连接。理论上，完全的隐私甚至可以拒绝一切连接。

隐私使个人和社会之间形成了一条既清晰而又具有弹性的互动缓冲带。其清晰是说个人与社会通过隐私的确立获得判然二分的可能性，社会的边界停留于个人隐私的边界；其弹性是指私人和公共之间的缓冲带又具有充分的伸缩性，这可以为个人自由与社会秩序建立动态的平衡。事实上，隐私就是个人和社会进行耦合的一种媒介装置。借助这种装置，个人可以灵活调整社会接触的范围与程度，可以根据隐私空间的边界设置，获得外部社会进入自我世界的识别权利，由此来主导个人的自由范围及其亲密关系。

正是由于隐私的存在，外界社会不再可以贸然闯入个人世界，同时也由于隐私的存在，个人获得了由自己来主宰如何进入世界的自由。某种程度上，隐私让个人拥有了识别世界的权威，它可以自主设定对外识别的尺度，掌控接近和访问其私人生活的范围。只有获得识别通过的资格，外界社会才可以拥有接触与访问主体世界的机会。这主要也是因为，在近代社会，个人隐私基本可以被垄断在私人世界的领域，隐私即私域的隐私，隐私立基于隐私的可隐性。正如哈姆雷特所说，"我即使被关在果壳中，仍自以为是无限空间之王"。此隐私可谓隐私 1.0。

而在"二战"之后，伴随着计算机和电子数据库技术的兴起，隐私不再能够被主体完全占有，大量隐私变成机器可读数据，被存储到政府和企业的硬盘之中。隐私保护无法再简单依靠空间上的封闭与隔离，相反，主体必须参与和控制信息的流动过程。隐私无法再简单通过私人空间的划界来形成连带保护，相反，主体必须强化对散落在私人空间之外的信息控制，来把握自己的隐私命运。在这个发展阶段，隐私不再局限于私域的隐私，大量隐私信息已脱离个人空间，进入公共部门的存储机器。个人也已经无法基于隐私，垄断外界社会进入私人世界的识别权，识别已不只是个人对世界的识别，而逐渐转变为机器对个人的识别。在这种背景之下，隐私理论从古典时期的空间范式向信息时代的控制范式转变。伴随可隐性的逐步瓦解，私域隐私（privacy as private）开始过渡为公域隐私（privacy as public）。此隐私可谓隐私 2.0。

二、人际互动与组织识别

传统隐私首先解决了人际互动的间距问题，依靠熟人和陌生人的区分，隐私可以采取不同的互动策略。在熟人之间不需要特殊的识别，双方互动已然形成稳定的默契，隐私的边界是相对清晰的。而对于陌生人则依赖隐私提供的缓冲地带，由此双方形成试探性的相互识别以及对识别限度的共识。通过相互的接触与博弈，在双方隐私之间制造的间距创造出了互动的微妙空间，由此产生了戈夫曼（Erving Goffman）笔下奇妙无比的面具表演。事实上，由隐私所塑造的心理世界和人际世界的深度，正是现代主体与自由文化潜滋暗长的终极渊源。隐私所锻造的人格黑箱，使得主体之间可以在小心翼翼的周旋进退和左右腾挪之间产生各种沟通的可能性，避免了因袒露无余所陷入的毫无波动与偶然惊讶的死寂状态。

熟人社会厌恶识别，基督之爱即是对上帝正义识别的衡平。去识别化的爱拉近了社会距离，产生了亲密共同体，家庭和社区成为人类社会稳定价值观的繁衍基地。这样的社会强调互惠伦理、自我牺牲与无私奉献，而不是斤斤计较的识别和步步为营的算计。即使陌生人社会，为了克服一次性博弈形成长期合作的可能，也往往借助信任避免识别机制的反复启动。人类学早已观察到从原始部落文明开始，社会就形成了放弃随时警惕与识别的机制，通过把交易物品留在原地，或类似罗马法要式买卖所建立的特殊程序，特别是一般化沟通媒介货币的产生，推动社会产生各种规避无限制识别的信任机制。

事实上，隐私也保留了事与愿违的可能性，每一方都不能被对方彻底识别，而由此形成的混沌与晦暗，则为社会沟通的不间断进行提供了内在动力，从而也成为各种不确定的行动可能性的源泉。在这种背景下，隐私所承担的对外界社会识别的功能，其目的是维护私人领域的完整性和安宁性。隐私可以过滤外界的杂音，自主选择自己所需要的环境信息作为自我人格持续塑造的资源。它对外界的识别主要起到了防御的功能，以维持主体边界的稳定性。

而在近代主体的防御性识别之外，同时期也开始出现另一种形式的社会识别，即各种新兴的组织/机构的对外识别。组织之所以需要识别而且可以进行识别，是因为组织本身的逻辑即建立在对成员和非成员的区分之上，识别是为了识别成员的身份，从而赋予其相应的作为组织成员的特权。与个人建立的家庭与财产边界一样，组织的领地同样依据私有财产的标记，通过组织机构的围墙、铁门、保安和登记簿，形成甄别成员与排斥非成员的区隔。但在这种情况下，虽然非成员被特定的组织排除在外，但他仍然拥有作为潜在的无数其他组织成员的资格，他不可能被作为整体的社会排斥。在这个意义上，组织的识别同样也是防御性的，组织同样需要依靠对外识别来保护机构隐私的完整性。这种机构隐私承担的社会功能和个人隐私极为相似，它们共同构成了现代社会自由秩序扩展的基础。

隐私的神秘面纱，让人可以免于被社会透视镜作为异己力量持续识别甚至形成排异。隐私假定了社会的视而不见。个人的藏匿并不构成社会的威胁，对于晦暗的容忍不足以破坏秩序。所以，在现代社会演化中，除了组织之外，全社会没有对个体进行深度识别的必要，隐私本身也确保了抵御此种识别的能力。而组织的识别和排除，总是预留了主体被其他组织包容的机会，这从反向也进一步促成了现代组织繁育的多样性。

而且，对于全社会而言，事实上也缺乏识别全面铺展的可能性。用经济学语言来说，就是识别成本的先在约束。某种程度上，组织本身就是为了降低个人互动的识别成本，将成本内化为根据成员资格进行甄别的形式。组织具有识别的动机和资源，同时，组织又将识别转变为一次性识别，在组织内部不再需要持续的识别。而在组织之外，无论个人与全社会都缺乏深度识别的技术，普遍识别的成本高企到无法识别的程度，而根据深度识别的技术难度，就相应固化结晶为隐私保护阶梯体系的基本架构。

三、人脸识别的政治化效应

如果套用网络分层理论，隐私保护阶梯体系可以视为层层叠加的金字塔结构。第一层在金字塔顶端，是作为沟通层的信息隐私（information privacy）；第二层是作为社会层的亲密隐私（intimacy privacy）；第三层是精神层的智识隐私（intelligent privacy）；第四层是物理层的空间隐私（territorial privacy）；而最底层则是生理层的身体隐私（bodily privacy）。伴随新信息技术发展，近代以来逐渐丰满的隐私保护壳又戏剧性地遭遇逆向瓦解过程：信息隐私、亲密隐私、智识隐私、空间隐私被逐一腐蚀。隐私金字塔风化之后，就开始裸露出最底层的身体隐私：被机器识别的人脸。当社会从平面和纵深两个维度形成对隐私的全方位夹击，即识别在空间上的全面覆盖以及时间上的无所不能，人们开始表现出一种本能的恐慌。

根据亚里士多德的记载，雅典执政官克里斯提尼最早创设了陶片放逐法（Ostracism）。对于雅典人来说，"放逐"即相当于公民人格的死亡，因为他被涵括一切组织在内的组织母体即城邦流放出去，从而也就丧失了进入一切组织的机会，这让他成为一个没有共同体也没有任何组织庇护的游荡者。值得庆幸的是，在城邦社会之后，这种被社会全体识别进而驱逐的可能性消失了。即使监狱也只是特定空间的隔离和惩罚，而且监狱本身也是组织。但是，当代的人脸识别技术则潜藏着与陶片放逐法同样的威胁。

传统的国家和社会监控主要基于书写档案技术，进入计算机时代之后，各种身份信息的采集与存储也基本采取历史记录的方式，对于历史隐私的记录无法触发同步识别的动能，无法实时追踪，更不论面向未来进行预测性的推断。《1984》中无所不在的老大哥识别技术，主要停留于文学层面的想象。而当人脸识别技术推动去中心化的无所不在的识别，在全社会层面进行识别的成本就被急剧缩减。人脸识别不只强化了组织本身的认证技术，同时，它将识别的触角延伸到人际互动和社会系统之中。

识别不再局限于组织，在人际互动特别是全社会层面，由于人脸识别技术的推广，就提供了社会全体识别化的可能。识别廉价化的结果，就是识别的普遍化、连接化和网络化。空间与时间本身转变成为一台没有边际的人脸识别机器。而与组织识别不同，全社会层面的人脸识别会产生政治化的排斥效果。人脸识别获得了对社会进入权的审查权，人脸识别主宰了个人进入全社会的权利。进言之，识别技术的普遍化也将导致私人和公共分界线的消失，主体的边界开始消融于社会识别机器之中。当隐私被完全吞噬，个人也将消逝于无形。未来的智慧城市，可能会是一个没有个人的城市。

四、人脸识别社会的自闭症效应

连接一切的结果必然是识别一切。这使其陷入了一个深刻的悖论。因为识别一切的社会，本身也将成为自我识别的对象。不仅被识别者被识别，识别者本身也被识别，识别机器被嵌入一个相互嵌套的识别网络之中，这种嵌套识别形成了一种封闭运转的循环闭合生态。社会本身成为自我识别的对象，这将形成一种镜像重叠效应，当社会进入自我镜像化的内向运转，这样一个没有打破陈规可能性的社会，这个远离了事与愿违的社会，就可能陷入一种无法跳脱的套套逻辑和循环怪圈。

隐私不只在于保护隐私本身，保护隐私，也是在现代社会的无数个自我和他我之间，形成相互不被彼此洞察的可能性。这种不可洞察的事实增强了自我心理的深度，从而在自我与他我之间形成双重强化的不确定性。正是在不确定的自我之上，通过叠加的镜像他我的不确定性，在全社会形成了由无数个凹凸不同的复合主体镜像相互辉映的复杂性与丰富性。这同时大大提高了自我和社会的同一性反思与边界重塑的潜力。而社会过度识别的结果，不仅将是个人隐私的死亡，它同时也意味着社会自我反思能力的退化。

隐私死亡的后果是个人心理系统的退化，心理系统的蜕化则直接影响社会系统的活化。社会的过度识别化，会带来社会的过度整合，社会因此缺乏必要的分化，社会与其大数据镜像之间形成没有意义的病态观照。由于偶然和意外的排除，社会丧失了异己观察的视角与能力，因此就很容易陷入一种自我指涉同义反复的递归循环之中。个体观察者视角的萎缩，自我和他我随机沟通不确定性的消失，都意味着社会行动自由空间的坍塌。社会只是在内向增殖的大数据浮面上封闭运转，社会逐渐变成了孤独而自恋的那耳喀索斯（Narcissus）。

脑科学研究已经揭示，自闭症与大脑镜像神经系统的受损有关。其典型症状包括社交互动障碍、语言沟通障碍、固着化的行为、对声音或触觉的过度敏感。镜像神经元之于心理学，犹如 DNA 之于生物学。换言之，镜像神经元的健康是模仿和理解他人，形成移情能力与学习能力的前提，镜像机制乃是社会沟通的解剖学基础。而社会的普遍识别和过度识别，由于压抑了内部变异的机会，它也会不断损害社会大脑的镜像神经系统。社会单向度的自我指涉、自我监控、自我计算，也可能会陷入一种自言自语的精神病学症状。随着镜像神经系统的崩坏，社会就可能在自我呓语和自我打量中最终迷失自我。

第七章　法律与自由主义技术伦理的嬗变

技术伦理这一概念的出现，是工业时代的产物。其基本历史背景是工业革命之后，科学与技术实现正反馈循环，技术开始获得大规模工程化应用。在传统农业时代，技术只是辅助人力零星地使用，技术的伦理问题不足以成为思想家的核心议题。至少要到 18 世纪之后工业资本主义兴起，当大规模技术设施、技术装置和技术工程普遍推广，才产生了所谓的技术伦理问题。

因此，技术伦理概念由以滥觞的历史背景，是 19 世纪之后诞生的工业社会。而在这个时代，占据当时居于支配地位的道德哲学、伦理哲学与法律哲学，是古典自由主义理论。即由康德、密尔、洛克等思想家为代表的自由主义伦理。由于这样一种特定的历史嵌和关系，近代以降的技术伦理，也就自然继承了自由主义的一系列基本原理。这里以康德、密尔与洛克三位思想家的核心主张予以阐释。

一、近代自由主义的技术伦理

(一) 自主原则(康德)

在康德看来，每个理性人都具有运用自己的理性自主承担行动责任的道德能力，"要有勇气运用你自己的理智"。由此，理性主体应当拥有自主选择的权利，因为这事关他的道德人格尊严。即使这样的选择对他们有害，但若非他们同意，我们也不能对他们的行动进行干涉或替他们做出选择。相应于技术伦理领域，康德原则就尤其强调"个人自主权"及"知情同意权"。

因为技术应用有可能使他人陷入不利局面，所以有必要事先征求同意（或意见）。因此，所有现代的医学伦理和实验伦理，都主张必须在手术及研究开展前，事先取得患者或受试对象的知情同意。患者或受试对象经由知情同意，基于自己的理性判断做出决策，自主承担责任，自愿接受可能将会承受的风险。1914 年的 Schloendorff v. Society of New York Hospital 案就是知情同意原则发展史上具有里程碑意义的案件。著名的卡多佐法官审理了此案，在判决书中做出了经典的判词，奠定了知情同意原则的基石。卡多佐法官写道："每一个成年的心智健全的人都有权利自主决定如何处置自己的身体，医生未经患者同意就进行手术构成攻击（assault），并应因此负赔偿责任。"[1]

究其实质，康德的自主原则（respect for autonomy）实现了对技术风险和相应法律责任的一种配置。根据知情同意原则，患者或受试对象自主做出同意的决策，因而不再把所有责任施加到医生或实验者身上，这样就实现了技术风险的有效转移和合理分配，顺利推动了各种医疗诊治和科学实验活动的展开。换言之，如果没有自主原则对相关技术风险的转移与分配，就可能把所有技术风险单方面施加于医生或实验者，这就会给整个医疗系统和科学系统的发展带来难以承受的责任负担。技术伦理不只是形而上学的价值主张，而必须镶嵌到整个现代社会功能系统的分化与演化，以及整个工业社会的经济和社会的基本制度安排逻辑中予以理解。

可以发现，康德自主原则这一主要作为工业世界的技术伦理，以及作为技术风险的分配机制，也同样延伸到了网络世界。众所周知，在今天的互联网领域，例如涉及隐私与个人信息保护问题，也都是广泛采用了主要基于康德主义的知情—同意原则（informed consent principle）。"'告知—选择'被内建为数据控制者和数据主体的基础法律关系"。[2] 即，只要互联网平台（或相应 App）事先告知了相关的隐

---

〔1〕　See *Schloendorff v. Society of New York Hospital*，105 N. E. 92（N. Y. 1914），转引自田野：《大数据时代知情同意原则的困境与出路——以生物资料库的个人信息保护为例》，载《法制与社会发展》2018(6)，113 页。

〔2〕　See *Ari Ezra Waldman*，*Privacy as Trust*：*Information Privacy for an Information Age*，Cambridge：Cambridge University Press，2018，p. 31.

私政策，就代表你已经明示或默示做出了自主同意，那么，此后平台（App）进行的各种信息收集、处理、存储和传播行为，也就具有了基于自主原则的技术正当性。

（二）伤害原则（密尔）

密尔在《论自由》一书中提出著名的伤害原则。即，只要不造成伤害，行为就是自由的。这也被称为"不伤害原则"（principle of non-maleficence）：对于文明群体中的任何一个成员，之所以能够使用一种权力反对其意志又不失为正当，唯一目的只能是防止伤害到他人。[3]

密尔的伤害原则对应于技术伦理领域，其含义即为：在尽到相应的注意义务和职业义务之后，除非对人造成明确的伤害，或有明确伤害的危险，技术应用就应当是自由的。可以发现，密尔的伤害原则为工业时代的技术发明和产品应用创造了相当自由的法律空间。"若无伤害即自由"，在早期工业资本主义发展阶段，密尔原则通过紧密配合民事侵权领域的过错赔偿原则，为早期工业化的技术发展与市场开拓提供了充足的自由空间。直到20世纪之后，伴随着民商事领域的过错原则被无过错原则和严格责任原则取代，技术伦理的天平才开始从工业企业发明家与资本家一方，逐渐倾向作为弱势群体的普通公民和消费者。特别是在欧盟，晚近以来，密尔的伤害原则已逐渐被风险预防原则（precautionary principle）取代，成为技术伦理的首要标准。

所谓风险预防原则，即，只要风险存在（无论确定程度如何），公共机构就可以采取保护措施，而不等到风险的事实和严重性已颇为明显时才开始行动。任一活动只要具备对人类健康与环境产生伤害的风险，即使科学上的因果关系尚未完全建立，亦应采取相应措施，以避免此一风险。[4] 风险预防原则是后工业风险社会对何谓"伤害"的认知升级。由于大量科技发展的负外部效应无法被当前的科学技术认知

---

〔3〕 ［英］约翰·密尔：《论自由》，许宝骙译，10页，北京，商务印书馆，2010。

〔4〕 风险预防原则的核心内容在于，当法律系统在面对将来的环境和技术不确定性所导致的过量复杂性时，运用科学技术方法对科学技术本身进行评价，然后根据评估结果在各种价值之间进行衡量并做出能够降低环境风险的决定（选择），参见宾凯：《政治系统与法律系统对于技术风险的决策观察》，载《交大法学》2018(1)，147～148页。

提前把握,而且,由于技术的网络化和社会化效应已经远远超越特定的主体与确定的范围,并且有可能在未来造成当前所无法估量或提前判断的社会效果。因此,在技术伦理层面,就无法再简单基于事后的伤害计算来分配和矫正技术风险责任,而需要在事前和事中,通过各种程序化的风险计算与风险管理,来评估和预防技术可能带来的社会伤害。如果说,康德的自主原则在技术伦理上主要表现为对技术风险的事前转移与责任分配,密尔的伤害原则主要针对技术风险的事后矫正机制,而这两大原则在风险社会来临之后都遭遇到深刻挑战。因为,这两大原则主要是基于工业时代的事物、社会与时间维度的认知,与其相配套的相对静态和固定的自主、责任、侵权以及伤害概念,都与后工业时代的风险社会逻辑形成严重冲突。

事实上,传统的互联网世界在许多领域同样沿用了密尔的伤害原则,即,只要不造成"伤害",互联网的各种实践就应当是自由的,这构成了互联网自由技术的伦理基础。虽然,对于"伤害"概念在不同时代和不同群体会形成相当不同的理解。例如,在美国宪法传统中,一些色情作品曾被作为"言论自由"的范畴处理,不足以作为"伤害";而在1970年代女权主义兴起之后,许多色情作品就开始构成对女性的"伤害";同样道理,在儿童福利保护主义思潮兴起之后,传播有关猥亵儿童的照片,也不再属于自由言论的保护范围。在今天,基于密尔的伤害原则,以及通过对"伤害"概念的宪法扩张性解释,已在互联网领域形成一系列新的伦理审查标准。例如,YouTube的社区准则,就禁止发布色情图片、仇恨言论,以及"虐待动物、滥用药物、未成年人饮酒吸烟或制作炸弹等不良内容"。[5]

(三)个人原则(洛克)

按照洛克个人原则(principle of individuation),个人是社会形成的逻辑起点。在洛克的门徒,例如奥地利学派哈耶克等学者看来,"社会"是虚假的概念,只有"个人"才是真实的主体。因为社会是虚构的

---

〔5〕 可参见《谷歌透明度报告·重点政策》,来源:https://transparencyreport.google.com/youtube-policy/featured-policies/violent-extremism?hl=zh_CN,2020年8月7日访问。

概念，所以"社会"无法为自己主张利益，所以有必要采用个体化的法律策略形成去中心化的法益保护机制，通过个人私权机制来对抗外部的技术风险。因此，按照洛克原则，技术伦理的正当性基点乃是个人，法律首先是保护"个人"的权益。正是基于这一原则，当代的信息隐私保护，也都是首先强调保护个人信息和个人隐私，法律保护的并非是所有信息类型，而是个人识别信息（即 PII），即与身份已识别或可识别的自然人（"数据主体"）有关的任何信息，从而排除非个人信息、公共信息与匿名信息. 只要无法被识别到"个人"，相关信息就不受法律保护。概言之，隐私保护采取了严格的方法论个人主义，以个人为中心和本位，通过个体化策略进行权利的解释和应用。

综上考察，通过近代自由主义哲学原理的阐发，从 19 世纪工业时代以来，围绕自由主义的系列原则，建立了一整套针对近代科技体系的技术伦理。综合康德自主原则、密尔伤害原则与洛克个人原则，传统工业时代的技术伦理可以表述如下：相关技术应用如已事先告知并得到相关当事人同意，不会对个人造成明确伤害，就属于合法和正当的范围。

二、新技术时代的自由主义伦理危机

近代自由主义技术伦理的风险-责任分配机制，构建了一个更有利于推动技术发明和技术资本原始积累的法律框架。由于工业时代的技术装置、技术工程与技术设施的特点，由技术引发的社会效果与社会效应是相对固定和可见的，由其带来的技术风险通常可以被客观地定位、预测与评估。在这种技术背景下，通常可以运用例如知情同意原则、过失侵权与严格责任等法律技术，基于个体化的自主选择和私法化的诉讼程序来分配与矫正技术风险。这一在 19 世纪工业时代建立的技术伦理，今天依然在继续支配新的技术时代（包括互联网时代），但显然，它已开始遭遇各种挑战。这里同样对应以上三个原则层面予以分析：

（一）自主原则

当技术工程应用越来越大型化、复杂化、弥散化、网络化，要在技术应用之前就事先获取主体的知情同意已经变得越发不可行。首先，我们没有办法明确界定谁是相关技术应用的受影响者和潜在受影响者，技术影响的主体范围已经很难像工业时代那样获得确定。其次，我们也无法确定到底需要哪些主体的知情同意，比如，在大数据技术系统投入运行之前，我们是否需要获得所有相关主体的知情同意？需要获得谁的同意？是直接被收集数据的对象，是任何可能使用这一数据平台的消费者，或是任何有可能被相关大数据算法预测到的对象？而且，即使明确了需要对大数据技术系统应用做出知情同意的主体范围，在所有这些主体之间又是否以及如何可能达成一致同意？是何种程度的同意？不同意做出授权的主体，是否也自动丧失使用相关数据技术的权利？所谓知情同意，是简单的告知，还是以达到充分理解作为前提？是需要明示的同意，还是默示的同意即可？

事实上，根据研究者统计：按照平均的阅读速度，如果一个美国人要把一年中遇到的所有隐私政策全部读完，平均需要花掉 201 个小时。[6] "告知过剩，而选择缺席"，[7]隐私的自我管理在实践中往往沦为闹剧。

（二）伤害原则

同样以大数据技术为例，我们可以观察到伤害原则失效的许多案例：即使没有造成直接的"伤害"，大数据也可以通过对各种隐私信息的批量化处理和应用，对个人形成直接或间接的算法歧视。

更为棘手的是，在新的数字技术条件下，个人的决定和个人的知情同意，也开始对不确定的他人造成未预期的影响，甚至是"伤害"。比如，假设 A 住在上海徐汇区并习惯到家乐福购物，同时是哈利·波特系列小说的忠实读者。某日，A 决定买一辆新跑车。他这个决定为大数据分析系统提供了新的信息，并协助该系统修正他所置身的临时群组的参数。参考这些新数据后，第三方便可以对这个临时群组（徐

---

〔6〕 See Leecia M. McDonald & Lorie Faith Cranor, "The Cost of Reading Privacy Policies", *A Journal of Law and Policy for the Information Society*, 4(2008), pp. 540-541.

〔7〕 Neil Richards & Woodrow Hartzog, "Taking Trust Seriously in Privacy Law", *Stanford Technology Law Review*, 19(2015), 445.

汇区/家乐福/哈利·波特)制订新的回应(如对该群组提供更多跑车相关的广告等)。由此,新回应并不止对 A 造成影响,更是对与 A 有相同特征的 B、C、D、E 等带来影响。更进一步,若 A 的体质容易患上某种危险疾病,A 的健康信息就会修正其所属群组的参数,以致以此临时群组作参考的第三方,就可能拒绝受理这一临时群组所有其他成员的医疗保险。[8]

正如学者评论,在大数据时代,个人决定及知情同意,已不再是传统自由主义假设的"自主"的"涉己行为"(self-regarding acts),同时,也是"涉他行为"(other-regarding acts)。[9]

新的技术空间遍布各种复杂的算法机制和人工神经网络,海量的数据,包括个体行为模式、集群、眼球运动、天气状况、产品周期管理、皮肤状态、步态、人脸、金融交易、安全漏洞、血液构成,都通过各类计算机器进行挖掘、收集、建构、读取和评估,而这些数字黑箱的技术原理却鲜为人知。密尔的伤害原则,是假设特定的技术及其技术主体有可能给特定主体带来确定的伤害。但当前的人工智能或大数据技术,通过各种"黑箱化"的算法,则有可能隐藏技术应用本身,伤害结果模糊化,陷入一种找不到确定的伤害主体和被伤害主体的悖论局面。

(三) 个人原则

大数据技术系统的特点是,它可以通过已收集的大数据信息,对其他完全未被收集过数据的群体进行算法预测。因为,大数据技术,往往是通过相应的算法标签,通过特定的群组类型,而不需要和特定的个体直接发生联系。各类算法往往会根据性别性格、阶级背景、身份地位、收入水平、爱好倾向等不同要素,把人进行相应的分门别类(classification),再根据所属类型(categories),进行不同对待(discrimination)。

因此,以大数据为代表的新数字技术,已与传统技术伦理的个人

---

〔8〕 该虚构案例,可参见黄柏恒:《大数据时代下新的"个人决定"与"知情同意"》,载《哲学分析》2017(6),110 页。

〔9〕 黄柏恒:《大数据时代下新的"个人决定"与"知情同意"》,载《哲学分析》2017(6),109 页。

主义定位形成冲突。首先,人不再是原子化的,与世界隔离的形象,人成为高度社会化的实体,成为网络世界的节点。数字画像往往不再是"关注特定个体的数据,而是大规模人群的集成数据"。[10] 其次,大数据技术主要通过不特定目标抓取、收集和处理不确定数量群体的信息,不再直接针对个体,而是在集合、群组与类型意义上统计其相关性。[11] 再次,个人成为各种类型化标签的数据点,算法决策不需要与有血有肉的个人发生联系,而主要基于非个人、离散和可再分的各种数字轨迹,进而"形成超主体和亚主体的'统计学身体'"。[12] 再次,真实个体不断被涵括到统计画像的算法之中,他们不清楚自己是何种群组的哪一部分,也缺乏与编入这些群组的其他成员的互动。[13] 最后,隐私侵权开始发生于群体层面,潜在的隐私侵害可能并未涉及任何具体个人,但它深刻影响所有人的所处环境,从而侵犯不特定群体的利益。[14]

所以,在新的技术时代,传统自由主义的个人保护路径变得失效。在个体之上,群组成为一种新的主要的算法决策参考对象。正因如此,一些研究者提出,群组也应当成为技术伦理的基本单位。在大数据时代,需要考虑的不能再只是个人同意权,而是群组同意(group consent)、集体同意(collective consent)等新的概念。[15]

再以生物基因数据为例。如某 A 作出知情同意,其实这不仅代表

〔10〕 See Mireille Hildebrandt & Bert-Jaap Koops, "The Challenges of Ambient Law and Legal Protection in the Profiling Era", *The Modern Law Review*, 73(2010), 434.

〔11〕 See Bart van der Sloot, *Privacy as Virtue:Moving Beyond the Individual in the Age of Big Data*, Cambridge:Intersentia, 2017, pp. 2-3.

〔12〕 Mireille Hildebrandt & Katja de Vries eds., *Privacy, Due Process and the Computational Turn:The Philosophy of Law Meets the Philosophy of Technology*, London:Routledge, 2013, p. 157.

〔13〕 Taylor, Floridi & Sloot eds., *Group Privacy: New Challenges of Data Technologies*, Dordrecht:Springer, 2016, 145.

〔14〕 See Bart van der Sloot, *Privacy as Virtue:Moving Beyond the Individual in the Age of Big Data*, Cambridge:Intersentia, 2017, 6, 92.

〔15〕 Brent Mittelstadt, "From Individual to Group Privacy in Big Data Analytics", *Philosophy & Technology*, Online First(2017).

他个人，更指向所有与他相似的人（或是与 A 同属一个临时群组的成员）。如果 A 同意提供他的生物数据用作研究或商业用途，他的知情同意，将直接影响那些与他共享相近生物特征的人。大数据技术带来的影响，因此将超出捐助者本人，扩展到所有与他相似的主体。在这种新的技术背景下，知情同意不再限于自身，而是一种会对他人造成直接影响的行为。因此，与"个人决定"一样，在做出知情同意前，他有义务考虑这个知情同意将对与其相似的人所带来的影响。在新的技术时代，所有的决定都不再只是"个人决定"。因为，所有"个人决定"，都可能转化成一种"个人—群体决定"（personal-group decisions）。[16]

而且，此类群组与集体同意还会产生新的伦理难题，即个体如何作出理性的判断：有可能因为自己的行为和决策受到影响的人群范围及其相关利益？作为个体，在这样一个新的技术时代，恐怕很难承担这项高度复杂的认知任务。

三、自由主义技术伦理的再造

对于新的技术时代，传统自由主义技术伦理已不足以应对，无论是自主原则、伤害原则抑或个人原则，都出现各种不适的现象。这些技术伦理在传统工业时代背景下，是相对可行的，但在经历从工业时代的原子世界到信息时代的比特世界变迁之后，整个技术系统的运行逻辑发生了重大改变，其相应的技术伦理和法律框架也面临重构的需要。

在今天，我们迫切需要新的技术伦理，一种超越传统自由主义的技术伦理。限于篇幅，这里仅对应传统自由主义的三项技术伦理，即自主原则、伤害原则与个人原则，提出技术设计保护原则、风险学习治理原则与社会一体多元这三项原则，作为新技术时代的伦理根基。技术设计保护原则突破了康德的自主原则，是意识到在新的技术背景下，仅仅依靠人类的自主理性判断已不足以对抗技术系统的过度扩

---

〔16〕 黄柏恒：《大数据时代下新的"个人决定"与"知情同意"》，载《哲学分析》，2017（6），110～111 页。

张,有必要通过技术对抗技术,通过把相关价值理念落实到基于技术设计的内嵌保护,捍卫自由主义的人文价值。风险学习治理原则突破了密尔的伤害原则,是观察到在新的技术背景下,仅仅通过事后对直接或间接伤害的甄别与计算,已不能充分实现对个人法益的保护,有必要扩大对相应决策行为的事物、社会和时间维度的全方位考察,通过加强法律机制的学习能力与反思能力,加强对各类技术风险的追踪和治理。社会一体多元原则突破了洛克的个人原则,它意识到在新的信息社会背景下,技术风险已经高度网络化与结构化,不仅影响特定个体,也影响整个社会。必须采取多方利益攸关者视角,改变单向度的经济主义和技术主义对生活世界的殖民化。以上三项原则,或可作为未来新的技术伦理框架的基础。

（本章初稿曾发表于《读书》2021 年第 3 期）

第八章　知识产权全球化：现代转向
与法理反思

　　知识产权全球化与资本主义信息化相互呼应，深刻揭示了隐藏在当代世界变动背后的支配力量。主导全球生产贸易与法律移植的核心动力，不再是殖民扩张、原材料争夺、大规模生产与消费，而是关涉创新能力和法律规则主导权的竞争。1980 年代以降，互联网革命、后工业发展与知识产权全球化、金融新自由主义呈现合流趋势，共同主导了人类社会由围绕物质与能量的争夺，转向围绕知识和信息的控制和竞争。伴随人工智能、物联网、大数据和云计算技术的兴起，世界正构筑起人与物的全面数字化、信息化与交互化网络，虚拟产权不断冲击传统的有形财产原则。这些力量突破了传统的威斯特伐利亚民族国家法律体系，改变了马克思所批判的资本剥削劳动的法权逻辑，进而形成新型的法律全球化治理模式。跨国公司利用强势国家集团的议题设定能力，借助知识产权法律技术攫取核心的资本利益。经由知识/信息层面的深度开掘与法律化过程，资本力量深刻改变了民族国家—福特主义工业化所形塑的标准民法范式。知识产权由古典到现当代的全球化持续演进历程，正是考察这一法律范式变动的绝佳视点。同时，这也提供了中国法律发展与战略突围的反思性起点。

一、历史机器：现代知识产权的诞生

（一）古典知识产权的英雄天才论预设

　　在 17 世纪，资本主义发展就开始面临解决无体财产稀缺性悖论的问题，如何保证知识"抽象物"的持续积累成为关键性难题。[1] 西欧中世纪的财产权概念围绕"土地占有"的模型展开，主要延续罗马法先占原则的法律概念，无法满足资本主义条件下智力财产的稀缺性建构要求。[2] 因为知识与思想不能像"土地"那样被"占有"或"占用"。传统财产权具有可识别的财产标记与确定的财产边界，"智力财产"却无法通过物质化方式予以确认、区别和占有。虽然谷登堡时代有形的"印刷物"弥补了智力财产的无体性，但是，以印刷媒介作为中介的知识产权保护，在19世纪之前就开始暴露出它的局限性（无法处理节选、汇编、翻译等盗版形式）。

　　知识产权与一般财产权形态不同，它必须同时具备抽象性与具体性这两个矛盾特征。它既要足够"抽象"以满足可重复与可再现的产权控制要求，又要足够"具体"以满足确定性与独特性的产权界定要求。[3] 印刷媒介掩盖了这两个矛盾，因为早期印刷术的技术门槛，使盗版成本过高从而克服了重复性的控制难题。但是，随着印刷技术的普及，知识产权的重复性控制就变得困难。为了解决知识产权的这一控制难题，从18世纪开始，启蒙意义的"创造性劳动"概念承担了这一功能，它突破了"无实体者则非财产之对象"这一传统法谚的束缚。[4]

---

　　[1] 斯图亚特·霍尔（Stuart Hall）指出，现代媒体最初是与英国转变成农业资本主义社会同时出现的，艺术产品第一次变成商品，文艺作品作为一种交换价值在文艺市场里得到了充分实现，转引自[美]丹·席勒：《信息拜物教：批判与解构》，邢立军等译，37页，北京，社会科学文献出版社，2008。近代早期，出版商就将资本投资在印刷技术和手稿上，在资本主义生产线上组织书籍贸易，参见[美]罗纳德·V.贝蒂格：《版权文化：知识产权的政治经济学》，沈国麟、韩绍伟译，15页，北京，清华大学出版社，2009。

　　[2] 占有产生于罗马法"possession"制度。拉丁文 possessio（占有）一词来源于 potis sedeo，本义是"坐在某物上"，在罗马法中表示某一主体对某物的实际占据状态（res facti），它使该主体有充分的可能对物加以处置，参见《学说汇纂》，D.41,2,I.pr.，保罗语，[意]桑德罗·斯奇巴尼选编：《民法大全选译·物与物权》，范怀俊译，205页，北京，中国政法大学出版社，1993。

　　[3] 参见[英]布拉德·谢尔曼、莱昂内尔·本特利：《现代知识产权法的演进：英国的历程（1760-1911）》，金海军译，59～65页，北京，北京大学出版社，2012。

　　[4] 最晚从18世纪开始，作品的原创性——加大法律保护力度的先决条件——得到"个人是主体"这一观念的保证，浪漫的著作权观念为"知识产权提供概念上的支撑和伦理上的基础"，新发现的作者主体性与新出现的文学作品客体性结合到一起。从此之后，集体的而非个人的文化生产实践被主体化地纳入法律轨道。作者与作品进入一个由制度、法律形式和文字实践所构成的文化产业体系。参见[美]丹·席勒：《信息拜物教：批判与解构》，邢立军等译，34～35页，北京，社会科学文献出版社，2008。

知识产权的控制重心从"印刷物"向"英雄天才"的"创作者表达"转移。因为，"表达"（representation）既是独一无二的，又是高度抽象的，这似乎同时满足了具体性和抽象性这组矛盾要求。[5] 通过与"劳动价值论"的结合，古典知识产权的"英雄天才论"就能够大致应付工业资本主义发展早期对知识无体物的规范性要求。

但是，从 19 世纪开始，资本主义社会化大生产使古典知识产权面临两种相互加强的社会压力：一方面，现代科学、技术工业以及艺术创作出现规模化生产趋势，在大工业洪流冲击下，单个"启蒙主体"进行知识创造的古典想象已经不符合现代知识生产的实际过程，发明不断以自我繁殖的形式孕育其他发明，继续强调"英雄天才"的"独一无二性"已经不合时宜，"天才创造性"概念已经无法解释工业资本主义的知识爆炸化过程；另一方面，资本主义发展对知识/信息的增殖和灵活生产、组合与交易提出了更为复杂的要求，不再是第一次工业革命时期简单的知识生产和流通形态，个案式授予"技术能手""能工巧匠""天才作家"以独占性特权，以此确立知识财产范围与边界的做法已经捉襟见肘，而需要更为精致的知识产权规范机制，以顺应资本主义的加速发展趋势。

正是在这些外部压力下，著作权领域的思想/表达二分法出现了；在专利法领域，则在可专利的发明与不可专利的发现之间做出了区分。尽管思想是相同的，但同一思想的表达形式却可以是无限多样的。在法律实践中，通过把希望保护的知识界定为"表达/发明"，而把不希望保护的知识界定为"思想/发现"。通过这样一些法律区分技术，为知识的增殖、流通与交易提供了更为精致化的控制技术和运作空间。[6] 从"印刷物"到"创作者表达"再到"思想/表达二分法"，这一

---

〔5〕"表达"成为奠定著作权法与专利法"独创性"和"非显而易见性"这些基本原则的来源，关于浪漫创作与知识产权修辞的分析，参见 Mark A. Lemley, "Romantic Authorship and the Rhetoric of Property", *Texas Law Review*, 75(1997), 888.

〔6〕例如美国法院在 1987 年一个案例中将计算机程序确定为"表达"，在 5 年后另一则案例中却将其界定为"思想"。参见李雨峰：《著作权的宪法之维》，145～151 页，北京，法律出版社，2012。

系列法律概念转移和区分技术的发展,既为知识产权的持续扩张提供
了法律基础,[7]也为 19 世纪中叶之后知识产权的系统化运作转向做
好了历史铺垫。

但无论是"创作者表达",还是"思想/表达二分法",归根结底都是
笛卡尔启蒙主体论与黑格尔主体意志论的范式产物。[8] 这一主体论
与洛克的劳动价值论相结合,共同构成"创造性劳动"这一概念,这一
概念则又进一步成为古典知识产权的法律-哲学根基。而从 19 世纪
开始,古典知识产权这两大范式都陆续受到冲击。[9]

(二)古典知识产权的双重范式危机

1. 英雄天才论的终结:笛卡尔—黑格尔主客二元论范式危机

从 17 世纪开始,主客体二元论主宰了古典知识产权的视野,在这
一视野下,发明必须出自个体的创造性行动,法人则无法成为专利权
人。更为重要的,是在主体与客体之间形成了等级性的上下位关系,
"无体物"并不被作为"实际"的物体对待,而只不过是主体"表达"
(performance)的一种衍生物。[10]

事实上,笛卡尔—黑格尔范式下的"英雄天才论",其实是西欧在
17—18 世纪发明的一个神话。因为在漫长的中世纪时期,"创作"是对
自然与上帝的模仿,在近代启蒙主义出现之前,知识创作只有放置在

---

〔7〕 有关古典知识产权与作者、天才论、创造性等概念的讨论,参见 Oren Bracha,
"The Ideology of Authorship Revisited:Authors, Markets, and Liberal Values in Early
American Copyright", *The Yale Law Journal*, 118(2008), 186; Peter Jaszi, "Toward a
Theory of Copyright:The Metamorphosis of 'Authorship'", *Duke Law Journal*, 40(1991),
455.

〔8〕 在知识产权思想史上,黑格尔理论影响深远,有关笛卡尔与知识财产哲学基础的
分析却乏善可陈。有关知识产权与人格理论的深入讨论,参见 Jeanne L. Schroeder,
"Unnatural Rights:Hegel and Intellectual Property", *University of Miami Law Review*, 60
(2006), 453.

〔9〕 对知识产权认识论传统的经典批判性分析,详见 Justin Hughes, "The
Philosophy of Intellectual Property", *Georgetown Law Journal*, 77(1988), 287.

〔10〕 正是因此,20 世纪之前的专利法并不保护产品而是保护生产产品的技术,这与当
代专利法以产品专利为原则而以方法专利为例外形成鲜明反差。参见[英]布拉德·谢尔
曼、莱昂内尔·本特利:《现代知识产权法的演进:英国的历程(1760—1911)》,金海军译,57
页,北京,北京大学出版社,2012。

传统的智识链条中才有意义。18 世纪之后,审美个人主义的兴起改变了这一点,在这一历史转变中,天才作者/英雄发明家成为古典知识产权的中心概念,"作为个体的创作者"(individual-as-creator)成为知识产权的核心范畴。[11]

古典知识产权希望通过对"创造性"本质的探索,能从"印刷物""文本的表面"过渡到"创造的本质",以此提高作为无体物的知识保护的延展性,进而使知识无体物获得"超越性品质"(transcendental quality),以此保护它不被那些具有"相似性"的复制行为所侵犯。因此,在笛卡尔—黑格尔范式下,知识产权所保护的,其实是一个先验存在的"超越性本体",法律只能从外部确认作者/发明家的创造性成果,并对启蒙主体创作知识客体这一"奇迹性"行动做出被动的回应。"法律确认"与"知识创造"是两个完全分离的社会过程,"法律确认"完全从属并依附于"知识创造"。

从 19 世纪开始,这一范式越来越无法解释现代知识财产的生成逻辑:实际上,知识产权法律系统的"运作"本身,也同时成了知识产权客体对象的"创造"过程。无论是知识主体抑或知识客体,必须都通过知识产权法律系统的具体运作获得各自的定位。古典知识产权的笛卡尔—黑格尔范式假定"创造性劳动"先于法律而存在,但实际从 19 世纪中后期开始,知识产权的关注焦点就从主体的"创造性劳动",转向知识产权法律中确认的"知识",或更准确地说,转向知识产权法律系统本身。[12]

2. 稀缺性与无限性的吊诡:洛克劳动价值论范式危机

也正是从这一时期开始,古典知识产权的洛克劳动价值论范式同

---

〔11〕 福柯指出,作者(author)观念是 18 世纪的浪漫建构,这种观念不能严格反映现代写作实践。作者只是现代文化的一项功能性概念,借助这一概念,人们可以阻止文学作品的自由流动、自由使用和自由的构造、解构和重构。参见[法]福柯:《作者是什么?》,逢真译,载王逢振等编:《最新西方文论选》,445~459 页,桂林,漓江出版社,1991。

〔12〕 封闭运作使系统建立起自己的复杂性——通过化约复杂性来建立复杂性,参见[德]鲁曼:《对现代的观察》,鲁贵显译,111 页,台北,左岸文化出版,2005。有关现代专利法的演变,参见 Nuno Pires de Carvalho, "Patently Outdated:Patents in the Post-industrial Economy", *Kluwer Law International*, 34(2012), 91.

样出现了危机。[13] 知识稀缺性与土地财产有限性所导致的稀缺性完全不同，因为知识稀缺性同时以知识无限膨胀和可持续利用的矛盾形式展现出来，它实际揭示出稀缺性本身其实是法律建构的产物。因此，知识的稀缺性并不出自知识的有限性（知识并不因为使用而耗尽）。稀缺性是对一个有限性数量的范围进一步筛选和界定的结果，它实际出自于经济与法律系统的内在规约。事实上，正是对于知识的占有过程制造了知识的稀缺性，而这种人为建构的稀缺性又成为进一步知识攫取和占有的动机，而由这种知识占有所形成的系统运作循环，其实是整个知识产权制度得以建构的真实动力。

由此形成的吊诡局面是：它一方面制造出自己的运作条件，另一方面又将这种由系统所制造的结果设置为系统运作的动力。正如学者所言，"知识产权法在私人产权与公共领域之间的界线，是一种法律上的人为设定（legal artifact），而非自然存在的现象"。[14] 而为了掩盖这一人为设定的吊诡，知识产权制度则建立起一整套连续运作的框架与条件。通过不断的法律编码，使稀缺性不断进一步浓缩为拥有和不拥有的财产权分化形态。[15]

知识稀缺性是法律建构的产物，通过这样一个法律系统自主运作和确认的过程，它就被置入一个经由知识创造、攫取、占有而不断编码化的法律系统之中，从而形成一个知识产权体系的特定历史状态。洛克劳动价值论范式的功能，就是把知识稀缺性与知识无限性之间的这一吊诡，转化为有关知识劳动、创造与分配的正义问题，转化为如何正当化知识劳动占有不平等的法律问题。

在古典知识产权的诠释中，知识的创造本是为了降低知识的稀缺

---

〔13〕 对知识产权洛克范式的深入分析，参见 Seana Valentine Shiffrin, *Lockean Arguments for Private Intellectual Property*, in Stephon R. Munzer, ed., *New Essays in the Legal and Political Theory of Property*, Cambridge：Cambridge University Press, 2001, pp. 138-158.

〔14〕 ［美］保罗·戈斯汀：《著作权之道：从谷登堡到数字点播机》，金海军译，10 页，北京，北京大学出版社，2008。

〔15〕 参见［德］鲁曼：《社会之经济》，汤志杰、鲁贵显译，217 页，台北，联经出版社，2009。

性，是为了推动文学艺术创作和发明创新的进程。但实际上，正是知识劳动本身制造出了知识的稀缺性，并且，在经过"拥有/不拥有"这样的财产—法律编码之后，原先的知识"多少"问题（A 多一点知识，B 少一点知识，但不会是全有全无的状态）就被转化为知识的"有无"问题（A 有权占有知识，B 无权占有知识），在一个特许的法律时间范围内，谁要是拥有什么知识，就可以一再利用这个拥有；谁要是不拥有什么知识，就一直缺少这个东西。[16] 由此，法律系统自我建构的知识稀缺性吊诡也就被遮蔽起来。

因此，在进入到"知识资本主义"时代，知识稀缺性就不再是一个针对总量恒定的知识客体进行具体劳动占有的问题，"知识稀缺性"已经成为一个纯粹功能化的概念，而这也正是通过现代知识产权系统的建立而实现的。对于知识的法律占有，自此就被浓缩为知识财产的拥有与不拥有（不再是知识较多或知识较少的问题）这两个法律选项。[17]

依照洛克范式的标准叙述，知识财产是一种由法律所保护的，对于劳动所创造的知识价值的支配权（dominium）。但在进入 19 世纪之后，知识财产已经更多作为一种系统-代码机制在发挥作用，因为，它不需要物理手段上的实际占有和控制，也不再只有通过劳动过程才能被创造出来，而知识的财产/非财产这对二元代码区分才是最核心的机制。基于这项区分，一个人不是知识的财产所有者，就是知识的非财产所有者，而不再有第三种可能性。"劳动"本身无法使知识财产变成一捆"权利束"，"知识"也不必再是必须经由主体奇迹性行动才能被创设。在洛克范式下，既然人们通过劳动创造了知识，那么人们自然就可以自由"享用"知识成果；但知识的财产与非财产代码机制，则意味着知识的"产权化"过程，这必然要求"知识"必须通过一种"合理性经营"的方式为自己辩护，在此，它必须嵌入资本主义理性的内在要求之中。

---

〔16〕 地方共同体的共有知识，如某药物配方，原属社区共享，而一旦某权利人通过知识产权加以占有，它就由共享知识变为私有知识。

〔17〕 一项具有洞见的分析，参见 Christopher May, "Why IPRs are a Global Political Issue", *European Intellectual Property Review*, 25(2003), pp. 1-5.

大致从 17 世纪资本主义兴起开始，西欧的所有事物就开始变为买卖的对象，包括灵魂救赎、政治职位、贵族头衔、土地占有等。19 世纪以降"知识"的全面产权化，不过是这一资本主义过程的深化。[18] 财产不再通过静态劳动、占有与支配的形式，而必须通过动态方式以达成交易的循环和流动。作为一种抽象物，知识只有在这种"流动性"之中才能发挥它的效用。和灵魂救赎成为买卖对象一样，知识产权的实现也不是建基于洛克劳动价值论，它实际奠基于法律—经济系统的自我编码形式之中。通过这个编码过程，知识就被转化为一种围绕于资本主义逻辑而不断展开的法律—财产形式。以资本形式展开的市场交易过程反过头来控制了知识生产过程。

现代知识产权的运作，一方面边缘化了劳动维度，以此建立起知识财产/非财产的权利代码，从而实现对知识稀缺性的精确控制；另一方面劳动范畴又被保留下来，作为证明知识产权合理性的"寄生物"。它维持了劳动创造知识的表象，却也遮蔽了资本主义经济过程主导知识产权建构与演化的历史。

（三）知识产权的现代转向

19 世纪之后，知识产权开始偏离以智力劳动为基础展开的辩论，而转向一种更为现代的法律组织形式。以现代登记审查制度的建立为分界线，从这时开始，知识产权登记审查程序本身就可以划定无体财产的范围。[19] 它不必再去追溯知识主体与知识对象的本质问题，而只需要考虑相关申请人提交的相关保护对象的法律表述（representation）；它也不再依赖于法律主体之间的举证与反举证，而只需要参照法律系统内部的登记与不登记、审查通过或不通过。19 世纪中叶出现的现代知识产权制度，将知识产权从无体财产本质的认识论

---

〔18〕　近代资本主义特别是金融市场的扩张，使得知识产权的移转及其可让渡性成为可能，成为将知识"托架"出来的手段。有关货币资本的脱域功能，参见［英］吉登斯：《现代性的后果》，田禾译，黄平校，19～23 页，南京，译林出版社，2000。

〔19〕　英国 1839 年建立第一个现代外观设计登记系统，它是 19 世纪稍晚发生的专利与商标管理现代化的先行者。参见［英］布拉德·谢尔曼：《记忆与遗忘：英国现代著作权法的诞生》，纪海龙译，载奈尔肯编：《比较法律文化论》，高鸿钧、沈明等译，341 页，北京，清华大学出版社，2003。

重负中解放了出来：一旦登记审查通过，就能立即产生法律效果。

1. 古典知识产权的蜕变

古典知识产权充斥着主体、创造与本质这些命题，从 19 世纪中后期开始，知识产权开始借助有关交易与流通的功能化语言进行建构。[20] 知识产权"从先验性检验方式（a priori style examination）转换到了一种结果性（consequential）或者前瞻性思考（forward-thinking）的推理方式"。[21] 资本主义对于知识稀缺性的建构和操作，真正摆脱了 18 世纪之前那种先验主义的形式，知识稀缺性的法律控制技术变得更为精确，这为现代知识产权迈向封闭化运作铺平了道路。

首先，以专利法为例，随着 19 世纪西欧社会分化过程的加速，特别是伴随理性化和官僚化运作的专利登记机构的出现，以及根据时间顺序和字母顺序编排已授权专利信息索引的出现，还包括"把各个不同的专利局集中到一个大楼里，对专利局人员的工作职责具体化，明确他们的养老金安排，以及引入新的结算程序"等建制化安排。[22] 这些常规化、制度化的系统运作，使专利授权与专利确认逐渐摆脱了个人色彩，获得具有规范性预期的特征，进而成为纯粹的法律与行政过程。专利不再被视为是对行会技术的特权性垄断，也不再被简单理解为是对独一无二性发明的奖励（"发明"从属技术系统的内在网络而并不等同于"专利"），专利授权变成法律系统内部的规范化确认过程。[23]

其次，古典知识产权预设了著作权—专利—外观设计—商标这样

---

[20] 参见 Edwin C. Hettinger, "Justifying Intellectual Property", *Philosophy and Public Affairs*, 18(1989), 31.

[21] [英]布拉德·谢尔曼、莱昂内尔·本特利：《现代知识产权法的演进：英国的历程(1760-1911)》，金海军译，45 页，北京，北京大学出版社，2012。

[22] 参见[英]布拉德·谢尔曼、莱昂内尔·本特利：《现代知识产权法的演进：英国的历程(1760—1911)》，金海军译，158 页，北京，北京大学出版社，2012。

[23] 美国联邦最高法院在 1890 年的所罗门诉合众国案(Solomons v. United States)以及 1924 年的标准零件公司诉帕克(Standards Parts Co. v. Peck)案中，确立了一种默示契约理论：这使对发明专利的归属确认摆脱了古典浪漫观念，赋予雇主对其雇员发明的所有权。参见黄海峰：《知识产权的话语与现实——著作权、专利与商标史论》，176～181 页，武汉，华中科技大学出版社，2011。

一个智力含量递减的位阶，但是，伴随 19 世纪下半叶工业资本主义的深入，"发明的非创造性形象"（non-creative image of the invention）逐渐兴起，上述知识产权子范畴的智力含量不再具有法律上的相关性，并出现了"一个从无体财产的定量检验（quantitative examination）向更加定性检验（qualitative examination）的转换"。[24] 针对日益常见的"发明同时性"问题，很难再借助"自然时间"的检验以甄别发明的先后顺序，而必须利用"法律时间"的规范性预期功能来确定知识产权的产权边界，知识产权的现代登记和审查制度，其所承担的正是这一"法律保证者"（legal guarantee）的功能。

再次，随着 19 世纪中后期经济系统、科学系统和艺术系统功能运作与结构耦合的加速，"知识"逐渐被"信息"化，知识的"本质"问题已不再重要。"知识"的"信息化"过程，实际把一切知识都纳入社会系统内在的功能性运作循环之中，"知识"成为系统化运作的信息评估与程序化的法律赋权的对象。[25] 法律系统处置的不再是知识的"使用价值"问题，而更多与资本主义的"交易价值"挂钩，各种系统化功能语言开始取代古典法理学话语。

在知识产权的这一现代转变中，"知识"也从"智力性财产"变为"制度化财产"（bureaucratic property）。如果说，古典知识产权有关发明的证据由个人或行会掌握，那么现在，知识与非知识的判别依据已然变为法律系统自主运作的结果。"发明"从"私人事业"变成"公共事业"，"天才式灵感"被形式理性化的登记审查程序与官僚管理系统所取代，变成一整套有关新旧知识/信息的控制、储存、发送、交易与循环的流程。"知识"从古典的私人性事迹变成现代的公共性储备，其控制机制变得空前集约与高效。"知识"的资本主义流通，借助法律系统的连续性运作过程，被转化为可以自由分解、灵活移动、弹性组合的"信息化"形式。在这一转化后，新的知识种类与知识成果也就可以被不

---

[24]　[英]布拉德·谢尔曼、莱昂内尔·本特利：《现代知识产权法的演进：英国的历程（1760—1911）》，金海军译，182 页，北京，北京大学出版社，2012。
　　[25]　一个怀疑视角的分析，参见 Davis Vaver, "Intellectual Property Today: of Myths and Paradoxes", *Canadian Bar Review*, 69(1990), 98.

断容纳于其中。

最后，古典知识产权对于不同知识财产边界的划定，通常借助于自然主义的空间与时间框架展开：譬如根据特定的行业与行会来确定相关的知识产权法律范畴，譬如依据自然化的"领先时间"（lead time）来甄别相关的发明权利人。但是，从 19 世纪中叶开始，这种自然主义的时空概念已经不能满足资本主义的发展要求，它开始被一种功能主义的时空概念所替代。这一转变实际是"系统化时间"取代"自然化时间"历史过程的展现，知识产权逐渐形成其自我指涉、自我强化的运作封闭性。现代知识产权的运作闭合化过程，使它有效排除了外界环境的干扰——无论是个体的竞争性权利请求，还是行会的技术性垄断要求——它使自身逐渐变成一个封闭性运作的系统，并因此从古典的"决疑法"（casuistry law）转变为现代的"抽象法"（abstract law），"这个领域的法律第一次变成反身性（self-reflexive）的了：它变得关心自身，关心它所采取的形式以及它向世界所呈现的形象"。[26]

2. 现代知识产权的诞生

大致从 1850 年代开始，知识产权不再是有关作者/发明家具体成果（subject specific）的"回应性"（reactive）框架，法律组织的方法改变了，知识产权的发展动力从"神圣的主体"转向了"封闭的系统"。[27]在这一现代转向中，它获得了自主进化的动力（伴随著作权法、专利法、商标法三位一体子范畴的确立）。

从 19 世纪开始，有关知识产权的法律教科书、学术性论著大量出现；跨国性法律交流来往密切；知识产权改革报告与公共辩论广泛传播。伴随世界贸易与全球法律沟通的推进，知识产权跨国互译的要求变得空前紧迫，这也形成对知识产权法律语言标准化的全球性压力。

---

〔26〕 ［英］布拉德·谢尔曼、莱昂内尔·本特利：《现代知识产权法的演进：英国的历程（1760—1911）》，金海军译，143 页，北京，北京大学出版社，2012。

〔27〕 社会系统的分出是特殊的演化成就，货币发明使经济系统得以分出、"将权力集中在政治职位中"这一发明使政治系统得以分出。法律系统在"实证化"的过程中，按照司法判例、立法、契约等纲要形式产生分化，进而与政治系统、经济系统等形成区隔。参见［德］鲁曼：《大众媒体的实在》，胡育祥、陈逸淳译，48、144 页，台北，左岸文化出版社，2006。

知识产权多边条约谈判推动在各国法律之间寻求"公约数";知识产权科学沟通的需求促成现代知识产权进一步抽象化、统一化与标准化;各国法院与议会也在这一时期对古典知识产权的概念、规则与原则进行通盘改造,这最终推动了现代知识产权的诞生。

从 19 世纪中叶之后,一整套标准化的现代知识产权制度产生。这套制度规范、塑造、整合并引导现代知识的生产与流通秩序,它不再针对特定问题做出特殊回应,而是变成一个运作性封闭、认知性开放的自我指涉系统。从这时开始,著作权、专利、外观设计、商标已渐次进入知识产权法律系统内部运作的领域,并转化为可以进行不同分类、标签、交易与流通的同等信息(message)。[28] 知识产权从古典的"观念性利益"转变为现代的"信息化商品"。从 19 世纪开始,现代知识产权逐步摆脱了古典的自然法原则与神圣人格权理论,它不再依据"英雄天才论"进行自我定位。相反,有关著作权多边条约的框架、专利说明书的撰写格式以及商标认定的技术化流程,这些法律系统的内部分化及其功能性运作过程塑造了知识产权的实际面貌。以专利估值为例,它自此不再建立在对英雄发明家的物质与道德褒奖之上,而是以一整套专利拍卖、交易、销售、许可和诉讼的知识产权体系的构建作为前提。

在现代资本主义条件下,知识与信息的价值不再依据创造性主体的智力贡献进行衡量,而是根据社会系统的功能化运作结果以及不同系统间结构耦合的具体状况而定,知识经历了从"智识"到"信息"再到"沟通"的蜕变,彻底摆脱了私人/行会式的控制,实现了运作上的闭合,从而进入法律系统自主连续运作的轨道。现代知识产权告别了传统神学以及自然法解释的形而上色彩,创造物已然实现了与其创作者

---

〔28〕 20 世纪晚期软件专利与商业方法专利的出现,导致了统一专利法的瓦解,原先与专利无关的行业,比如保险、金融和广告等也开始申请和行使专利,原本与技术活动无关的技巧,比如艺术方法、运动步骤、建筑风格,甚至宏观经济理论,也成为可专利的对象。传统专利法的"实用性"、"新颖性"、"非显而易见性"这些审查要件,已经不敷使用。参见黄海峰:《知识产权的话语与现实——著作权、专利与商标史论》,189～191 页,武汉,华中科技大学出版社,2011。

的分离。

这一稳定且连续的系统封闭运作过程，赋予无体财产规范化的法律形式。现在，它可以采取"不可知论"（agnosticism）的姿态，将自己变为一整套程序化的文件起草、产权登记与司法解释的法律流程，而不必再从审美判断力、科学真理性以及经济价值性层面做出相关评判。"通过对权利要求的起草方法施加更多的控制，以及通过控制纸张的大小、边宽以及图样的格式、大小和比例，法律就限制了用来说明该发明的方法，而这样一来，就限制了所保护无体财产的范围"。[29]现代知识产权不再是经由作者/发明家的智力成果投币得到相应法律结果的"自动售货机"模型，而是变成一台自主运转、自我规制（self-regulatory）的历史机器。

二、从原子到比特：互联网革命与当代知识产权

（一）互联网革命对知识产权的冲击

互联网崛起给当代知识产权带来了巨大冲击，它使 18 世纪工业革命以来围绕能量与物质构建的法律秩序向围绕信息构建的法律秩序全面转型。从物质、能量向信息维度的转化，推动现代知识产权进一步蜕变发展，现在，知识产权所处置的已是信息组合、控制、分化、交易与确认的问题，处理的是系统化、结构化、网络化的信息化商品，而不再是孤立的知识财产创造与个人劳动占有的问题。

如果说工业时代法律处理的是物质与能量交换过程中的产权问题，当代知识产权所处理的则是如何通过产权的区分形式，如何通过法律系统的代码化机制，介入并形塑信息的生产、传播与交易过程。控制产权的关键，不再是对于具体物质的有形占有，而是如何更为精确地挖掘、提取、确认和控制信息。如果说，第一次工业革命是以信息控制能量，第二次工业革命是以信息控制物质，那么，第三次工业革命则是信息的自我控制。正如法律最初是对于能量（身体暴力）的控制，

---

〔29〕 ［英］布拉德·谢尔曼、莱昂内尔·本特利：《现代知识产权法的演进：英国的历程（1760—1911）》，金海军译，224 页，北京，北京大学出版社，2012。

随后是对于物质（土地）的控制，最后则走向信息（特别是知识产权）的自我控制。

技术、科学、文学、艺术、通信与娱乐在当代都已进入一个全球性网络之中。所有技术元素，包括机器、输油管道、航空器、光电线缆、计算机、二维码、无线射频识别，甚至包括思想观念的储存、交换、发表、征引，全都进入一个全球循环网络之中，其基本单元就是信息的沟通。[30] 智能手机、移动互联网、可穿戴设备以及形形色色数据传感装置的广泛扩散，都使以往必须通过物质承载的知识商品进一步数字化、虚拟化与数据化，从而催生知识产权的进一步演变。

首先，伴随数字技术的高速发展，当代知识产权实际已转变为"信息产权"，其核心不再以有形物作为权利的载体（如书籍、蒸汽机等）。伴随非实体化趋势的加速，当代知识产权正绕开物质与能量环节，直接规范和确认信息本身。在知识和信息十分充裕乃至过剩的情形下，工业时代的利润攫取方式及其法律技术正发生变化，对于这些挑战，传统法律的物质化与可视化的财产保护原则正在失效，古典的"人、物、债"三分法面临重构和调整的需要。以往的知识产权规制对象在空间和时间维度都相对固定，而数字技术则打破了作者、出版人与读者的界线，消费者成为生产者，成为出版人、制作人和促销人，创作者的经济权利与精神权利之间的区分也更加模糊了。[31]

其次，伴随信息化技术的持续发展，确定无体财产的创造性本质变得越来越困难，"创新"已成为不同社会系统的内在语意。作为双重规范性期望的制度建构（作为知识产权和作为法律都是一种反事实性的规范性构造），这种双重规范性期望的张力，赋予知识产权虚拟操作的特殊能力，正是通过这种虚拟操作无限增殖、自我指涉的方式，满足

---

〔30〕　近几十年来的所谓尖端科技都和语言、信息及沟通有关，如音位学与语言学理论，交流问题与控制论、现代代数与信息学、计算机与计算机语言、语言翻译问题与机器语言兼容性研究、存储问题与数据库、通信学与智能终端的建立、悖论学等。参见[法]利奥塔尔：《后现代状况》，车槿山译，12 页，南京，南京大学出版社，2011。

〔31〕　参见[美]保罗·莱文森：《软利器：信息革命的自然历史与未来》，何道宽译，159 页，上海，复旦大学出版社，2011。

了信息资本主义条件下信息生产与消费急剧扩张的需求。以唱片行业为例,其传统商业模式建立在买卖含有录音的"物"(单一物如密纹唱片、磁带和 CD 等)之上,而在互联网数字技术冲击下,"物"的概念现在必须在法律上做出调整,并重新构建词曲作者、出版商、唱片公司以及各类金融中介机构的法律关系。[32]

最后,在互联网数字化条件下,软件代码也与传统的音乐、文学、绘画、戏剧等形式,成为同属知识/信息的不同表现形式。[33] 当代科学、法律、经济乃至艺术系统,呈现出高度封闭运作又高度结构耦合的态势,各种工具、机器、观念与信息,既自成一体又相互连接。当代知识产权所应对的正是这种不同信息形态高度密集化、复杂化、交叉化的现实。比如,传统专利建立在机器时代的"一对一"预设之上,当代专利则必须处理"多重专利"和"专利组合"问题:比如,一个智能手机包含数万项专业,一个微处理器包含 5000 多项不同专利;[34]再如,传统知识产权建立在印刷业、广播电视和信息数据产业分业经营的基础上,而数字时代正在打破这种分离的产业形态,这也促使当代著作权、专利权、商标权、商业秘密不断出现混合化、同一化与模糊化的趋势。

(二)从"英雄时代"到"资本时代"的知识产权

随着科技创新同步性的不断加强,某一观念或技术发明不再是天才灵感的迸发,而是系统运作的自主产物,新的发现与发明将具有某种"必然性"。在这一同步化过程中,具有优势引导地位的不再是个人天才,而是资本的组织化力量。资本可以先于技术的必然性趋势做出提前量预测,通过资本的动员与组织,引导技术趋势的提前降临,并通过事先的知识产权确认加以圈占和巩固。这一动向,从目前超大型高科技跨国企业的竞争策略及其诉讼策略都已可见。当代知识产权纠

---

〔32〕 参见[美]威廉·费舍尔:《说话算数:技术、法律以及娱乐的未来》,李旭译,1~16页,上海,上海三联书店,2013。

〔33〕 科尼什(W. R. Cornish)将这些传统知识产权之外的新型知识财产,统称为"特殊权利"(sui generis),这些"特殊权利"是全球知识财产化的关键方式。参见 W. R. Cornish, "The International Relation of Intellectual Property", *Cambridge Law Journal*, 52(1993), 46.

〔34〕 参见[美]丹 L. 伯克、马克 A. 莱姆利:《专利危机与应对之道》,马宁、余俊译,34~36、76 页,北京,中国政法大学出版社,2013。

纷最为核心的部分,是紧紧围绕跨国企业与跨国资本,围绕高度资本化的信息生产与法律控制过程展开的。

当代知识产权正由"英雄时代"向"资本时代"过渡。[35] "专利海盗"高智公司创始人麦沃尔德(Nathan Myhrvold)就洞悉了这种趋势背后所隐藏的商机。[36] 他意识到,科学与技术作为自主性系统,其"创新"将是不可避免的。他雇佣各学科天才,不是让他们发明伟大的新事物,而是让他们打捞与捕获处于漂浮状态的被人们疏忽的观念与发明。然后,通过雇用大量专利律师,借助知识产权圈占这些被遗忘的技术、思想与观念(每年大约产生 1000 多项专利),进而发起法律诉讼并主张极为可观的专利许可费用。他将其落实为一个制度化流程:通过各学科专家形成跨学科小组,讨论未来二十年内有可能产生价值的创意(20 年是专利权的保护期限),一旦形成共识,就申请专利以实施"先占"。

从创意的概念阶段到最终付诸市场的实际应用,在这样一个金字塔形的阶梯中,每个阶段都会稀释并过滤技术系统孕育新技术的"必然性",而最终能够占有那些知识成果的,将是能够真正动员巨量资本和法律技术的商业力量。某一发明或发现是"必然"会出现的,但知识产权不可能对这一理论上的"必然性"做出法权确认,它只负责处理那些"具体"与"偶然"的"知识产权"。当代资本的功能,就是不断抬升这一从"必然性"向"偶然性"转化的法律门槛,通过资本与法律的动员,"否定"其"必然性","肯定"其"偶然性"。

三、全球知识产权美国化:谁之正义性

当代知识产权不只是技术革命驱动的产物,也不只是法律自生自

---

〔35〕 在当代,科学语言变成富人的游戏。如果没有金钱,也就没有证据、没有对陈述的检验,也就没有真理。在财富、效能和真理之间出现了一个等方程式。参见[法]利奥塔尔:《后现代状况》,车槿山译,155～156 页,南京,南京大学出版社,2011。

〔36〕 有关"专利海盗",参见 Jeremiah Chan & Mathew Fawcett, "Footsteps of the Patent Troll", *Intellectual Property Law Bulletin*, 10(2005), 1. 麦沃尔德不同意对其"专利海盗"的指责,参见 Nathan Myhrvold, "The Big Idea:Funding Eureka!", *Havard Business Review*, 3(2010), 40.

发秩序的展现，而充分揭示了跨国资本与霸权国家主动塑造的力量。它所规范的并非知识和信息的自由交换与共享，而更表现为跨国商业资本与国家战略利益复杂的法律博弈关系，并与 1980 年代以降的新自由主义法律思潮形成了契合之势。

（一）哈耶克的知识产权批判：新自由主义迷思

哈耶克是现代知识产权的批判者，它将知识产权的产生归罪于国家的强制推行。[37] 在哈耶克看来，知识产权制度是一个由国家刻意设计、由外部强加的外生性秩序（exogenously order）之失败典型。在他看来，知识产权作为国家强加的"外生性规则"，是制造人为垄断的罪魁祸首，只有取消知识产权，才能使市场恢复良性竞争的前提。[38] 在这里，哈耶克完全否定了这样一种可能性：实际上，知识产权制度本身即是竞争性市场体系的内在要求。正如前面所述，知识财产的稀缺性建构，并非出自知识本身的有限性，也并非出自知识主体的创造性劳动，更不是来自国家的人为建构。"稀缺性"其实是现代资本经济作为一个自主系统通过其特殊的法律编码与规范过程创造出来的。

当代知识产权，不再仅仅满足个人智力成果交易的需要，它在很大程度上已经成为企业之间至关重要的竞争性武器。当代知识市场的首要逻辑已不再是交换，而是企业资本竞争。当代知识市场的参与主体，也主要不再是传统意义的平等民事主体，而更多是不对等的资本竞争主体。古典的放任自由并不反对政府通过知识产权的特许制度来调和市场竞争，而哈耶克的新自由主义却留下这样一种可能性：自生自发的市场竞争将呼唤一种比"外生性秩序"更为激进的知识产权制度，并导向一种更为精致的垄断形式。当代信息资本主义的发展，其实正是建立在对知识产权的深度整合与利用的基础之上，并不断呈现出"信息封建主义"

---

〔37〕 参见［英］哈耶克：《个人主义与自由秩序》，邓正来译，167 页，北京，生活·读书·新知三联书店，2003；［英］哈耶克：《法律、立法与自由》，邓正来译，下册，398 页，北京，中国大百科全书出版社，2000。

〔38〕 有关知识产权与创新和竞争关系的认识，存在截然相反的观点，参见 Kenneth J. Arrow, *The Rate and Direction of Inventive Activity*, New Haven：Princeton University Press，1962，pp. 609-626；Michael Lehmann，"Property and Intellectual Property-Property Rights as Restrictions on Competition in Furtherance of Competition"，*International Review of Industrial property and Copyright Law*，20(1989)，1.

的态势。资本主义利润链条的最高环节,已经不在马克思时代的生产制造终端,而是围绕企业营销、著作权保护、专利许可、技术转让、交叉持有、资本联盟、标准化、司法诉讼等形式展开。整个产业链条通过知识产权的分解与塑造,通过相关法律与标准的引入,通过相关议程与议题的设定,从而以一双"看不见的手"控制与垄断利润。

"信息商品已经变成当代资本在世界市场体系内、为了世界市场体系而进行扩张的必要条件",[39]它在表面上带来一个琳琅满目的知识社会,但其背后则是一个围绕抽象财产而不断复制的企业社会。建筑在传统的土地、劳动与资本形态之上的企业,其扩展和繁殖能力是有限的,而围绕于知识财产而扩展开来的企业形态,则甚至可以"个人"的形态出现。这样一种"企业社会"的定位与想象,绝不只是自生自发秩序的结果,它必然要求一种相应的法权体系对其塑造、规范与引导,当代知识产权无疑正是其中最为核心的机制。它所关注的主要不再是知识的创造与流通问题,甚至也不是知识的生产和分配问题,而是服务于资本主义企业利用知识和信息所展开的竞争逻辑。

因此,在竞争性市场的组织形式中,取消知识产权就不可能是"自由放任"的内在要求。不用违背哈耶克的理论构想,知识产权也完全可以绕开国家,成为一种跨国界的严格执行机制(WTO 的 TRIPs 协议即是其证)。[40] 对于哈耶克来说,竞争也绝不只是一种自然现象,对于所有的新自由主义者来说,竞争其实是一种形式化的动力原则。市场竞争中优势主体对于知识产权的需要,丝毫并不比国家立法冲动来得弱。正如福柯所言,新自由主义只是为国家普遍行政干预采取的掩护手段,干预越沉重越不容易被发现,越是要以新自由主义的面目隐藏起来。政府干预越是在经济层面保持谨慎,在包括技术、科学、法律等背景整体方面,政府干预的程度就会越重,它必须提供一整套市

---

〔39〕 [美]丹·席勒:《信息拜物教:批判与解构》,邢立军等译,曹荣湘校,16～17 页,北京,社会科学文献出版社,2008。

〔40〕 TRIPs 与 GATT 不同,因为 TRIPs 关涉私人权利而不只是货物的范畴,另外,TRIPs 不只约束各国政府的政策范围,还要求各国政府采取积极措施保护知识产权。参见[美]苏珊·塞尔:《私权、公法——知识产权的全球化》,董刚、周超译,王传丽审校,13 页,北京,中国人民大学出版社,2008。

场秩序和资本竞争的法律框架。[41]

在当代社会,知识市场有赖于一种差序格局,竞争机制也正是通过这种差序格局才能顺利展开。哈耶克倡导取消知识产权,也绝不是为了保护知识公共领域的目的,不是为了抵抗知识产权反社会的一面,相反,他是对反对自由竞争机制的反对。对于哈耶克,取消知识产权不是为了追求一种相对公平的接近知识的机会,相反,是为了进一步推动知识财产的交易和竞争。他所追求的,是一种更为激进的知识财产私有化形态。

在新自由主义者看来,对于劳动深度和广度的质的挖掘,是"自生性秩序"生长的重要途径,这使他们更加强调知识作为一种劳动的维度。但是,对于新自由主义者来说,知识劳动当然不是纯粹的文学艺术创作或发明创造的个体历程,而其实更是一种资本、一台机器、一座企业,只有借助知识的劳动化与劳动的知识化,才能对个人与社会进行空前规模的深度与广度上的开掘。

(二) 信息封建主义:匿名的圈地式所有

信息资本主义的控制权争夺,现在更加依赖于中立化、抽象化的法律规则展开。跨国资本与主导国家集团借助正式与非正式的谈判过程,将其利益诉求通过技术化的法律条款、概念范畴以及原则框架的设定得以实现。澳大利亚学者达沃豪思(Peter Drahos)就将全球知识产权标准的这一设定运动,称之为"信息封建主义"。它与中世纪土地封建主义同样涉及产权的分配,同样涉及公共财产向私人垄断转移的趋向,在此过程中,也同样会绕开国家权力的规制,出现围绕"信息"展开的立法权、行政权与司法权的"私人化"和"封建化"趋势(使用专利种子技术的农民就类似于中世纪的采邑农奴)。

现代资本主义的积累战略建立在"稀缺性"与"有限性"的矛盾关系之上,而信息资本主义通过"稀缺性"的完全建构,使"积累"战略转变为一种"沟通"战略,它深刻依赖于全球社会信息化法律的再生产。行动的焦点不再是积累战略的"资本",也不再是霸权战略的"意识形

---

〔41〕 参见[法]福柯:《生命政治的诞生》,莫伟民、赵伟译,125页,上海,上海人民出版社,2011。

态",而变成了信息战略的"法律代码"。全球信息寡头在金融资本的支持下,在新型的法律平台上,在超国家层面重构并主导了知识/信息的生产与分配。

洛克在其经典文本中,提供了劳动价值论(possession 占有)之外的第二种财产权形式——即源自"圈地运动"的"所有"(ownership)。[42] 如果说,由劳动所正当化的占有是古典知识产权的意象(作者对于作品的独特占有),当代知识产权实际更接近洛克的第二种产权形态——即圈地式的"所有"。

个人的"劳动成果",现在更多从属于企业实验室与研发部门的"圈地式所有"。资本在不同信息领域形成不同的商品化策略及其积累模式,它不再仅仅依赖文本的大批量复制(如现代大众媒体)。[43]"知识产权垄断"(圈地性行为),而不是"知识创作过程"(发明性劳动),才是当代信息资本主义运作的真实逻辑。[44]

当代知识产权也重新界定了竞争与垄断的关系,例如,当代专利制度就已深刻改变市场准入与市场结构的条件,跨国企业竞争已变成昂贵的法律游戏。[45] 这种知识/权力机制不再建立于分散的印刷著作权与机器专利的基础上,而是通过跨国巨头的知识产权战略组合与

---

〔42〕 参见[英]洛克:《政府论》(下篇),吴恩裕译,21~28 页,北京,商务印书馆,2005。对洛克财产权理论的深入分析,详见 Jeremy Waldron, *The Right to Private Property*, Oxford:Clarendon Press, 1990, chapter 6.

〔43〕 有关生物技术对专利法的影响,参见 Gerd Winter, "Patent Law Policy in Biotechnology", *Journal of Environment Law*, 4(1992), 167.

〔44〕 传统非盈利性知识储备主要包括两个层面:一方面由大学、政府机构、博物馆、图书馆所构成,另一层面则有关农业、医疗、教育与地方性知识,这些知识储备都被企业资本逐渐圈占。例如,原料主要来自欠发达国家的天然药品销售,每年给医药公司带来 750 亿~1500 亿美元收入。参见[美]丹·席勒:《信息拜物教:批判与解构》,邢立军等译,58~59、64 页,北京,社会科学文献出版社,2008。

〔45〕 过去几年中,"Rockstar 集团"(包括苹果、微软、移动研究和索尼)以 45 亿美元收购北电网络的 6000 项专利组合;谷歌斥资 125 亿美元收购摩托罗拉移动的 17000 项专利组合;柯达以 5.25 亿美元向 12 家被许可方联盟出售其数字成像专利组合;微软以 5.5 亿美元向 Facebook 出售 650 项专利;以及惠普以 12 亿美元收购奔迈(Palm)的 1500 项移动技术专利。参见[澳]弗朗西斯·高锐:《知识产权的作用再思考》,http://www.wipo.int/export/sites/www/about-wipo/zh/dgo/speeches/pdf/dg_speech_melbourne_2013.pdf,最后访问日期:2019-04-20,作者为世界知识产权组织总干事。

战略储备池的方式展开。当代垄断也不必再通过资本所有权剥削无产阶级劳动的途径进行，而是通过高低端市场的区分性分销体系，通过保护性专利以及加密信息的代码排除技术，特别是通过全球法律的规则主导权来进行。

（三）知识产权跨国垄断：从 GATT 到 WTO

1970 年代以降世界经济危机的加深，以及欧共体国家出口行业的崛起，逐渐挤掉美国的贸易霸权地位，美国人希望通过转移贸易议题（转向服务业、知识产权与投资议题），重新夺回贸易战略主动权。这最终在乌拉圭回合谈判，推动形成一种"总交易模式"结构，其交易结构是：经合组织国家开放农业与劳动密集型产品市场，以此作为进入发展中国家服务业、知识产权和投资贸易体系的交换。[46] 同时，北方国家还要求南方国家进行全方位的制度调整，改善基础设施，全面改造公司法、知识产权、产品标准、健康安全标准、劳工标准、行政程序以及人力资源投资等。

在这背后，其最大推动力实际是跨国企业。美国政府以退出多边机制相威胁，通过组织大量产业联盟、经济团体联合会，聘请律师和法律专家起草系列的多边法律建议书，以建立高标准的商业保护规则。这是一种隐蔽的法律知识/权力型霸权形态，它通过复杂的法律机制构建贸易规则，法律规则的抽象性掩盖了贸易结构的不对称性。[47] 南方国家对外缺乏人力与财力设置代表办事处，在国内也没有相应的协调小组与专家组，更无法与欧美国家庞大的律师力量相抗衡（WTO每年大小会议超过 2800 次）。[48] 在这种结构下，南方国家缺乏实际的法律政策选择与议题设置能力，听任摆布，而发达国家通过设置各种

〔46〕 参见［美］西尔维亚·奥斯特里：《世界贸易组织：压力下的体制》，丁开杰译，载［美］斯蒂文·伯恩斯坦、威廉·科尔曼主编：《不确定的合法性：全球化时代的政治共同体、权力和权威》，丁开杰等译，119～141 页，北京，社会科学文献出版社，2011。

〔47〕 参见 Carlos Alberto Primo Braga, "The Economics of Intellectual Property Rights and the GATT: A View from the South", *Vanderbilt Journal of Transnational Law*, 22(1989), 243.

〔48〕 参见［美］西尔维亚·奥斯特里：《世界贸易组织：压力下的体制》，丁开杰译，载［美］斯蒂文·伯恩斯坦、威廉·科尔曼主编：《不确定的合法性：全球化时代的政治共同体、权力和权威》，丁开杰等译，124 页，北京，社会科学文献出版社，2011。

国际标准,对全球贸易结构进行隐蔽性重组,从而形成"国际标准沃尔玛化"的态势,而 TRIPs 协议正是 WTO"总交易"模式的重要组成部分。

　　跨国企业的知识资本化组合及其衍生形式,通过企业并购、战略联盟、相互持股、互相授权的方式,圈占住大量核心知识产权,跨国信息巨头重新划定了信息全球垄断的势力范围。它们形成集体行动联盟,建立私人政策与律师事务所网络,游说各国政策制定者,慷慨资助知识产权法律学者与政策专家,并借助大众传媒向公众灌输知识产权霸权文化。"发明家得到经验,而资本家得到发明"。[49] 围绕知识与信息展开的竞争策略,不仅使当代跨国企业的结构与运作发生了革命性变化,也使信息寡头创造与维持其垄断地位所采取的法律策略发生了调整。知识产权现在变成了一门法律生意,"知识创新"现在需要的是更多的"实验",以及与"研发"相联系的庞大生产、营销、金融与法律网络,而未必需要真正的"发明"。

　　从知识信息化到信息数字化再到数字商品化的连续变迁过程,将"知识"不断转变为带有资本相关性及其诠释潜能的"信息"。"创造性标准"既不能设定过高,也不能设定过低,一切取决于信息寡头达成"威斯特伐利亚和平"所要求的条件。在当代知识/信息的"创新"中,跨国企业的法律部门及其延伸的跨国律师事务所,其重要性甚至比研发部门更为关键。专有技术与知识产权法律的双重复杂性,构成了跨国信息巨头主导市场竞争的绝佳工具,这些知识产权储备池/组合成为寡头企业战略威慑的法律"核武器"。如果说古典知识产权是冷兵器的较量,现代知识产权是热兵器的攻击,作为"核武器"的当代知识产权则重新界定了"战争与和平"的形态。[50]

---

〔49〕　[美]吴修铭:《总开关:信息帝国的兴衰变迁》,顾佳译,51 页,北京,中信出版社,2011。

〔50〕　如维亚康姆(Viacom)公司就是一个拥有成千上万著作权的顶级多媒体巨头;时代华纳(Time Warner)围绕哈利波特品牌注册了 2000 个经营许可商标;IBM2001 年获得 3411 项美国专利——是阿拉伯国家过去 20 年间(1980—2000 年)授予居民专利的 10 倍;美国及其他富裕的工业化国家拥有世界上 97% 的专利;全世界研发的近 80%,以及同样比例的科学出版物,均来自发达国家,参见[美]丹·席勒:《信息拜物教:批判与解构》,邢立军等译,63~64 页,北京,社会科学文献出版社,2008。1979 年《美国贸易法》重新修订,允许"私人部门采取明显和公开的步骤来强制执行现存的国际贸易协定",这显著扩大了私人部门参与贸易政策的范围,参见[美]苏珊·塞尔:《私权、公法——知识产权的全球化》,董刚、周超译,王传丽审校,76~80 页,北京,中国人民大学出版社,2008。

（四）新贸易霸权：全球知识产权美国化

从 1980 年代开始，为了对抗南方国家建立"国际信息新秩序"（New Intenational Information Order）的要求，美国开始将知识产权的辩论场所从被指责为"国际社会主义"的世界知识产权组织（WIPO）"转移"到关贸总协定/世贸组织（WTO）。[51] 1970 年代美国的"衰落论"氛围以及随后的新自由主义转向，[52] 促使美国政府最终下决心要在乌拉圭回合谈判中将赌注押在知识产权之上。

关贸总协定（GATT）是有关货物贸易的互惠模式，而要将无形的知识/信息纳入全球贸易体系，进而形成"与贸易有关的知识产权"，就必须对这一传统模式做出革命性调整。[53] "二战"之后，欧美跨国企业在政府的大力支持下，在创新型信息和通信技术（ICT）方面取得了压倒性比较优势，信息的收集、组织、处理、储存、传播和销售成为各大跨国企业的重要职能。[54] 发展中国家在"国际信息新秩序"运动中的失败，究其根源，实际是全球权力关系的转移有利于发达国家信息产业的提前战略布局。

以辉瑞公司、IBM 公司为首的游说团体，在乌拉圭回合开始前，就试图将贸易机制与投资机制捆绑到一起，这"不仅仅是一个简单地有关消除投资限制的条件。相反，它是有关改变这些限制条件的性质和

---

〔51〕 参见［澳］彼得·达沃豪斯、约翰·布雷斯韦特：《信息封建主义》，刘雪涛译，第 4 章，北京，知识产权出版社，2005。也可参见 Peter Drahos, "Global Property Rights in Information: The Story of TRIPs at the GATT", *Prometheus*, 13(1995), pp. 6-19.

〔52〕 从 1970 年代中期开始，新古典主义逐渐取代凯恩斯主义在全球范围传播，并且在国际组织中占据统治地位，参见［美］苏珊·塞尔：《私权、公法——知识产权的全球化》，董刚、周超译，王传丽审校，19～20 页，北京，中国人民大学出版社，2008；也可参见 Peter Dicken, *Global shift: Transforming the world Economy*, Abingdon: Guilford Press, 1998.

〔53〕 参见 Susan K. Sell, "Industry Strategies for Intellectual Property and Trade: The Quest for TRIPS, and Post-TRIPS Strategies", *Cardozo Journal of International and Comparative Law*, 10(2002), 79.

〔54〕 可参见 Gerald Brock, *The second Information Revolution*, Cambridge: Havard University Press, 2003; James W. Cortada, *The Digital Hand*, Oxford: Oxford University press, 2004.

源头"。[55] 这种新自由主义的全球秩序方案，通过多管齐下的多边主义、双边主义（将普惠制与"301 条款"捆绑）和单边主义手段，最终建立起新型的"WTO/TRIPs"机制，它将国际贸易问题巧妙地转化为可执行的知识产权标准问题。[56] 这一寡头精英集团主要包括贸易谈判顾问委员会（ACTN）及其知识产权特别工作小组，还有知识产权委员会（IPC）、国际知识产权联盟（IIPA）等机构，他们驯化知识产权律师与法律专家，为贸易谈判代表提供法律咨询，集中游说贸易政策官僚，这个精英"小圈子"实际主导了知识产权战略的整个全球性规划。[57]

在这个意义上，全球知识产权美国化是美国知识产权全球化的结果。[58] 美国人不把谈判重点放在技术层面的细枝末节，而是专注于引导和把控"议题"，专注于知识产权的"基本原则"与"基本框架"，这既能限制发展中国家的可能选项，又有助减少多边谈判的各方阻力，更重要的是通过一种"氛围"的营造，对所有参与谈判的代表产生一种道德压力（害怕被指责对基于创新的投资具有敌意），进而，由逐渐巩固的核心圈子（包括美、欧、日、加和"友好国家"）各个击破、分化与瓦解发展中国家阵营的反抗（比如 77 国集团）。这些职业外交家拥有"马基雅维利"式的谈判手腕，根据需要，制造烦琐的程序、失败的恐慌、时间的压力，"找到最清晰的语言，以有利于他们的方式表达出来，同时，尽量用模糊的语言表述他们做出让步的内容"，[59] 最终，TRIPs

〔55〕［澳］彼得·达沃豪斯、约翰·布雷斯韦特：《信息封建主义》，刘雪涛译，75 页，北京，知识产权出版社，2005。

〔56〕参见［澳］彼得·达沃豪斯、约翰·布雷斯韦特：《信息封建主义》，刘雪涛译，123 页，北京，知识产权出版社，2005。也可参见 Susan K. Sell, "Intellectual Property Protection and Antitrust in the Developing World: Crisis, Coercion, and Choice", *International Organization*, 49(1995), 315.

〔57〕参见［澳］彼得·达沃豪斯、约翰·布雷斯韦特：《信息封建主义》，刘雪涛译，78～81 页，北京，知识产权出版社，2005。也可参见 Siva Vaidyanathan, *Copyrights and Copywrongs: The rise of Intellectual Property and How it threatens Creativity*, New York: New York University press, 2001.

〔58〕有关全球法律美国化的经典研究，参见高鸿钧：《美国法全球化：典型例证与法理反思》，载《中国法学》，2011(1)。

〔59〕［澳］彼得·达沃豪斯、约翰·布雷斯韦特：《信息封建主义》，刘雪涛译，162 页，北京，知识产权出版社，2005。

协议就被各方都当作"自然"与"自由"的法律文本得以最终通过。[60]

四、知识产权全球化背景下中国的战略抉择

（一）借鉴与反制：知识产权的美国战略

知识产权对于美国具有核心的战略意义。根据统计，2010年估计有5.06万亿美元增加值（美国GDP的34.8%）以及2710万个职位（全部就业岗位的18.8%）直接来自知识产权密集型行业。知识产权产业占美国出口总额一半以上，以及经济增长的40%。除商标之外的知识产权占美国企业全部价值的33%，价值5万亿美元。版权业占2005年美国企业全部价值的13%，专利和商业秘密占11%和9%，商标和品牌价值大概相当于14%。[61]

进入21世纪以来，美国政府顺应信息化时代发展，因势利导，以一种新型多边"全球治理"法律战略取代了战后的"法律与发展"单向运动，通过一种非强迫的自愿式"灵活治理"模式（smart governance），通过贸易与知识产权相挂钩的"权宜之联姻"（the marriage of convenience），逐步实现了高标准、强保护的知识产权隐性霸权。由美国主导的包含争端解决办法、执法机制和最低保护标准的TRIPs协议，大大超过了以往知识产权国际保护中的巴黎联盟、伯尔尼联盟和世界知识产权组织时期的标准。大量新兴的知识产权客体，包括生物技术、数据库保护、网络版权、软件专利、商业方法专利均被纳入知识产权保护范围，并不断扩展知识产权法律的内涵与外延，在推动全球、跨区域、多边和双边知识产权体制协调的同时，促进知识产权制度服务于美国外交和经济新战略。

其中，既包括利用专利技术的挤压效应限制竞争，以专利的专有垄断性取代传统的成本战与市场战；也包括以标准化策略操作知识产权，通过联合颁发标准许可，扩大市场占有率、控制市场结构、获取巨

---

〔60〕 参见 A. Samuel Oddi, "TRIPs-Natural Rights and a 'polite Form of Economic Imperialism'", *Vanderbit Journal of Transnational Law*, 29(1996), 415.

〔61〕 参见陈福利：《中美知识产权 WTO 争端研究》，53～54 页，北京，知识产权出版社，2010。

额标准使用费，进而保证自身产品领域的绝对领先地位。由 TRIPs
保障的高水平知识产权保护，以及由 WTO 构建的自由贸易体系，借
助全球产业转移与外包运动，共同铸造了有利于美国跨国企业全球扩
张的制度基础。借助于抽象的知识产权规则，将事实性的技术标准巩
固为规范性的行业标准，并将这些标准专利化、版权化、商标化，从而
掌握全球产业的建构权和创制权。

美国知识产权霸权地位的建立同时也得益于 20 世纪中叶之后的
新技术革命。信息网络技术和生物技术取代了传统知识产权建基的
印刷术、机械与化学技术格局，新技术发展进一步冲击了由古典作者/
发明家模式代表的劳动/精神权主体论范式。1980 年美国联邦最高法
院的 Diamond v. Chakrabarty 案例判决将转基因微生物纳入专利保
护，并声称"阳光下一切人造物皆为合格专利主题"，这一判决具有范
式性代表意义。此后，转基因生物体、基因序列、商业方法可专利性逐
渐被全球各大专利局与法院接受，知识产权系统运作加速进入自我强
化、自我证成的功能演化路径。这既打破了传统知识产权所形成的利
益平衡格局，也赋予更为资本主义、功能主义与实用主义的美国知识
产权运作模式以制度优势，TRIPs 协议更偏向美国"版权"（copy
right）理论而不是大陆法系的"作者权"（droit de auteur）理论绝非
偶然。

知识产权系统的首要功能在于知识/信息衍生利益的稳定化分配
和规范性安定，伴随新技术革命带来的无形财产生产、交易与分配模
式的转变，知识产权法律框架也将持续面临重构性调整的需要，美国
知识产权在这方面的运作经验尤值学习和借鉴。

詹姆斯·博伊尔将绝对保护主义主导下的美国知识产权扩张之
立法与实践形象地称为"第二次圈地运动"。[62] 通过法律实现的美国
霸权更为隐蔽而深刻，以商业方法专利为例，目前已形成商业方法专
利化、专利标准化、标准许可化的连续强化趋势，美国的知识产权霸权

---

〔62〕　参见 James Boyle, "The Second Enclosure Movement and the Construction of the
Public Domain", *Law and Contemporary Problems*，66(2003)，33.

通过抽象的法律标准得以推广和实现。跨国企业获得的高保护标准,既有利于美国全球贸易利润链条的打造,也同时补偿了其国内标准提高带来的国内阶层福利损失。

"冷战"终结之后,美国通过一系列国际机制安排,吸纳原先被排除在外的"发展中国家"进入"全球治理"的统一平面。通过提供统一的、普遍的、深度的经贸性法律框架,扫除一切有碍资本自由流动的因素,以实现全球化广度开发和深度挖掘(deep integration)的全方位提升。它采取了抽象的知识-权力型霸权形态,通过复杂的法律规则特别是知识产权法律来构建全球贸易体系,法律规则的抽象性掩盖了贸易结构的不对等性,南北国家之间形成极其不公正的国际经济秩序。财产形态日益无形化、信息化与知识产权化,无形的知识产权则进一步通过美国化的标准设定而全球普遍化。法律的规制重心不再是物权领域的商品占有,也不再是债权领域的货物销售合同,而涉及市场准入、知识产权、金融投资、服务业规则、产品标准等一系列抽象领域。美国借由世贸组织构造了知识产权跨国保护的复杂利益网络,而在最新的《TPP 协定》(《跨太平洋伙伴关系协定》)中仅"知识产权"一章就长达 38 页,这进一步佐证了美国的战略雄心。[63]

(二) 发展与突围:知识产权的中国战略

从国家制造业社会向全球信息化秩序的转型,以及美国知识产权全球战略的成功启示,要求中国必须调整法律发展思路,在法律部门重构、群体利益平衡、全球规则主导三个层面加强规划意识,学习和借鉴美国法律全球治理的成功经验,对抗并反制美国法律全球霸权的过度延伸,积极参与并引领世界新法律秩序的构建。

1. 法律部门重构:从神圣所有权到神圣知识产权

我国大陆改革开放时期的立法运动,主要借鉴经由台湾省中介的德日法系得以建构,它同时配合于中国工业化与国际大循环战略的展

---

〔63〕 值得注意的是,TRIPs 协议没有将自由贸易区做出例外安排,而 TPPs 协定却要求各种自由贸易区协定中的知识产权内容将适用 TRIPs 中的国民待遇和最惠国待遇原则。由此,TPPs 协定中的知识产权内容将可能得到扩大适用,这将对双边、诸边、多边知识产权规则带来重大影响。参见陈福利:《知识产权国际强保护的最新发展》,载《知识产权》,2011(6)。

开。我国经济发展与参与国际竞争通过大陆民商法体系的移植,为刺激土地、劳动与资本流动并促进实体商品货物交易提供了保障。改革开放时期主要偏重德日法系的法律移植运动并不是偶然的,因为我国的"世界工厂"战略尤其需要规制有形商品生产与贸易的物权和债权体系的完善。

沿袭自罗马法的大陆法系历来以"物"作为核心法律范畴,并在"有体物"基础上围绕物权和债权制度建立起神圣的"物法"体系。这一古典私法模式提供了我国经济发展的原始产权起点;围绕这一有形的"所有权"体系,建立起有关占有、使用、收益、处分的"权能"类型化理论,建立起包括用益物权、担保物权在内的"物权法定主义"原则,并建立起严格的"一物一权"和"意思自治"原则。由特定法律主体占有特定客体物的法律意象,主宰了我国改革时期的法律想象。

当代资本运动的发展趋势正加速摆脱有形的"物质"范畴而转向无形的"知识/信息"范畴,这与战后由霍菲尔德开创的新型法律分析框架形成呼应之势(由一系列权利、特权、权力和豁免的复杂集合所构成)。在这一范式转变中,当代财产权概念已不再被视为针对有形物的绝对支配和占有,而是被视为由一组无形"权利束"(a bundle of rights)所组构的特殊法律关系。当代知识产权发展就高度倚赖这一虚拟"权利束"的"稀缺性"建构技术。在这一范式转变中,古典的"四权能"理论已无法充分把握财产权的实际形态,财产的原始取得与继受取得已超出"一物一权"的神圣诫条,摆脱了传统民商法主要针对有形客体构造的财产形态。

伴随晚近法律全球化和全球法律美国化进程,知识产权的日益壮大已成为一股不容忽视的力量。它对应于当代财产抽象化与非物质化的趋势,无论是数个法律主体分享同一知识产品,抑或同一知识商品拥有若干权利主体,乃至各个法律主体可以分散要求不同知识法权,这些都对传统法学理论构成了挑战。如果说传统物权是单一的财产权利形式,当代知识产权则混合了财产权与人身权,形成具有高度塑造能力的"权利组合"(例如著作权可以包括复制权、发行权、展览权、播放权、出租权、改编权、翻译权,专利权包括制造权、使用权、销售权、进口权、转让权、许可权等权能）。如果说19—20世纪大陆法系主导了资本主义运作的法律原理，晚近以来英美法系特别是美国法律在法律全球化传播运动中的影响力，实际正得益于其与时俱进的财产权理论发展，更得益于它以务实态度将无形财产提升为法律核心部门的战略意识。

这一整套区别于传统所有权的法律体系，正构造出诸多新型的权利"证券化"与"无形化"形式，利用债权物权化和物权债权化的拟制策略，为新型"稀缺性"的产权建构提供制度条件。而与英美法系相比，无论是"法学阶梯体系"（法国法）还是"学说汇纂体系"（德国法），由于其历来偏重有形物的罗马法传统，始终没有将知识产权成功纳入民法典的体系范围，也未能在法学体系建构中赋予知识产权应有的法律地位，改革开放时期我国法学主要偏重有形财产和有形市场的构建，同样也有大陆法系传统影响的因素。结构主义和先验主义的法律思维约束了法律运作的灵活性和实用性，在这点上，美国法律的功能主义与实用主义特征显然更适应于当代知识经济的发展要求。

正如论者所言，知识产权制度作为复兴的资本主义市场和继之而来的社会关系的必然要求，自1980年代和1990年代甫一设立，便充当了中国法律与经济改革的急先锋。它甚至走在合同、侵权、财产和人身各部门法律编纂之前。[64] 但实际上，在中国"社会主义法律体系"的构建过程中，知识产权始终只是民法和刑法这些中心法律部门的"小老弟"，这既与大陆法系的理论传统相关，也与我国改革开放初级阶段的粗放型经济发展模式相关。

当代世界正由工业主义模式向信息主义模式转变，传统民法建立在18—20世纪的工业革命基础之上，面对当代信息化革命浪潮，即时生产、灵活制造、批量定制、零库存、大规模外包蓬勃兴起，所有权地理

---

〔64〕 1983年，中央一级的商标注册体制成立，商品、服务的品牌不再由地区和部门指定，以市场为中心的新经济开始发挥作用。1985年，三合一的专利体系（发明、实用新型和外观设计）落成，为将社会主义劳动单位和组织结构拆编为"简单的"劳动和雇佣关系而助力。1990年，著作权恢复，成为改写现代中国历史、告别革命的一种手段。参见冯象：《知识产权的终结：中国模式之外的挑战》，载《文化纵横》，2012(3)，54页。

分布趋于分散,无形财产与知识产权正从伴生性、边缘性、附属性、衍生性地位走向法律舞台的中心。传统围绕关税谈判与有形货物的国际贸易正转向围绕非关税壁垒与无形财产的全球贸易。当前,我国已正式提出创新型国家发展战略,这势必要求法学界摆脱改革开放初期的法律思维,从国家发展的战略高度重新定位知识产权的重要性,正视知识产权加速全球化以及不同法系紧密融合的现实,赋予知识产权更为核心的法律部门地位,同时也以大陆法系深厚的民法学说积淀,救济处于迅速变动的知识产权实践的理论贫困。

2. 群体利益平衡:资本、创新与知识分享

知识产权与资本主义相伴相随。古典"英雄天才论"掩盖了资本操纵知识产权运作的事实。诸如"思想/表达二分法""合理使用制度""首次销售原则""权利穷竭原则""强制许可制度"的建构,平衡了知识产权私有垄断与知识公共领域之间的内在张力。在当代,知识产权的过度膨胀已成为不争事实。财产无形化有进一步演变为财产封建化之势,一切物质与非物质形态,包括知识、信息、人身、数据在内的资源正相继成为经济稀缺性的建构对象。包括民间文学艺术、地方性传统知识、传统生物资源这些原本属于社区共享和发展中国家"专利"的知识形态,也都可能成为由资本主导的知识产权封建化圈地运动的牺牲品。

与此同时,在发达国家与发展中国家之间形成的非对称性"总交易"贸易模式中,由知识产权所构筑的高标准法律城墙也可能绞杀发展中国家的产业升级,并利用知识产权垄断形成一种"合法"的殖民剥削形态。知识产权的财产权神圣之维,正与表达自由、隐私权、健康与药物获得权这些人权标准形成冲突之势。

特别是,当代著作权已完成从传统"印刷作品"到"模拟作品"、"电子作品"再到当代"数字作品"与"网络作品"的转变,专利权客体也实现从古典时期的发明机器到外观设计、实用新型再到商业方法、动植物新品种、基因生物技术的持续演进,互联网域名则成为商标权新一轮大幅扩张的对象。除此之外,知识财产的权能不断突破传统形态,包括著作权领域的信息网络传播权、数据库作者权,以及介于著作权

与工业产权之间的集成电路布图设计权等工业版权,还有那些新型"准知识产权"对"专利只授予发明而不授予发现"诫条的突破。在所有这些知识财产客体及其权能扩张的背后,既有科技发展的因素,更有巨型资本力量的推手。特别是在互联网技术提供的架构支撑下,由资本力量与代码监控技术结合形成的法律控制和利润攫取手段,已经对传统知识产权的法律生态系统形成破坏。

新的知识形式不仅扩展了知识产权的保护客体,知识产权的可批量复制性更是借助技术和代码力量进一步提高了其控制能力,并不断规避利益平衡原则的运用。由资本力量推动的知识产权封建化趋势正扩展到以往属于自由创造文化的领域,"知识公共领域"正在日益成为孤儿。创作者、使用者、消费者、竞争者现在全被纳入日益严苛的知识产权管制网络,新技术发展在某种程度上瓦解了知识产权内在的平衡原则,从"对国家一小部分创造力实施一小部分管制",转变为"对所有创意程序所进行的大规模管制"。[65] 本来意在促进创新的知识产权反而成为了阻碍创新的因素。

在我国晚清变法中,知识产权沦为殖民国家挟军事与资本力量强行法律灌输的样板。在其后百年历史发展中,中国知识产权经历了晚清的被动性接受、新中国的苏联式改造、改革开放初期的调整性适用与当代的主动性全球融入过程。作为精致的资本—法律技术,知识产权的稀缺性建构始终面临一系列内在矛盾与冲突:知识产权的财产/非财产界线划分,具有弹性空间,需要根据不同发展阶段与群体利益分布,做出精细的利益平衡和风险安排。值得重视的是,TRIPs 协议就一方面承认"知识产权为私权",同时又规定了知识产权制度的公共政策性质。与传统的所有权神圣原则不同,作为"权利束"的知识产权尤其需要针对其"特权"性质做出社会契约层面的承诺,在著作权保护期限、专利强制许可、商标诚实信用原则等层面向公共利益做出妥协。

知识产权保护战略的内/外层面同样使其面临一系列悖论:提升国内的知识产权保护,就可能影响知识的公共享有与传播;但弱化国

---

〔65〕 [美]劳伦斯·莱斯格:《免费文化》,王师译,138 页,北京,中信出版社,2009。

内的知识产权标准,也可能阻碍国内的技术创新与产业升级,也可能妨碍跨国贸易的深化;强化对国外知识产权的标准认定,就可能赋予跨国企业超高利润垄断;但如果不加强保护,就可能给参与全球贸易带来其他层面的损失。在传统的民族国家时代,知识产权只需要处理知识产权私人所有与知识公共领域之间的矛盾,在国际层面则依赖国民待遇与最惠国待遇原则做出相应互惠安排;但在当今的全球贸易一体化阶段,贸易议题已与知识产权和投资等议题紧密捆绑,如果不对知识产权做出保护承诺,就相当于自动放弃全球经济俱乐部的成员资格。

郑成思先生也曾指出,中国人的作品(包括文章、音乐、美术等),著作权主要在创作者个人手中,我国发明专利中的很大一部分专利也在发明人个人手中。这与发达国家特别是美国的知识产权主要在大公司手中完全不同。[66] 在实践中,也经常存在借用"知识公共领域"之名行攫取私有利益之实的悖论现象,弱化知识产权个人保护未必能够对抗资本的知识产权垄断。在当代中国,知识产权的利益平衡,既不能"保护所有权利",也不能"不保护任何权利"。中共十八届三中全会正式提出探索建立知识产权法院制度,其大背景则是知识产权全球化背景下中国所面临的内/外、群体/资本等一系列权衡矛盾,单纯依靠立法已不足应对,必须倚重能动司法的政策杠杆,以克服知识产权的利益平衡悖论。

3. 全球规则主导:知识创新与法律议题设定

我国加入 WTO 的最初十年,正逢互联网崛起和大规模外包业务的全球产业转移运动,知识产权的"低法治保护"成为某种"制度优势",但此种"制度红利"正趋于枯竭。尽管处在要素驱动、效率驱动和创新驱动时间轴不同位置的国家,其知识产权战略应各有不同,但当代中国已无法像美国、日本在其崛起过程中灵活采取选择性保护策

---

〔66〕　参见郑成思:《信息、知识产权与中国知识产权战略若干问题》,载《环球法律评论》,2006(3),304 页;有关中国知识产权战略的深入思考,也可参见吴汉东:《国际变革大势与中国发展大局中的知识产权制度》,载《法学研究》,2009(2)。

略,除非选择退出全球贸易体系。而且,当代资本链条的核心环节主要不再是物质生产能力的较量,而是围绕信息空间展开的知识创新能力和法律规则主导权的竞争。晚近以来,全球贸易、投资与服务业发展已将无形财产提升为核心法律范畴。当代知识产权已成为构造当代经济"稀缺性"的基本框架,成为促进产业升级、技术创新、利润占有与全球竞争的法律利器。如果说传统物权法定主义束缚了新型权利的创生空间,当代知识产权的蓬勃发展则显示出国家与资本力量日益倾向使用这一制度作为竞争战略的重心。

有研究统计表明,标普 500 指数公司的资产分布:1978 年有形资产和无形资产各占 95% 和 5%,到 2010 年已变成各占 20% 和 80%。无形的知识创新已融入新产品、新服务与新方法的全部商业化过程,涵括其中的科技、设计、组织和市场营销环节。知识产权则是创新性收益的核心捕捉器。在 1995 和 2011 年间,全世界的专利申请量从105 万件上升至 214 万件,商标申请量从 200 万件上升至 420 万件,外观设计申请量则从约 24.5 万件上升至 77.5 万件。[67] 知识创新作为当代社会第一推动力,已推动知识产权在某种程度上超越部门法的范畴,渐有演变为当代全球社会整全性法律体系之趋势。

我国劳动密集型产业与欧美国家信息密集型产业的高度不对等,致使我国产品定价与利润长期由外方控制,官商资本只有通过牺牲国内福利需求、劳工基本保障以及环境正义来维持 WTO 全球化红利。加入 WTO 十年推动我国"社会主义法律体系"的建成,却没有从根本上改变中国被固定在全球产业利润链条低端的状况。当前,我国已从"冷战"时期全球资本主义体系的"挑战者"(challenger),转变为"后冷战"时期全球资本的"利益攸关者"(stakeholder)。我国亟须在法律规则主导权层面提升"软实力",以积极应对"全球治理"的法律挑战。必须积极参与知识产权的议题设置、法律规则标准制定,并自觉运用人

---

〔67〕 以上数据转引自[澳]弗朗西斯·高锐:《知识产权的作用再思考》,http://www.wipo.int/export/sites/www/about-wipo/zh/dgo/speeches/pdf/dg_speech_melbourne_2013.pdf,最后访问日期:2019-04-20。

权话语和公共政策话语，通过创设新型的权利形态、法律议题、政策论坛，提升知识产权的战略反制能力。

伴随全球信息技术革命和世界贸易格局演变，知识产权全球化步伐日益加速。这既是美欧国家主导的全球市场体系的产物，同时也预示世界法律秩序演进的内在趋势。中国在全球产业大转移中已经异军突起，但在知识创新与规则话语权层面尚缺乏足够的战略意识。我们必须洞察到法律秩序演变的内在趋势，集合国家力量与精英群体引导国家法律战略视野的转变，尤其要在知识产权领域积极介入全球议题设定与法律规则的制定，这甚至要比科学技术的单向发展更为紧迫和重要。

18—20世纪，我们见证了围绕工业主义与物质资本大生产带来的财富爆炸，以及由此引发的法律世界的深刻革命。在今天，知识产权全球化所折射的，则是新的财产形态、智力资本与虚拟经济的大量兴起，它以比工业革命更为庞大也更为复杂的方式和规模呈现。在这个意义上，知识产权全球化将超越民族国家的战略视野，并将持续塑造未来世界新型法律秩序的轮廓。我国的知识产权战略抉择也只有镶嵌到这一新秩序生成的历史脉络中才能奏效。

（本章初稿曾发表于《政法论坛》2014年第6期）

第九章　从 GATT 到 WTO:全球化与法律秩序变革

WTO 全球体系的特殊历史意义,必须放置在"二战"之后的世界格局演变,尤其是 1980 年代以降冷战终结、新自由主义兴起以及第三次工业革命的历史脉络中理解。它所涉及的不只是简单的贸易规则演变、国际组织创新与法律跨国化发展,而是代表世界秩序的深刻革命。至少可以从思潮、技术与法律三个演变层面进行观察。

一、GATT 和 WTO:从"内嵌性自由主义"到"新自由主义"

战后由美国主导构建的世界体系(主要包括布雷顿森林体系、马歇尔欧洲重建计划等),实际依托于卡尔·波兰尼在《大转型》中提供的历史教训。美国学者约翰·鲁吉(John Ruggie)就将战后世界经济体系概括为"内嵌性自由主义"(embedded liberalism)。[1] 它是对 19 世纪放任自由主义造成的经济脱嵌社会进而导致世界战争的反动,试图在国际贸易自由与国内经济管制之间建立平衡机制,通过福利国家的绥靖策略,一方面充分利用国际贸易的流动性,另一方面通过国家机器严格控制过度的流动性。GATT 就是这一"内嵌性自由主义"的制度产物。它在名义上是为消除导致 1929 年"大萧条"的关税壁垒(如英国就从最初的无条件最惠国原则转变为大英帝国特惠制度),但

---

〔1〕 John Ruggie,"International Regimes, Transactions, and Change: Embedded Liberalism in the Postwar Economic Order", *International Organization*, 36(1982), 379.

其实质是寻求自由化国际目标与国内政策稳定的平衡，通过国际/国内二元经济空间的划分建立政策缓冲机制。

　　"内嵌性自由主义"的推进，必须满足若干极为苛刻的历史条件。首先，它要具备英国学者 T. H. 马歇尔概括的市民权、政治权和社会权三代权利同时满足的前提，只有自由主义福利国家集团才能获准进入这一世界贸易俱乐部。其次，它建立在北方/西方国家与南方/东方国家阵营的等级性世界体系之上。南方国家通过原料与初级产品出口作为北方集团的殖民资源支撑，东方国家则作为意识形态敌手赋予GATT 体系以团结性资源。这样一种建立在"层级式分化"的"半全球化"贸易结构，其结构的中枢和重心是国家，民族国家政治机器必须具备高度发达的组织动力、资源整合和意识形态能力，毋宁说，这是升级版的"威斯特伐利亚"国际体系。也因此，GATT 的主导者只能是所谓"发达国家"的美国与欧共体，通过具有高准入门槛的"互惠模式"进行建构（将最惠国待遇原则纳入多边体系），而所谓"不发达国家"则被排除在外，国际贸易只在北方国家之间通过互惠模式展开"有条件的承认"过程。

　　"内嵌性自由主义"与"半全球化"的 GATT 一体两面，它也可以解释战后"法律与发展"运动的失败，这既符合"冷战"形成的国际分化格局，也决定了"全球法律治理"必然遭遇的限度。被排除在 GATT 体系之外的落后国家阵营，只能寻求进口替代、再工业化战略乃至封闭化政策开始独立的模式探索。在此过程中，资源禀赋、地缘政治、精英意志等因素决定了不同国家在残酷历史演进中的乖离命运。传统的"法律现代化理论"和"法律移植理论"都未能正视这一史实。

　　GATT 体系的成功维持依赖于美国与欧共体的依附性团结关系，依赖于美国与欧共体产业比较优势的互补，依赖于"发达国家"冷战意识形态的高度认同。更关键的是，依托于建基在"国内/国际"区分的升级版"威斯特伐利亚"体系的说服力和有效性。1960 年代之后，欧洲复兴带动欧洲意识的觉醒，经济领域原先的互补性合作关系开始出现矛盾和裂缝，特别是"福利国家"与"凯恩斯主义"政策在 1970 年代经济危机中受到挑战与质疑。在"冷战"意识形态层面，欧洲社会民主主义方案与美国后罗斯福新政出现分野。在这所有层面，GATT 原先依赖的基础都开始动摇，一股漫溢出"发达国家"GATT俱乐部的全球化新力量，正在打破GATT体系人为强化的国家边界，不断冲击国内政策与国际政策的脆弱平衡。1981年，里根及撒切尔夫人开启的新自由主义革命（neoliberalism revolution），则正式宣告了GATT体系思想基础的终结。

它预示着一系列历史条件与历史趋势的变化，既包括"发展中国家"阵营的崛起与分化，也包括福利国家政治的合法性危机以及美国和欧洲地缘政治版图的再调整，更重要的是，它预示全球化力量正在突破原先基于"层级分化"的"半全球化"控制逻辑，建立在"内/外""南/北""东/西"这一系列等级区分之上的国际秩序不再能够有效控制全球尺度的流动性。

"新自由主义"革命为WTO的发展与演进提供了思想条件，它驱除了"半全球化"GATT体系神秘面纱背后的民族国家幽灵，以资本逻辑而不是政治逻辑、以非关税壁垒而不是关税壁垒、以市场准入、知识产权保护、投资自由化、服务业规则调整，而非专注于有形的简单货物商品买卖来重新安排国家、贸易与投资的复杂关系，尤其是通过新的制度安排，吸纳原先被排除在外的"发展中国家"进入"全球治理"的统一平面。

这一吸纳过程包含内与外两个层面：在外部层面，它将"发展中国家"纳入全球资本流动与世界经济系统的整体空间；在内部层面，它刺破了民族国家的肌体，对其内国法实施全面干预和改造。如果说GATT意在有限的贸易关税层面进行国际性调适，"新自由主义"背景的WTO则要为自由投资与自由竞争塑造全球性的均质化空间，通过提供统一的、普遍的、深度的经贸性法律框架，扫除一切有碍资本自由流动的因素。

在这个历史新阶段，国家的首要任务不再是参与世界竞争以提升国内福利水平，而是通过不断强化的软硬件基础设施建设，吸引全球资本进入到内国投资。意识形态分野不再是划分不同贸易阵营的依据，意识形态冲突被经贸多边利益边缘化。最重要的，是意图打造一个既全球一体化，又能容纳核心与边缘差异的资本空间结构，并尽一切可能削减资本全球流通的时间成本、交易成本与法律成本。某种意义上,它也超越了美国战略布局所把控的范围,以形成具有世界经济宪法性质的自主运作、自我创生(autopoiesis)的全球性系统。WTO作为由全球资本锻造的"特洛伊木马",被带入不同民族国家的内部疆界,随之带来民族国家内部在立法、行政与司法层面的全面改造,以实现全球化广度开发和深度挖掘(deep integration)的全方位提升。如果说,基于"内嵌性自由主义"的 GATT 体系塑造的是"半全球化""层级分化"世界结构,那么基于"新自由主义"的 WTO 体系所构建的则是真正"全球化"的"功能分化"世界系统。

二、法律霸权:从互惠模式到总交易模式

GATT 的"互惠模式",其交易结构是高度不对称的。OECD(经合组织)国家原先的农业与轻工业市场开放有限,南方国家实际被排除在全球贸易体系之外。1980 年代开启的乌拉圭回合谈判则是一场革命,它在表面上是于谈判中加入了农业议题的讨论,但其实质则是南方国家对于全球贸易的体系性加入。

1970 年代经济危机的加深,欧共体国家对美国贸易霸权的挑战,都推动美国希望通过贸易议题转移(转向服务业、知识产权与投资等议题),重新夺回全球经济战略主动权。这最终在乌拉圭回合谈判中,推动形成一种"总交易模式"的谈判结构,其交易结构是:经合组织国家开放农业与劳动密集型产品市场,以此作为进入发展中国家服务业、知识产权和投资金融体系的交换。[2] 同时,北方国家还要求南方国家进行全方位的制度调整,改善基础设施,全面改造公司法、知识产权、产品标准、健康安全标准、劳工标准、行政程序以及人力资源投资等。美国人希望通过"后冷战"时期"自由主义体制"(liberal regiem)和"自由主义全球化"(Liberal Globalization)的法律移植与制度锻造,

---

〔2〕 从 GATT 的互惠模式到乌拉圭回合的总交易模式,详见[美]西尔维亚·奥斯特里:《世界贸易组织:压力下的体制》,丁开杰译,载[美]斯蒂文·伯恩斯坦、威廉·科尔曼主编:《不确定的合法性:全球化时代的政治共同体、权力和权威》,丁开杰等译,119～141 页,北京,社会科学文献出版社,2011。

为资本自由流通、取消国家福利管制的新自由主义方案奠定根基。其基本策略则是：以产业空间让步换取全球资本拓展、以外部经济红利换取国内结构调整。"总交易模式"随后迅速推动"发展中国家"全面进入全球经济体系。

"新自由主义"革命的根本动力不仅来自霸权国家，更来自跨国企业的逐利需求。GATT 体系维持的"内嵌性自由主义"，是战后初期西方民主政党体制的产物。或者说，GATT 体系代表了民族国家内部左右翼政党政治的一种平衡与妥协。在资本/劳工、国家/社会之间，通过不同代际宪法基本权利体系的扩展，通过不同意识形态阵营的政党代议，实现对单一社会议题或集团的约束和控制。"新自由主义"革命则预示战后政党代议制开始面临危机，由跨国企业所代表的资本集团开始成为超越政党力量的"无冕之王"。国家的首要关注，不再是维持国内群体的社会契约和阶级团结，而是通过"跨国公司"与"无根商人"作为全球化先锋，以做大"经济蛋糕"进而满足国家机器的战略胃口。这在随后的 WTO 谈判进程中体现得淋漓尽致。

美国政府作为跨国企业的总代理人，往往以退出多边机制相威胁，利用议题转移、论坛转移、组织转移，以及多边、双边、单边以及区域一体化"多管齐下"的方式，通过组织大量产业联盟、经济团体联合会，策动律师和法律专家起草系列的多边法律建议书，最终则以跨国企业为主要服务对象建立起所谓"最低保护标准"的严格法律规则。如果说，GATT 互惠模式的霸权形态相对粗糙，主要以满足"发达国家"的关税互惠为目标，在"总交易模式"下形成的则是一种抽象的知识/权力型霸权形态。它通过复杂的法律规则构建贸易机制，法律规则的抽象性掩盖了贸易结构的不对等性。国家战略意图隐藏在"跨国企业"与"跨国资本"晦涩的技术性术语背后。以作为 WTO"总交易模式"重要组成部分的 TRIPs 协议为例，它就是经合组织国家与发展中国家在知识产权议题和农产品及纺织品议题之间交易性谈判的产物。而在"总交易模式"下，越是边缘性国家，就越是在"总交易"中缺乏话语权与代表权，更重要的，是缺乏法律层面的基本谈判经验和斗争技巧，最终形成的是南北国家之间极其不公正的国际经贸秩序。

南方国家对外缺乏人力与财力设置代表办事处,在国内也没有相应的协调小组与专家组,更无法与欧美国家跨国企业雇佣的庞大律师力量相抗衡(WTO 每年大小会议超过 2800 次)。[3] 在这种新型架构下,南方国家缺乏实际的政策选择与议题设置能力,听任摆布,而发达国家通过设置各种国际标准,对全球贸易结构进行隐蔽性重组,进而形成"国际标准沃尔玛化"之态势。在新的全球贸易体系中,传统的商品货物与商品销售被逐渐边缘化,财产形态则愈益无形化、信息化和知识产权化。无形的信息产权则进一步通过美国化的标准设定而全球普遍化。这样一种从财产无形化到财产知识产权化再到知识产权标准化的演进逻辑,也来自 1990 年代以降第三次工业革命尤其是互联网革命的冲击。

三、第三次工业革命:虚拟产权与新型资本战略

如果说,GATT 工业时代法律处理的是物质与能量交换过程中的产权问题,涉及跨境有形货物销售的国际控制、海关审查与关税征稽,当代 WTO 全球贸易处理的则是如何通过产权的精致区分形式,如何通过法律系统的代码化争端解决机制,介入并形塑信息化产品和虚拟化服务的生产、传播与交易问题,并主要关涉跨境自由投资、服务标准统一化、金融自由流通、货币跨国汇兑、资本账户开放、行政管制取消这些"无形"和"上位"的议题。

1990 年代以降加速发展的第三次工业革命,使得全球资本主义市场业务正在部分或全部网络化,在空间覆盖性与时间瞬时性层面,实现了资本战略的实时性全球沟通。控制产权的关键,不再是对于具体物质的有形占有,而是如何更为精确地挖掘、提取、确认和控制信息。信息化革命提供的便利条件使得跨国公司与跨国资本的全球流通不再有任何技术层面的障碍。福特制的规模化生产、可互换零件、装配

---

〔3〕 [美]西尔维亚·奥斯特里:《世界贸易组织:压力下的体制》,丁开杰译,载[美]斯蒂文·伯恩斯坦、威廉·科尔曼主编:《不确定的合法性:全球化时代的政治共同体、权力和权威》,丁开杰等译,124 页,北京,社会科学文献出版社,2011。

流水线、专门化分工，代表了从土地经济时代向两次工业革命转型的历程，并代表了战后 GATT 体系构建的国际贸易框架。而在进入 20 世纪 80 年代之后，全球范围的知识、信息与贸易和投资的重组过程，由于信息化技术革命的冲击，正过渡到一个新的历史阶段。信息的获取、组织、整理、支配和利用机制发生了重大变化，信息无论在广度和深度上都正变得无孔不入。这样一个全球性信息网络自我生成、自我展开的过程，同时也是全球资本自我扩张、自我增殖的过程。民族国家的领土疆界正在失效，信息、贸易与投资不再听命于主权边界的人为控制。

新经济的发展，并不是物质生产的消失，而是非物质环节吸纳物质性价值的过程。过去 6 年间，美国出口 1 美元货物的重量下降了 50%，美国服务业出口已占其总出口的 40%，"比特"正在取代"原子"成为贸易的真实单位。[4] 信息化导致的符号化过程，进一步解构了传统的物权概念，产权控制正不断与有形物相脱离。"小型化"与"符号化"能够绕开物质与能量环节，直接处理信息本身。当代全球社会的特征正是第三次工业革命带来的新型景观：分布式、去中心、弹性、适应、共同进化、冗余、不可控制、不可预测、复杂性、无始无终、碎片化、自我构建、自下而上，而不再是传统自上而下的命令、指导、控制、规训、压制与监督。跨国企业正形成相互缠绕的共同进化关系，呈现为强制性的合作状态。网络化结构深刻改变了传统的经济模式，当代法律、金融与贸易体制也随之发生调整。即时生产、灵活制造、批量定制、零库存、战略联盟、大规模外包都是其中代表。企业与市场的边界正在打破，契约和组织的区别逐渐淡化，所有权的地理分布也趋于分散。供应商、企业雇员、消费者与政府监管，研发、制造、包装、仓储、物流、营销，所有事物都在进入一个去中心化的协作网络之中。[5]

---

〔4〕 ［美］凯文·凯利：《科技想要什么？》，熊祥译，70 页，北京，中信出版社，2011。

〔5〕 大厂商的官僚主义等级体系功能逐渐解体，例如营销、销售、研发、中间材料与初级材料生产的市场化，以及外包、转包、联营与合资形式的兴起。其典型代表是谷歌公司：它既是传媒公司，又不制造信息产品；它既是通信公司，又没有传送线路与电子设备；它既拥有众多分公司与机构，又不进行垂直整合。但这反而使它成为当代信息帝国的"总开关"。参见［美］吴修铭：《总开关：信息帝国的兴衰变迁》，顾佳译，290～301 页，北京，中信出版社，2011。

资本主义利润链条的最高环节,已经不再是马克思时代的生产终端,而是围绕分拆外包、直接投资、研究发展、企业营销、专利许可、技术转让、交叉持有、资本联盟、标准化设定等形式展开。整个产业链条通过相关法律标准的分解与塑造,通过相关法律议程与议题的设定,以一双"看不见的手"来控制和垄断高端利润。如果说现代资本主义的积累战略建立在"稀缺性"与"有限性"的矛盾关系之上,当代全球信息化秩序则通过"稀缺性"的完全建构,使得资本积累战略转变为一种法律沟通战略。

GATT 是有关货物贸易和国际关税的互惠模式(所谓"关税与贸易总协定"),而要将愈益无形和虚拟的跨境贸易形态纳入全球体系,进而形成"与贸易有关的知识产权协议"(TRIPs)、"与贸易相关的投资措施"(TRIMs)、"与贸易有关的服务总协定"(GATs),就必须对GATT 模式做出革命性改造。[6] 如果说,GATT 借助高关税/低关税的边界壁垒运作,WTO 则通过涵括与排除的法律系统代码进行规制。二战之后,欧美跨国企业在政府的大力支持下,在创新型信息和通信技术(ICT)方面取得了压倒性比较优势,信息的收集、组织、处理、储存、捆绑和分配成为各大跨国企业的核心业务职能。[7] 相应于此,法律的规制重心也不再是物权领域有形的产权界定,也不再是债权领域固定的国际货物销售合同,而涉及市场准入、知识产权、金融投资、服务业规则、产品标准等一系列更为虚拟与抽象的领域。技术革命推动经济一体化进程,经济一体化则推动法律一体化进程,信息技术革命经由全球资本的不断拓展,正把全世界都卷裹进入一个致密的命运共同体。

(本文初稿曾发表于《清华法治论衡》2014 年第 20 辑)

---

〔6〕 参见 Susan K. Sell, "Industry Strategies for Intellectual Property and Trade:The Quest for TRIPS, and Post-TRIPS Strategies", *Cardozo Journal of International and Comparative Law*, 10(2002), 79.

〔7〕 可参见 Gerald Brock, *The second Information Revolution*, Cambridge:Havard University Press, 2003; James W. Cortada, *The Digital Hand*, New York:Oxford University press, 2004.

附录一：人工智能范式与"三个世界"的
立法使命

何谓智能？何谓高等智能？中国自古有言，运筹帷幄，决胜千里之外；足不出户便知天下事。所谓高等智能，理当是用尽量少的样本数据做出极高明之判断，能够在复杂性的混沌中利用最少信息量捕捉难以轻易发现的模式。那么在理论上，人工智能要成为高级或通用智能，按照前述标准，就应当是利用某种特定的算法设计，使其能在尽量简约的数据和信息基础上，做成非同寻常的智能判断。

因此在逻辑上，人类智能恰恰越是在信息稀缺的条件下才越能体现其认知上的优势。我们说诸葛孔明足智多谋，就因为他是在与其他人相似信息量的约束条件下，仍然可以得出超乎常人的谋兵布局。信息越是稀缺，就越能考验智能的成色。那么在这一层面，当前的人工智能技术似乎还距离甚远，因为它主要还是依靠消耗大量的网络化数据来推动自身技术的发展。很难想象，在一个断网和没有数据输入的世界里，还能存在所谓人工智能。实际上，当前的人工智能技术，主要还是借助强大的计算芯片和架设多层神经网络，通过挖掘、清洗、标识和统计海量的互联网数据来进行粗放式的认知。因为人工智能还不够智能，所以更多只能依靠简单粗暴的数据挖掘和机器学习的技术路径推进。

所以，当前人工智能的伦理和法律问题，从其技术本质分析，其实更多还是有关大数据挖掘与使用的伦理和法律问题。虽然当前不少学者已开始着手研究人工智能的法律人格问题，但目前的智能技术发展程度，似乎还不足以支撑在此方向的深入研究。对于互联网平台企业，人工智能的法律赋权，对于他们来说也更多是出自实际的商业利益考虑。因为假如人工智能可以拥有法律人格，就好比宠物狗拥有独立的法律人格和民事权利能力，在此情形下，当宠物狗造成伤害，其主人就有正当理由推卸法律责任，毕竟狗具有了可以独立承担法律责任的"人格"。同样道理，当人工智能或者特定算法获得人格上的赋权，作为人工智能所有者的科技公司就可以部分推卸自己的法律责任。因此，目前其实根本还未发展到强人工智能阶段，严格意义的人工智能法律问题并不突出。但是，伴随着人工智能兴起所带来的挑战，其实更根本的是与之相关的时空框架的转变，技术和社会动员结构的关系，以及不同技术范式与政治法律模式之间的耦合关系。

因此，要把握人工智能技术的深层法律效应，必须从社会理论的视角着眼。当前最关键的事实，是人工智能、大数据、区块链、虚拟现实、物联网等技术，正在共同交叉演化，形成并推动新的"三个世界"的诞生。以往，我们所熟悉的是"两个世界"，即"自然世界"加"社会世界"，但是当前，智能技术发展正在推动演化出一个新的"机器世界"。老子《道德经》有言：道生一，一生二，二生三，三生万物。三个世界的法律形态，与两个世界的法律复杂性程度相比，完全不可同日而语。

在传统的两个世界，主要是借助人类的智能，依赖个人卡里斯玛或集体智慧，来为自然和社会世界立法。而第三个世界的出现，则从根本上挑战了这一法律传统。这至少带来两个重大问题：首先是，人类的立法智能能否有效处理三个世界的法律问题？第二，机器比人是否更适合来接管这样一个立法、执法与司法的工作？莱斯格早已在《代码》中揭示，在机器世界中，规制将更多围绕"代码"的手段展开，"法律"将更多地代码化和算法化，西海岸硅谷的代码之治有可能取代东海岸华盛顿的法律之治。换言之，在新的三个世界中，代码是否可能比法律更适合承担机器世界的规制工程？实际上，目前在区块链产业就已演化出一些新兴的社会职业，即所谓"规则工程师"（代码师）。特别是当第一世界和第二世界，当自然与社会世界逐渐通过物联网和区块链技术，不断被收敛、映射和内嵌于第三个机器世界，人类法律可能面临三千年未有之变局。

古代农业社会是靠天吃饭，人在自然世界中颠沛谋食；现代工业社会则与之相反，自然世界不断被市场和社会世界支配与开发。而当进入新的智能技术时代，我们可以预见，自然和社会世界将开始围绕作为枢纽的机器世界打转。在此趋势变化中，法律作为一个整体的社会系统，作为以往更多只有处理自然和人类世界经验的规范化体系，是否可能会被新的智能技术系统整体性地边缘化？

在古代社会，天人合一，人面对天地，祭祀或祈祷，所以宗教尤其发达；进入工业社会之后，由于社会世界全面压过自然世界，"上帝死亡"，宗教开始被除魅，并全面退出公共领域。正是在此过程中，自然法逐步被实证法取代。而当进入新的人工智能时代，当机器世界成为新的三个世界的核心，实证法是否也可能遭遇过去宗教和道德曾经遭遇的命运，将被一种新的社会治理机制取代？如果说近代工业社会最大的危机，是上帝的死亡与宗教的死亡，神法和自然法因此随之边缘化。那么，人工智能时代最大的危机，有没有可能是法律的死亡？

当前，由于脸书等事件的不断曝光，社会公众对个人数据和隐私保护的意识正在觉醒，并且，伴随《一般数据保护条例》(GDPR)这样的法律出台，以及一些新的数据保护技术（通过设计的法律保护）的发展，目前仍然依靠简单粗暴的大数据挖掘的人工智能范式，很可能会开始受到更多的限制。因此，正如复旦大学徐英瑾教授与美国天普大学王培教授在合作发表的论文中所揭示，[1]人工智能范式应当向一种基于小数据的节俭性理性的智能方向发展。

换言之，人工智能发展，未来将主要有两种技术范式的选择。一种仍然是以大数据为中心，依靠海量数据挖掘和粗暴隐私消费为基础的工程方向。在这种技术工程范式下，它将不可避免地破坏传统法律对于自由和人文主义价值的保护，比如隐私权，比如自由选择权，比如反歧视和平等保护原则等。因为，此种技术范式的内在逻辑，必然会将人类裸露在无处不在的数据挖掘、算法计算和即时监控之下。

---

〔1〕 参见徐英瑾、王培：《大数据就意味着大智慧吗——兼论作为信息技术发展新方向的"绿色人工智能"》，载《学术研究》，2016(10)。

另外一个不同的发展方向，是前述论文中提出的绿色人工智能，就是应当使用尽量简约的数据，甚至比人类智能认知所需的更少规模数据，来获得一种更为智能的知识结果。此处所说的"绿色"，一方面是说它不再消耗过于庞大的计算资源与地球能源；另一方面，是指此种技术范式可以更好地保护人类的自由、尊严、人文价值和文明传统。

那么，如何才能更好推动技术范式向此一方向发展？必须看到，伴随三个世界的出现，单纯依靠传统的法律规范技术，已经不足以对抗技术系统的急速扩张趋势。如果简单粗暴的大数据技术继续占据主流，个人信息或数据保护的法律制定得再细致也可能并无用武之地，包括欧洲《一般数据保护条例》，在普遍应用的大数据技术潮流中，也可能被束之高阁，沦为具文。要更好保护暴露在各种技术系统过度扩张之下的"血肉之躯"，要更好捍卫人类不可克减和不可支配的尊严与权利，就必须依赖一种更良善的技术范式的发展。

对此，就首先需要激活政治与法律公共领域的讨论，需要更多的媒体丑闻曝光和社会运动的开启。只有通过伟大的政治与法律运动，才有可能刺激和推动已经自成封闭化趋势的技术范式的转变。

1787 年，美国联邦党人为北美洲大陆的新世界，制定了一部传世宪法，时至今日，它仍在影响整个现代人类政治和法律世界的发展。那么，我们今天，所面临的其实是如何为全人类意义的新的三个世界，为未来将在这三个世界中栖居的生民立法。法不可不弘毅，任重而道远。

（本文原载《中国社会科学报》2018 年 8 月 24 日第 1522 期）

附录二:人工智能技术的政治性

　　互联网刚出现的时候,大家预期这是一个所有人都可以平等连接和进入的世界。

　　只要你有一根网线和一台电脑,就可以和比尔·盖茨一样上网。互联网预设了一个无政府的自由主义世界。约翰·巴洛的《赛博空间独立宣言》,就直接向工业世界的铁血巨人们宣战:那将是一个"所有的人都可加入,不存在因种族、经济实力、武力或出生地点产生特权或偏见"的世界。[1] 但是,互联网晚近的发展,已经越来越远离这种政治想象。大型平台公司,谷歌、亚马逊、BAT,形成了互联网世界一种新的中心化和集中化趋势,出现了所谓的"平台资本主义"(Platform Capitalism),互联网从开放走向封闭,从去中心化走向集中化。

　　所以,今天人们对人工智能发展的热切期待,其实不仅仅是技术上的想象,更是对人工智能可能给互联网世界带来的新的活力和希望的期待。换言之,这是一种具有政治诉求的技术想象。在信息技术带来的政治想象力层面,人工智能就类似于 PC 电脑和互联网刚刚出现的时代。在个人电脑刚刚普及之时,人们的集体兴奋不只是对于技术本身的亢奋,而是个人电脑让人似乎重新获得一种新的自由和平等的可能。自此可以摆脱专制政府的监控,消灭官僚组织的行政垄断,从而获得政治意义的解放。乔布斯在早期推销苹果产品时就经常诉诸

---

　　〔1〕　John Barlow, "A Cyberspace Independence Declaration", URL: http://www. samizdat. com (1996).

这种反《1984》的宣传策略。在互联网逐渐从开放走向封闭的今天，人工智能技术的出现，就似乎又给人一种希望，即通过人工智能的技术赋权，特别是当进阶到通用的低成本人工智能，就可以让个人获得在虚拟世界中对抗网络集中化趋势的技术武装能力。做一个不太准确的比喻，它有点类似美国宪法中的持枪权，通过让个人拥有枪支，从而可以"单枪匹马"地对抗外部力量对自由的威胁。人工智能技术，就类似于互联网世界的持枪权，通过个人的技术赋能，可以让人再一次摆脱官僚政府，摆脱平台企业对于互联网世界的主宰与垄断。

近年来大量的信息技术发展，多数是倾向集中式和垄断化的。比如云计算、大数据、物联网等，都是有利于权力和资本的集中监控和中心化组织的信息技术。而互联网领域一个尤为重要的演化规律是：去中心化和中心化的交替发展，去中心化和中心化技术持久的冲突和竞争。过去十年间互联网世界的集中化趋势，促使民众期待出现一种新的反制性的演化动力。互联网需要通过新的技术范式发展，以改变过去十年间中心化发展的趋势。

在庞大的由技术赋能武装的大平台组织面前，赛博空间中的个人已经变得越发无力，重要的信息基础设施和关键数字技术都无法被个人掌握，信息资源和话语权都逐渐被大平台公司和政府垄断。个人也很难将自由的希望简单寄托在市场的竞争机制，小创业公司轻易就被大公司打败或收购。与此同时，小公司也不一定天然适合担当信息抵抗者或保护者的角色，资本获利的需要，往往导致一些初创公司更容易突破法律的底线。

例如，在美国引发关注的领英（Linkedlin）社交网站爬虫案。[2]领英和创业公司 HiQ Lab 相互指责，都认为是对方在侵害用户的个人隐私。从案件事实来看，实际上，我们很难判断 HiQ Lab 更有利对

---

〔2〕 See Marissa Boulanger, "Scraping the Bottom of the Barrel: Why It Is No Surprise That Data Scrapers Can Have Access to Public Profiles on Linkedlin", *SMU Sci. & Tech. L. Rev*, 21(2018), 77; Shepard Goldfein & J. A. M. E. S. Keyte, "Big Data, Web 'Scraping' and Competition Law: The Debate Continues", *New York Law Journal*, 258 (2017), 1.

网民隐私的保护，因为它在抓取消费者隐私数据制造自己的服务产品过程中，形成消费者职业忠诚度的判断，并将此类产品推销给各大型企业，已经构成了对个人隐私的利用和侵犯，而这无法简单通过消费者自愿披露信息的同意授权予以责任豁免。但最后，法院仍出于反垄断的价值理念，以及司法全胜全负判决的需要，将法律天平倾向初创公司这一边。无论如何，"赛博世界公民"的声音却是缺席的。这一判决，到底是否更有利于用户隐私的保护，在宪法价值层面是高度不确定的。这一事例也进一步证明，试图利用市场化的自由竞争机制，让市场竞争来帮助个体消费者对抗网络世界的寡头集中化趋势，其实并不靠谱，最后可能还会导致更为糟糕的结果。

事实上，无论是市场机制、道德机制抑或法律机制，都已难以阻挡过去十年间愈演愈烈的互联网集中化趋势。那么，怎么办？希望似乎只能更多被寄托在"代码"之上。"以代码对抗代码"，就如"以权力制约权力"，已经成了赛博世界的铁律，"开放源代码"（Open source code）的运动理念即在于此。

而从近年以来，互联网世界出现了两大令人激动的技术发展，一个是区块链，另一个是人工智能。而这两项信息技术的共同点，则是它们都拥有一种所谓"去中心化"的技术发展潜力。

首先，区块链（比特币），是希望通过一种去中心化、分布式的加密和记账技术，来推动实现一种新的互联网世界的平等和自由。甚至希望由此摆脱主权国家来自主发行货币。这使区块链技术拥有了一种鲜明的自由主义性格，以此似乎能够实现哈耶克式的自生自发秩序的政治理想。

另一项重要技术则是人工智能。但是，人工智能技术的自由主义性格，并不同于区块链技术。它不是通过人和人之间去中心化的技术平台、共识契约和价值协议，而是通过对个人在赛博世界中的技术赋能，赋予赛博公民一种在数字世界中"持枪"的权力，以此来对抗数字世界中的不怀好意者，防止他们对个体信息自由的威胁和伤害。在日益黑箱化、集中化、中心化的网络世界中，凭借个人的血肉之躯，以及乌托邦式的自由联合，都已经不具备对抗封闭化发展趋势的能力。必须让赛博公民获得一种易得的、开源的、信息能力更强的数字技术。在赛博历史上，承担类似赋能增强的技术还包括赛博格（Cyborg）。

正如前述，人工智能之所以令人激动，在社会心理学层面，就是因为它似乎带来了一种低成本的网络世界个人信息武装能力快速增强的可能性。

事实上，区块链技术的自由主义理想，很快就遭遇到了挑战。比特币最初的设计原理，是希望每个人同时挖矿，让每个人都通过平等的计算能力（哈希算力和 POW 共识机制）去竞争记账权，每个人因此都有挖到比特币的机会。但是区块链世界的演化并没有遵循此种理想。数字货币的算力全都被大的资本化矿池，被大型挖矿机构高度垄断。个人要想通过自己的个人电脑挖矿，可能一百年也挖不到一个比特币。这就再次形成了区块链世界的贫富分化和封建化趋势。进而言之，区块链技术还可能被大型平台企业，被主权国家利用，来更好地监视个体的各种活动。事实上，已有一些关于区块链和社会主义亲和性的相关讨论。[3]

那么，人工智能是否可以更好承担"以代码对抗代码"的角色？就像当年自由主义者对于个人电脑的美好想象和期待？如果说，区块链技术是通过人和人的一种新的共识建构的方式来推动平等/自由，人工智能则是希望直接对个人进行技术赋能，在这个意义上，它对于自由和平等的保障似乎更为直接。这就类似于在美国人的政治观念中，只有共同体层面的民主和选举还不够（共和主义与公共自主），同时还要赋予个人财产权和持枪权（自由主义与私人自主）。在这个意义上，区块链技术有点类似互联网世界的民主选举权，而人工智能技术则有点类似互联网世界的个人持枪权。

但是，人工智能技术的政治潜力仍然存在诸多不确定性。首先，就像媒体经常报道的美国枪击案，当有一天，恐怖组织或科学怪人利用各种易得和开源的人工智能技术制造信息恐怖事件怎么办？事实

---

〔3〕 See Steve Huckle & Martin White, "Socialism and the Blockchain", *Future Internet*, 8(2016), 49.

上，人工智能的威力要比枪支更为不可控。

其次，如果说人工智能技术类似于枪支。普通民众可以持有，国家则更有能力持有，而且相互的力量高度不对等。当国家掌握了人工智能技术，就像今天的国家掌握了核武和坦克技术，民众对此就根本没有在武装上对抗的能力。所以，在人工智能层面，只能寄希望信息世界的力量对比，不会像现实中的国家军事能力和个人武装实力那么悬殊。

再次，人工智能技术也会被大平台公司掌握，这些公司可以利用自身的信息基础设施的先天优势，直接就在人工智能产品设计、开发和应用中，写入一系列更有利于自身利益实现的代码与算法，并且通过人工智能技术的黑箱性，让它更多地服务于自己的利益。

最后，人工智能又不同于枪支。枪支是没有意志和生命的技术客体，但是人工智能则不仅只是客体，它也据说有可能产生自己的法律人格和主体性。这样，在人类之外，将有一个规模庞大的"非人"的政治和法律主体的生成。那么，它将会站在哪一边，与谁结盟？谁是它的敌人，谁是它的朋友？是国家，是大公司，还是个体公民？或者都不是？

一言以蔽之，人工智能带来的政治想象和未来的不确定性，比枪支，比个人电脑对于政治世界的冲击都要深远得多。正是在这个意义上，人工智能技术在当下引发的广泛关注，可能正是由于每个人都本能地、下意识地感受到了它在政治潜能上的与众不同。

参 考 文 献

[英]布拉德·谢尔曼:《记忆与遗忘:英国现代著作权法的诞生》,纪海龙译,载奈尔肯编:《比较法律文化论》,高鸿钧、沈明等译,北京,清华大学出版社,2003。

[美]邓肯·肯尼迪:"法律与法律思想的三次全球化:1850-2000",高鸿钧译,载《清华法治论衡》,2009(12)。

[法]福柯:《作者是什么?》,逢真译,载王逢振等编:《最新西方文论选》,桂林,漓江出版社,1991。

[美]西尔维亚·奥斯特里:《世界贸易组织:压力下的体制》,丁开杰译,载[美]斯蒂文·伯恩斯坦、威廉·科尔曼主编:《不确定的合法性:全球化时代的政治共同体、权力和权威》,丁开杰等译,北京,社会科学文献出版社,2011。

[德]贝克:《风险社会》,何博文译,南京,译林出版社,2004。

[美]伯尔曼:《法律与革命》,贺卫方、高鸿钧等译,北京,中国大百科全书出版社,1993。

[英]波普尔:《猜想与反驳:科学知识的增长》,傅季重等译,上海,上海译文出版社,2005。

[美]保罗·戈斯汀:《著作权之道:从谷登堡到数字点播机》,金海军译,北京,北京大学出版社,2008。

[美]保罗·莱文森:《软利器:信息革命的自然历史与未来》,何道宽译,上海,复旦大学出版社,2011。

[澳]彼得·达沃豪斯、约翰·布雷斯韦特:《信息封建主义》,刘雪涛译,北京,知识产权出版社,2005。

[英]布拉德·谢尔曼、莱昂内尔·本特利:《现代知识产权法的演进:英国的历程(1760—1911)》,金海军译,北京,北京大学出版社,2012。

[德]本雅明:《机械复制时代的艺术》,李伟、郭东译,重庆,重庆出版社,2006。

[美]丹·席勒:《信息拜物教:批判与解构》,邢立军等译,曹荣湘校,北京,社会科学文献出版社,2008。

[美]丹 L. 伯克、马克 A. 莱姆利：《专利危机与应对之道》，马宁、佘俊译，北京，中国政法大学出版社，2013。

[美]富勒：《法律的道德性》，郑戈译，北京，商务印书馆，2005。

[法]福柯：《生命政治的诞生》，莫伟民、赵伟译，上海，上海人民出版社，2011。

[英]弗拉赫：《机器学习》，段菲译，北京，人民邮电出版社，2016。

[美]弗兰克·帕斯奎尔：《黑箱社会》，赵亚男译，北京，中信出版社，2015。

[美]格兰特·吉尔莫：《契约的死亡》，曹士兵、姚建宗、吴巍译，北京，中国法制出版社，2005。

[美]古德费洛、本吉奥、库维尔：《深度学习》，赵申剑等译，北京，人民邮电出版社，2017。

[德]海德格尔：《演讲与论文集》，孙周兴译，北京，生活·读书·新知三联书店，2005。

[英]哈特：《法律的概念》，张文显等译，41～42 页，北京，中国大百科全书出版社，1996。

[德]哈贝马斯：《在事实与规范之间：关于法律和民主法治国的商谈理论》，童世骏译，北京，生活·读书·新知三联书店，2003。

[英]哈耶克：《个人主义与自由秩序》，邓正来译，北京，生活·读书·新知三联书店，2003。

[英]哈耶克：《法律、立法与自由》，邓正来译，下册，北京，中国大百科全书出版社，2000。

[英]吉登斯：《现代性的后果》，田禾译，黄平校，南京，译林出版社，2000。

[美]凯文·凯利：《科技想要什么？》，熊祥译，北京，中信出版社，2011。

[英]卡尔·波兰尼：《大转型：我们时代的政治与经济起源》，冯钢、刘阳译，杭州，浙江人民出版社，2007。

[德]康德：《法的形而上学原理》，沈叔平译，北京，商务印书馆，1991。

[法]利奥塔尔：《后现代状况》，车槿山译，南京，南京大学出版社，2011。

[美]劳伦斯·莱斯格：《代码：塑造网络空间的法律》，李旭等译，北京，中信出版社，2004。

[美]劳伦斯·莱斯格：《代码 2.0：网络空间中的法律》，李旭、沈伟伟译，北京，清华大学出版社，2009。

[美]劳伦斯·莱斯格：《免费文化》，王师译，北京，中信出版社，2009。

[美]罗尔斯：《正义论》，何怀宏等译，北京，中国社会科学出版社，1988。

[英]洛克：《政府论》（下篇），吴恩裕译，北京，商务印书馆，2005。

［英］罗伊·博伊恩:《福柯与德里达——理性的另一面》,贾辰阳译,北京,北京大学出版社,2010。

［美］罗纳德·V.贝蒂格:《版权文化:知识产权的政治经济学》,沈国麟、韩绍伟译,北京,清华大学出版社,2009。

［德］卢曼:《信任》,翟铁鹏、李强译,上海,上海世纪出版集团,2005。

［德］鲁曼:《社会中的法》,"国立编译馆"主译,李君韬译,台北,五南图书出版股份有限公司,2009。

［德］鲁曼:《对现代的观察》,鲁贵显译,台北,左岸文化出版社,2005。

［德］鲁曼:《大众媒体的实在》,胡育祥、陈逸淳译,台北,左岸文化出版社,2006。

［德］鲁曼:《社会之经济》,汤志杰、鲁贵显译,台北,联经出版社,2009。

［美］米歇尔:《机器学习》,曾华军译,北京,机械工业出版社,2008。

［英］梅因:《古代法》,沈景一译,北京,商务印书馆,1959。

［英］约翰·密尔:《论自由》,许宝骙译,北京,商务印书馆,2010。

［加］麦克卢汉:《理解媒介:论人的延伸》,何道宽译,南京,译林出版社,2011。

［美］诺内特、塞尔兹尼克:《转变中的法律与社会:迈向回应型法》,张志铭译,北京,中国政法大学出版社,2004。

［法］让·波德里亚:《象征交换与死亡》,车槿山译,南京,译林出版社,2009。

［意］桑德罗·斯奇巴尼选编:《民法大全选译·物与物权》,范怀俊译,北京,中国政法大学出版社,1993。

［英］斯科特·拉什、约翰·厄里:《符号经济与空间经济》,王之光、商正译,北京,商务印书馆,2006。

［英］斯各特·拉什:《信息批判》,杨德睿译,北京,北京大学出版社,2009。

［美］苏珊·塞尔:《私权、公法——知识产权的全球化》,董刚、周超译,王传丽审校,北京,中国人民大学出版社,2008。

［德］托依布纳:《魔阵·剥削·异化:托依布纳法律社会学文集》,泮伟江、高鸿钧等译,清华大学出版社,2012。

［德］托依布纳:《宪法的碎片:全球社会宪治》,陆宇峰译,北京,中央编译出版社,2016。

［德］托依布纳:《法律:一个自创生系统》,张骐译,北京,北京大学出版社,2004。

［美］吴修铭:《总开关:信息帝国的兴衰变迁》,顾佳译,北京,中信出版社,2011。

［美］威廉·费舍尔：《说话算数：技术、法律以及娱乐的未来》，李旭译，上海，上海三联书店，2013。

［美］威廉·埃瓦尔德：《比较法哲学》，于庆生、郭宪功译，北京，中国法制出版社，2016。

［美］小艾尔弗雷德·钱德勒：《规模与范围：工业资本主义的原动力》，张逸人等译，北京，华夏出版社，2006。

［英］休谟：《人性论》，关文运、郑之骧译，北京，商务印书馆，2005。

［德］耶林：《为权利而斗争》，郑永流译，北京，法律出版社，2007。

（东汉）王充：《论衡》，上海，上海人民出版社，1974。

（汉）郑玄注：《礼记正义》，上海，上海古籍出版社，2008。

陈福利：《中美知识产权 WTO 争端研究》，北京，知识产权出版社，2010。

黄海峰：《知识产权的话语与现实——著作权、专利与商标史论》，武汉，华中科技大学出版社，2011。

李雨峰：《著作权的宪法之维》，北京，法律出版社，2012。

尼克：《人工智能简史》，北京，人民邮电出版社，2017。

余盛峰：《从 GATT 到 WTO：全球化与法律秩序变革》，载高鸿钧主编：《清华法治论衡》第 20 辑，北京，清华大学出版社，2014。

余盛峰：《互联网宪法政治的生成、演化与挑战——迈向司法治理》，载高鸿钧主编：《中国比较法学（比较司法研究）》，北京，中国政法大学出版社，2017。

宾凯：《政治系统与法律系统对于技术风险的决策观察》，《交大法学》，2018（1）。

陈福利：《知识产权国际强保护的最新发展》，载《知识产权》，2011（6）

冯象：《知识产权的终结：中国模式之外的挑战》，载《文化纵横》，2012（3）。

高鸿钧：《美国法全球化：典型例证与法理反思》，载《中国法学》，2011（1）。

李晟：《略论人工智能语境下的法律转型》，载《法学评论》，2018（1）。

胡凌：《超越代码：从赛博空间到物理世界的控制/生产机制》，载《华东政法大学学报》，2018（1）。

黄柏恒：《大数据时代下新的"个人决定"与"知情同意"》，载《哲学分析》，2017（6）。

泮伟江：《双重偶联性问题与法律系统的生成》，载《中外法学》，2014（2）。

田野：《大数据时代知情同意原则的困境与出路——以生物资料库的个人信息保护为例》，载《法制与社会发展》，2018（6）。

王飞跃：《人工智能：第三轴心时代的到来》，载《文化纵横》，2017（6）。

王贵松:《风险社会与作为学习过程的法》,载《交大法学》,2013(4)。

吴汉东:《国际变革大势与中国发展大局中的知识产权制度》,载《法学研究》,2009(2)。

徐英瑾、王培:《大数据就意味着大智慧吗——兼论作为信息技术发展新方向的"绿色人工智能"》,载《学术研究》,2016(10)。

余盛峰:《全球信息化秩序下的法律革命》,载《环球法律评论》,2013(5)。

余盛峰:《知识产权全球化:现代转向与法理反思》,载《政法论坛》,2014(6)。

余成峰:《从老鼠审判到人工智能之法》,载《读书》,2017(7)。

余成峰:《法律的"死亡":人工智能时代的法律功能危机》,载《华东政法大学学报》,2018(2)。

余成峰:《从马的法律到黑箱之法》,载《读书》,2019(3)。

郑成思:《信息、知识产权与中国知识产权战略若干问题》,载《环球法律评论》,2006(3)。

赵精武、丁海俊:《论代码的可规制性:计算法律学基础与新发展》,载《网络法律评论》,2017(19)。

段伟文:《人工智能的道德代码与伦理嵌入》,载《光明日报》,2017-09-04。

〔澳〕弗朗西斯·高锐:《知识产权的作用再思考》,http://www. wipo. int/export/sites/www/about-wipo/zh/dgo/speeches/pdf/dg_speech_melbourne_2013. pdf,最后访问日期:2019-04-20。

Ari Ezra Waldman, *Privacy as Trust : Information Privacy for an Information Age*, Cambridge:Cambridge University Press, 2018.

Bart van der Sloot, *Privacy as Virtue:Moving Beyond the Individual in the Age of Big Data*, Cambridge:Intersentia, 2017.

Gerald Brock, *The second Information Revolution*, Cambridge:Havard University Press, 2003.

Gunther Teubner, *Constitutional Fragments: Societal Constitutionalism and Globalization*, Oxford:Oxford University Press, 2012.

James W. Cortada, *The Digital Hand*, Oxford:Oxford University press, 2004.

J. G. A. Pocock, *The Ancient Constitution and the Feudal Law:A Study of English Historical Thought in the Seventeenth Century*, Cambridge: Cambridge University Press, 1987.

Jeremy Waldron, *The Right to Private Property*, Oxford: Clarendon Press, 1990.

James W. Cortada, *The Digital Hand*, New York: Oxford University press, 2004.

Kenneth J. Arrow, *The Rate and Direction of Inventive Activity*, New Haven: Princeton University Press, 1962.

Lawrence Lessig, *Code:And Other Laws of Cyberspace*, New York:Basic Books, 1999.

Nicole Graham, *Lawscape: Property, Environment*, Law. London: Routledge, 2010.

Niklas Luhmann, *Risk:A Sociological Theory*, New Brunswick & London : Aldine Transaction , 2005.

Peter Dicken, *Global shift: Transforming the world Economy*, Abingdon: Guilford Press, 1998.

Richard Davis, *The Web of Politics: The Internet's Impact on the American Political System*, Oxford:Oxford University Press, 1998.

Shlomo Avineri, *Hegel's Theory of the Modern State*, Cambridge: Cambridge University Press, 1974.

Siva Vaidyanathan, *Copyrights and Copywrongs: The Rise of Intellectual Property and How it Threatens Creativity*, New York: New York University press, 2001.

T. H. Marshall, *Citizenship and Social Class*, London:Pluto Press, 1987.

Thomas Giddens, *Law and the Machine:Fluid and Mechanical Selfhood in the Ghost in the Shell*, San Antonio:St. Mary's University Press, 2015.

William Hamilton Sewell, *A Rhetoric of Bourgeois Revolution:The Abbé Sieyes and What is the Third Estate*, Durham:Duke University Press, 1994.

Ciaran Cronin & Pablo De Greiff eds. , *Inclusion of the Other: Studies in Political Theory*, New Jersey:John Wiley & Sons, 2015.

Kjær, Poul Fritz, Gunther Teubner & Alberto Febbrajo, *The Financial Crisis in Constitutional Perspective: the Dark Side of Functional Differentiation*, Oxford: Hart Publishing Pty Ltd, 2011.

Mireille Hildebrandt & Katja de Vries eds. , *Privacy, Due Process and the Computational Turn:The Philosophy of Law Meets the Philosophy of Technology*, London:Routledge, 2013.

Taylor, Floridi & Sloot eds. , *Group Privacy: New Challenges of Data*

Technologies, Dordrecht:Springer, 2016.

Gunther Teubner, "Global Bukowina: Legal Pluralism in the World-Society", in Gunther Teubner ed. , *Global Law Without a State*, Dartsmouth:Dartsmouth, 1996.

Gunther Teubner & Peter Korth, "Two Kinds of Legal Pluralism: Collision of Transnational Regimes in the Double Fragmentation of World Society", in Margaret Young ed. , *Regime Interaction in International Law:Facing Fragmentation*, Oxford: Oxford University Press, 2010.

Jesper Tække, "Cyberspace as a Space Parallel to Geographical Space", in L. Qvotrup ed. , *Virtual Space:Spatiality in Virtual Inhabited 3D Worlds*, London: Springer, 2002.

Keith E. Maskus & Jerome H. Reichman, "The Globalization of Private Knowledge Goods and the Privatization of Global public Goods", in Keith E. Maskus & Jerome H. Reichman eds. , *International Public Goods and Transfer Technology: Under a Globalized Intellectual Property Regime*, Cambridge:Cambridge University Press, 2005.

Seana Valentine Shiffrin, "Lockean Arguments for Private Intellectual Property", in Stephon R. Munzer, ed. , *New Essays in the Legal and Political Theory of Property*, Cambridge:Cambridge University Press, 2001.

Annelise Riles, "Property as Legal Knowledge:Means and Ends", *Journal of the Royal Anthropological Institute*, 10(2004).

A. Samuel Oddi, "TRIPs-Natural Rights and a 'polite Form of Economic Imperialism'", *Vanderbit Journal of Transnational Law*, 29(1996).

Avery Wiener Katz, "The Economics of Form and Substance in Contract Interpretation", *Columbia Law Review*, 14(2004).

Bruno Latour, "Is Re-modernization Occurring-and if So, How to Prove It? A Commentary on Ulrich Beck", *Theory, Culture & Society*, 20(2003).

Bruce Ackerman, "The Storrs Lectures:Discovering the Constitution", *Yale Law Journal*, 93(1984).

Brent Mittelstadt, "From Individual to Group Privacy in Big Data Analytics", *Philosophy & Technology*, Online First(2017).

Cass Sunstein, "Paradoxes of the Regulatory State", *The University of Chicago Law Review*, 57(1990).

Carlos Alberto Primo Braga, "The Economics of Intellectual Property Rights and the GATT: A View from the South", *Vanderbilt Journal of Transnational Law*, 22 (1989).

Christian Fuchs, "The Internet as a Self-Organizing Socio-Technological System", *Cybernetics & Human Knowing*, 12(2005).

Christopher May, "Why IPRs are a Global Political Issue", *European Intellectual Property Review*, 25(2003).

David G. Post, "The 'Unsettled Paradox': The Internet, the State, and the Consent of the Governed", *Indiana Journal of Global Legal Studies*, 5(1998).

Davis Vaver, "Intellectual Property Today: of Myths and Paradoxes", *Canadian Bar Review*, 69(1990).

Doris Estelle Long, "The Impact of Foreign Investment on Indigenous Culture: An Intellectual Property Perspective", *North Carolina Journal of International Law and Commercial Regulation*, 23(1998).

Edwin C. Hettinger, "Justifying Intellectual Property", *Philosophy and Public Affairs*, 18(1989).

Eremiah Chan & Mathew Fawcett, "Footsteps of the Patent Troll", *Intellectual Property Law Bulletin*, 10(2005).

Florian Saurwein, Natascha Just & Michael Latzer, "Governance of Algorithms: Options and Limitations", *Information*, 17(2015).

Gary L. Francione, "Animal Rights and Animal Welfare", *Rutgers University Law Review*, 48(1995).

Gerd Winter, "Patent Law Policy in Biotechnology", *Journal of Environment Law*, 4(1992).

Gunther Teubner, "Enterprise Corporatism: New Industrial Policy and the 'Essence' of the Legal Person", *The American Journal of Comparative Law*, 36 (1988).

Gunther Teubner, "Rights of Non-Humans Electronic Agents and Animals as New Actors in Politics and Law", *Journal of Law and Society*, 33(2006).

Gunther Teubner, "Constitutionalising Polycontexturality", *Social and Legal Studies*, 20(2011).

Gregory Sidak, "A Consumer-Welfare Approach to Network Neutrality Regulation of the Internet", *Journal of Competition Law and Economics*, 2(2006).

Harvey Mansfield, "On the Impersonality of the Modern State: A Comment on

Machiavelli's Use of Stato", *The American Political Science Review*, 77(1983).

Henry Hansmann & Reinier Kraakman, "The End of History for Corporate Law", *The Georgetown Law Journal*, 89(2000).

Hans Klein, "ICANN and Internet Governance: Leveraging Technical Coordination to Realize Global Public Policy", *The Information Society*, 18(2002).

Hauke Brunkhorst, "Globalising Democracy without a State: Weak Public, Strong Public, Global Constitutionalism", *Millennium-Journal of International Studies*, 31 (2002).

Hubertus Buchstein, "Bytes that Bite: The Internet and Deliberative Democracy", *Constellations*, 4(1997).

J. Samuel. Barkin, "The Evolution of the Constitution of Sovereignty and the Emergence of Human Rights Norms", *Millennium-Journal of International Studies*, 27(1998).

James Boyle, "The Second Enclosure Movement and the Construction of the Public Domain", *Law and Contemporary Problems*, 66(2003).

Justin Hughes, "The Philosophy of Intellectual Property", *Georgetown Law Journal*, 77(1988), 287.

Jeanne L. Schroeder, "Unnatural Rights: Hegel and Intellectual Property", *University of Miami Law Review*, 60(2006).

John R. Searle, "The Intentionality of Intention and Action", *Inquiry*, 22 (1979).

John Dewey, "The Historic Background of Corporate Legal Personality", *The Yale Law Journal*, 35(1926).

John W. Meyer et al., "World Society and the Nation-State", *American Journal of Sociology*, 103(1997).

John Palfrey, "End of the Experiment: How ICANN's Foray into Global Internet Democracy Failed", *Harv. JL & Tech.*, 17(2003).

John Ruggie, "International Regimes, Transactions, and Change: Embedded Liberalism in the Postwar Economic Order", *International Organization*, 36(1982).

Jennifer Wicke, "Postmodern Identities and the Politics of the (Legal) Subject", Boundary, 19(1992).

James Blythe, "The Mixed Constitution and the Distinction Between Regal and Political Power in the Work of Thomas Aquinas", *Journal of the History of Ideas*, 47

(1986).

Keith Aoki, "Neocolonialism, Anticommons Property, and Biopiracy in the (Not-So-Brave) New World Order of International Intellectual Property Protection", *Indiana Journal of Global Legal Studies*, 6(1998).

Kerr, Orin Kerr, "Are We Overprotecting Code—Thoughts on First-Generation Internet Law", *Wash. & Lee L. Rev.*, 57 (2000).

Koops, Bert-Jaap, Mireille Hildebrandt & David-Olivier Jaquet-Chiffelle, "Bridging the Accountability Gap: Rights for New Entities in the Information Society?", *Minnesota Journal of Law, Sciences & Technology*, 11(2010).

Lawrence Solum, "Legal Personhood for Artificial Intelligences", *North Carolina Law Review*, 70 (1991).

Lawrence Lessig, "Law Regulating Code Regulating Law", *Loy. U. Chi. LJ*, 35 (2003).

Lawrence Lessig, "Reading the Constitution in Cyberspace", *Emory LJ*, 45 (1996).

Lawrence Lessig, "Limits in Open Code: Regulatory Standards and the Future of the Net", *Berkeley Tech. LJ*, 14(1999).

Lehman-Wilzig, "Frankenstein Unbound: Towards a Legal Definition of Artificial Intelligence", *Futures*, 13(1981).

Lincoln Dahlberg, "The Internet, Deliberative Democracy, and Power: Radicalizing the Public Sphere", *International Journal of Media & Cultural Politics*, 3(2007).

Lincoln Dahlberg, "The Internet and Democratic Discourse: Exploring the Prospects of Online Deliberative Forums Extending the Public Sphere", *Information, Communication & Society*, 4(2001).

Leecia M. McDonald & Lorie Faith Cranor, "The Cost of Reading Privacy Policies", *A Journal of Law and Policy for the Information Society*, 4(2008).

Mark A. Lemley, "Romantic Authorship and the Rhetoric of Property", *Texas Law Review*, 75(1997).

Mark H. Hager, "Bodies Politic: The Progressive History of Organizational 'Real Entity' Theory", *University of Pittsburgh Law Review*, 50(1989).

Mark Starik, "Should Trees have Managerial Standing? Toward Stakeholder Status for Non-Human Nature", *Journal of Business Ethics*, 14(1995).

Mark Poster, "Cyberdemocracy: Internet and the Public Sphere", *Internet culture*, (1997).

Manfred Füllsack, "Information, Meaning and Eigenforms: In the Light of Sociology, Agent-based Modeling and AI", *Information*, 3(2012).

Marissa Boulanger, "Scraping the Bottom of the Barrel: Why It Is No Surprise That Data Scrapers Can Have Access to Public Profiles on LinkedIn", *SMU Sci. & Tech. L. Rev*, 21(2018).

Mireille Hildebrandt & Bert-Jaap Koops, "The Challenges of Ambient Law and Legal Protection in the Profiling Era", *The Modern Law Review*, 73(2010).

Michael A. Covington, "Speech Acts, Electronic Commerce, and KQML", Decision Support Systems, 22(1998).

Michael Lehmann, "Property and Intellectual Property-Property Rights as Restrictions on Competition in Furtherance of Competition", *International Review of Industrial property and Copyright Law*, 20(1989).

Morris D. Forkosch, "The Legal Status and Suability of Labor Organizations," *Temple Law Review*, 28(1954).

Michael Froomkin, "Wrong Turn in Cyberspace: Using ICANN to Route around the APA and the Constitution", *Duke Law Journal*, 50(2000).

Milton Mueller, "ICANN and Internet Governance: Sorting Through the Debris of Self-Regulation", *info*, 1(1999).

Nathan Myhrvold, "The Big Idea: Funding Eureka!", *Havard Business Review*, 3(2010).

Niklas Luhmann, "Differentiation of Society", *Canadian Journal of Sociology/ Cahiers canadiens de sociologie*, 2(1977).

Niklas Luhmann, "Globalization or World Society: How to Conceive of Modern Society?", *International review of sociology*, 7(1997).

Neil Richards & Woodrow Hartzog, "Taking Trust Seriously in Privacy Law", *Stanford Technology Law Review*, 19(2015).

Nicholas Economides & Joacim Tåg, "Network Neutrality on the Internet: A Two-sided Market Analysis", *Information Economics and Policy*, 24(2012).

Nuno Pires de Carvalho, "Patently Outdated: Patents in the Post-industrial Economy", *Kluwer Law International*, 34(2012).

Oren Bracha, "The Ideology of Authorship Revisited: Authors, Markets, and

Liberal Values in Early American Copyright", *The Yale Law Journal*, 118(2008).

Peter French, "The Corporation as a Moral Person", *American Philosophical Quarterly*, 16(1979).

Peter Jaszi, "Toward a Theory of Copyright: The Metamorphosis of 'Authorship'", *Duke Law Journal*, 40(1991).

Peter Drahos, "Global Property Rights in Information: The Story of TRIPS at the GATT", *Prometheus*, 13(1995).

Raf. Vanderstraeten, "Parsons, Luhmann and the Theory of Double Contingency", *Journal of Classical Sociology*, 2(2002).

Richard Bellamy, "The Political Form of the Constitution: the Separation of Powers, Rights and Representative Democracy", *Political Studies*, 44(1996).

Robert Merges, "The End of Friction? Property Rights and Contract in the 'Newtonian' World of On-Line Commerce", *Berkeley Technology Law Journal*, 12 (1997).

Sanford Schane, "Corporation is a Person: The Language of a Legal Fiction", *Tulane Law Review*, 61(1986).

Steve Huckle & Martin White, "Socialism and the Blockchain", Future Internet, 8(2016).

St Derek Pierre, "The Transition from Property to People: The Road to the Recognition of Rights for Non-Human Animals", *Hastings Women's Law Journal*, 9(1998).

Shael Herman, "Legislative Management of History: Notes on the Philosophical Foundations of the Civil Code", *Tulane Law Review*, 53(1978).

Steffen Roth, "Fashionable Functions: A Google Ngram View of Trends in Functional Differentiation(1800—2000)", *International Journal of Technology and Human Interaction*, 10(2014).

Shepard Goldfein & J. A. M. E. S. Keyte, "Big Data, Web 'Scraping' and Competition Law: The Debate Continues", *New York Law Journal*, 258(2017).

Susan K. Sell, "Industry Strategies for Intellectual Property and Trade: The Quest for TRIPS, and Post-TRIPs Strategies", *Cardozo Journal of International and Comparative Law*, 10(2002).

Susan K. Sell, "Intellectual Property Protection and Antitrust in the Developing World: Crisis, Coercion, and Choice", *International Organization*, 49(1995).

Tasker & Daryn Pakcyk, "Cyber-Surfing on the High Seas of Legalese: Law and Technology of Internet Agreements", *Albany Law Journal of Science and Technology*, 18(2008).

Ted Benton, "Rights and Justice on a Shared Planet: More Rights or New Relations?" *Theoretical Criminology*, 2(1998).

Thomas Nachbar, "Paradox and Structure: Relying on Government Regulation to Preserve the Internet's Unregulated Character", *Minn. L. Rev.*, 85(2000).

Timothy S. Wu, "Cyberspace Sovereignty—The Internet and the International System", *Harv. JL & Tech.*, 10(1996).

Vaios Karavas, "Force of Code: Law's Transformation under Information—Technological Conditions", *German LJ*, 10(2009).

Walter Woodburn Hyde, "The Prosecution and Punishment of Animals and Lifeless Things in the Middle Ages and Modern Times", *University of Pennsylvania Law Review and American Law Register*, 64(1916).

William Ewald, "Comparative Jurisprudence (I): What Was It Like to Try a Rat?", *University of Pennsylvania Law Review*, 143(1995).

Wellman, Barry, et al., "Does the Internet Increase, Decrease, or Supplement Social Capital? Social Networks, Participation, and Community Commitment", *American behavioral scientist*, 45(2001).

W. R. Cornish, "The International Relation of Intellectual Property", *Cambridge Law Journal*, 52(1993).

Yves Charles Zarka, "The Invention of the Subject of the Law", *British Journal for the History of Philosophy*, 7(1999).

John Barlow, "A Cyberspace Independence Declaration", URL: http://www.samizdat. com (1996).

后　记

　　本书是笔者 2012 年到 2019 年间关于数字法与法律全球化研究的一个阶段性结集。在这里，要特别感谢导师高鸿钧教授的悉心指导和鼓励，如果没有他在学术道路上一如既往的引领，就不会有本书的出版。鲁楠师兄慷慨帮助联系出版事宜，出力甚多，在此特别致谢。本书部分内容曾以不同形式刊发于《政法论坛》《华东政法大学学报》《环球法律评论》《读书》《清华法治论衡》《科学与社会》《中国社会科学报》等刊物，衷心感谢王人博、孙国栋、马长山、支振锋、饶淑荣、白美妃、王博等诸位老师的抬爱。本书最后修改完成于康奈尔大学法学院，在康村访学的一年时间里，得到於兴中教授的多方照顾，谨表谢忱。项飙教授于拙著出版之际，慷慨惠赐长序，一如他所有才华横溢的作品。

　　还有太多的老师和朋友需要致谢，多年以来，得到你们各种无私的帮助和提携，挂一漏万，只能在这里一并致以由衷的敬意。在速朽的时代，只希望这些不成熟的思考成果能够"过时"得稍微慢一点，也乐意期待能给朋友们带来些许灵感。野人献芹，抛砖引玉，衷心期望读者诸君不吝赐正。最后，要特别感谢父母无私的爱与奉献。

2019 年 9 月 11 日于美国伊萨卡
2023 年 4 月 25 日于北京改定